教育哲學

伍振鷟　主編

伍振鷟　林逢祺　黃坤錦　蘇永明　合著

五南圖書出版公司 印行

Part 3　教育的知識向度

Part 4　教育的倫理向度

Part 5　教育的藝術向度

Part 1
緒　論

伍振鷟

第一章

教育、哲學與教育哲學的界說

教育哲學（Philosophy of Education）是教育與哲學兩個概念的複合詞，因此要為教育哲學下定義，須先明瞭教育與哲學的涵義；由於修習教育哲學基本上應已有關於教育與哲學的先修知識，故而本書對於教育、哲學與教育哲學的定義，僅作簡要的界說，而不深入探討。

第一節　教育的意義

教育是人類生存所不可或缺的一種活動；從歷史發展的觀點來看，人類的教育是先有了具體實際的活動，然後才探究活動所具有意義。教育的意義是什麼？古今中外不知有多少人在思索這個問題，並試圖提出答案；但由於立場不同，觀點各異，再加上時空變遷的因素，因而為教育所作的界定也就勝義紛呈，各具擅場。

首先，從字義上來說。我國古籍中「教育」二字連用，首見於孟子所言：「得天下英才而教育之」為君子三樂之一；其餘各處均多言教而少言育，如《尚書‧堯典》之「敬敷五教」，《禮記‧王制》：「立四教」與「明七教」，《大學》之「修道之謂教」，《中庸》之「自明誠，謂之教」，以及《荀子》所謂「以善先人者，謂之教」，均在指陳「教」字有傳授、教化與修持之義。至於「育」字，古籍中多作生育、養育與培育解，如《詩經‧蓼我》之「長我育我」，《易‧蒙卦》之「君子以果行育德」，及《中庸》之「可以贊天地之化育」等是。故《說文解字》釋教育為：「教，上所施，下所效也；育，養子使作善也。」即凡增進知能並培養德性的活動，都是教育。

西洋教育一詞，英文education，法文éducation，均源於拉丁文educare，而educare（名詞）則由educere（動詞）轉變而來；educere係由e與ducere二字合成，e為出，ducere有引義，合起來就是自內而外引出的意思。故西方教育一詞是有開展、啟發、誘導、陶冶諸義，與更古的希臘文Paideia，意謂管教，照顧與教育兒童，其義相近。

其次，從教育的本質與作用來看。持「由內而外發展」（development from within）的觀點的，認為人生而有各種潛能，教育乃是潛能的開展或

展洩，以達成自我的實現。持這種觀點的教育家，其思想或學說多有個人本位或兒童中心的傾向，其代表人物有：亞里斯多德（Aristotle, 384-322 B.C.）、盧梭（J. J. Rousseau, 1712-1778）、裴斯塔洛齊（J. H. Pestalozzi, 1764-1827）、福祿貝爾（F. Fröbel, 1782-1852）等。強調教育是「由外而內形成」（formation from without）的，卻主張教育的主要作用在於社會化，重視社會適應能力的培養及公民品德的陶冶，一切均以社會爲本位。屬於這一派的學者與思想家，有柏拉圖（Plato, 428-374 B.C.）、拿特普（P. Natorp, 1854-1924）、凱欣斯泰納（G. Kerschensteiner, 1854-1932）、涂爾幹（E. Durkeim, 1858-1917）諸人。調和折中於兩者之間的，有當代美國教育學者杜威（J. Dewey, 1859-1952），倡議教育是一個生活與發展的歷程，個體在與環境不斷交涉的施受作用中，彼此交互影響、改變，使受教育繼續改造其經驗，使經驗的意義增加，也使個人控制未來經驗的能力更爲增加。如此不僅可以發揮教育的作用，亦可以體現教育的本質。

以上三種說法，均可說是持之有故，而言之成理；晚近觀念分析派的教育學者皮德思（R. S. Peters），卻以分析與論證的方法，另闢蹊徑，界定教育是一個「工作─成就」（task-achievement）的複合概念，是多樣態（poly-morphous）的歷程，而此一概念或歷程，其活動必須符合於下列三觀點：

1. 有價值的活動（Worthwhile Activities）

教育活動必須合乎道德的價值、任何教育活動都不能違背道德的價值與規範。

2. 有認知的意義（Cognitive Perspective）

教育的活動必須注重原理原則的洞察與了解，要合於眞理的規準，具有認知的嚴重性，不可違背理性的認知。

3. 合自願的歷程（Voluntary Process）

教育的方式與方法必須是一種自願的與意志清醒的學習發展，而非任何強迫式、不合自由意志，甚至在洗腦狀態下進行的學習。

要之：教育是存在於人與人間的一種有意識的活動；此一活動包含三個要件：1.有施教者與受教者；2.二者之間有交互作用（interaction）；

3.達成行為的良好改變。因此,教育的意義可從廣狹兩方面來說明:廣義的教育就是生活,舉凡一切影響人類身心的活動,自原始人上一代帶領下一代從事狩獵、耕種、紡織、造屋……以及現代人的家庭生活、社會、政治、經濟、文化等活動,無一不是教育;而狹義的教育則專指學校教育的設施,是在特定的場所、有限的時間內,由專門的人員,按照預定的目標,使用選定的教材,進行的有計畫、有組織的各項學習活動。概括地說,教育是人類為改善生活、實現理想、促進發展、追求進步,而實施的一種有意義、有價值的活動;並期透過各種活動,將上一代人累積的知識傳遞給下一代,使之綿延不斷,日新又新,以達止於至善的最高境地。

第二節　哲學的意義

　　哲學的意義讓教育更為複雜,因之其定義亦車載斗量,不勝枚舉;以下即依時序的發展略舉較有普遍性的五個定義,作為代表。

一、哲學是愛智之學

　　以哲學為愛智(philosophy as love of wisdom)是最古老的定義,其拉丁文為*philosophia*,而拉丁文*philosophia*又源於希臘文philein「愛」與sophia「智」兩字組合而成。這是一種最為廣泛而籠統的說法,原因是古代學術並未分化專精,凡是對於萬事萬物加以探索並作合理的解釋,均可視為「愛智」的活動;而其所獲得的成果,也就無所不包,即是當時所謂的哲學。但似嫌空洞,大而無當。

二、哲學是科學的科學

　　以哲學為科學的科學(philosophy as the science of sciences),乃是「愛智」之學後起的界說;原因是隨著時代的發展,人類追求知識的態度、方法與工具,均有長足的進步,於是各種分門別類的知識逐一自古老的哲學領域中獨立出來,而被稱為科學,即分科的知識,如物理、化學、

天文、地理等。至此，哲學所要探究的是一切學術的原理原則，對於一般科學的研究，具有指導與批判的功能，而不是有了科學便不需要哲學。

三、哲學是規約

視哲學爲規約（philosophy as prescription）成規範的活動，乃是認爲哲學是研究價值判斷或行爲規範的原理原則的一門學問。價值判斷屬於實踐或行的領域，而行的問題則是哲學的核心問題，與科學事實之知或理論有所不同。至此，哲學與科學分道揚鑣，各有所司，彼此涇渭分明，河水不再犯井水。然此種定義雖能釐清哲學與科學的界限，但劃地自限，不免侷限哲學的功能。

四、哲學是思辨

以哲學爲思辨（philosophy as speculation），乃是基於人是理性的動物，而理性具有自然的光輝（natural light），可以燭照人類的心靈，吾人只要能夠秉持理性，愼思明辨，自不難一通百達，以此類彼，而獲得對於萬事萬物的知識或眞理。然而，專恃主觀的思辨，往往流於形而上的玄思，以致冥想與事實不分，信仰與知識混淆，其流弊亦難以勝數，不可不知。

五、哲學是分析

以哲學爲分析（philosophy as analysis），乃是將哲學當作一種分析的活動，用觀念分析的嚴謹方法，釐清哲學上許多含混、籠統的語言、觀念、命題、預設等，期能掃除蔽障，撥雲見日，而導致是是非非，絕不可非是是非，俾免於造成範疇的失誤（category mistake）。分析的方法中西自古都有，然而當代觀念分析學派昌盛，其哲學方法的功能始再度爲世所重視，但如分析太過，則過猶不及，流於咬文嚼字或吹毛求疵，亦大可不必。

第三節 教育哲學的意義

一般人常說，每一位教師都有他的一套教育哲學。這是由於教育工作者不僅須熟悉教育科學所提供的知識，而且也應該體認教育哲學所宣示的規範與信念，俾能更爲有效地處理教育上所發生的各種問題。然而，何謂教育哲學（Philosophy of Education）？卻言人人殊，往往由於對教育與哲學相互關聯的見解不同，因而產生對於教育哲學涵義的分歧。在沒有列舉各種不同教育哲學定義之前，先簡略分析教育哲學發展的經過，以利明瞭何以教育哲學的涵義如此分歧的原因。

在教育哲學尚未形成一門獨立的學科之前，傳統的哲學家或教育學者，多採取哲學的觀點，如經驗主義、理性主義，或實用主義等，來闡揚其對教育所蘊含的意義；故而一位教育思想家對於教育所持的見解，就是他個人一般哲學思想的反映。直到十九世紀下末期，始有德國的教育學者盧盛克讓茲（Rosenkranz, 1805-1879）著有《教育學體系》（*Die Pädagogik als System*）一書，經美國教育學者波銳克特（A. C. Brackett, 1836-1911）將之譯爲《教育哲學》；其後，賀恩（H. H. Horne, 1874-1946）於1904年出版《教育哲學》，馬克沃納（J. A. Macvannel）於1912年出版《教育哲學大綱》：（*Outline of a Course in the Philosophy of Education*）；自茲以降、以哲學爲基礎，從不同角度，如心理的、知識的、生物的、社會的層面來研究教育哲學者日多，從而建立了教育哲學的雛型。至1916年，美國教育學者杜威，出版其名著《民主主義與教育》（*Democracy and Education*），其副標題爲「教育哲學導論」（An Introduction to Philosophy of Education），風行一時；係其本於實驗主義的立場，探討民主社會中各種教育的問題。從此數十年來，教育哲學的研究不僅引起廣泛的重視，而教育哲學一科亦普遍進入各級師資培育的課程，成爲教育學術領域中一門不可或缺的規範性的科目。

教育哲學既經建立並普遍受到重視，因而爲教育哲學作界說或下定義者亦多；黃建中教授曾歸納前此各家對於教育哲學的定義，分爲三類：第

一類的定義認爲教育哲學是檢討教育上根本的假定、概念及原理之學；第二類定義認爲教育哲學是解釋教育的意義、價值及本質之學；第三類定義則認爲教育哲學是解決教育上理論的、實施的困難與矛盾之學。接著黃教授並爲教育哲學下一個綜合性的定義：「教育哲學爲實踐哲學之一，乃從全體人生經驗上，全部民族文化上，解釋整個教育歷程之意義與價值，批判整個教育活動之理論與實施，綜合各教育科學及其他相關科學之知識，以研究教育上之根本假定、概念及本質，而推求其最高原理者也。」[1]

隨著時間的變遷，當代一些教育學者不再接受此類形而上的與知識論的觀點，而採用一種語言分析或現象論的研究方法，剖析教育哲學的內涵，如費尼克斯（P. Phenix）主張：「簡略而論，教育哲學即在應用哲學的方法及展望於教育的經驗之謂。教育哲學包括了某些概念的確立，以便調整整個教育理論中的各項概念，釐清教育用語的意義，顯示教育理論所依恃的基本前提或假定，同時發展、連接教育與人類其他經驗間的範疇。」[2]

費氏曾任哥倫比亞大學的教育哲學教授，在其1959年出版的《教育哲學》中，採用觀念分析的方法，對教育與哲學相關地帶常易滋生混淆的一些教育專用名詞，有頗爲深入而詳盡的剖析。

另一個觀念分析派的代表人物赫斯特（P. H. Hirst）則說：「教育哲學一詞，最好用來表示顯著地利用哲學研究法，來討論教育理論的各項問題。」[3]其所謂的哲學方法，實即應用語言及觀念分析的方法，就教育理論中的相關問題加以研究，而非思辨性的創新教育理論。較赫斯特更爲極端的，是普銳斯（K. Price）的主張：「教育哲學就像連結在一起而成的片語，乃是教育的分析研究，以期使教育與形上學、倫理學、知識論有所

---

[1]　黃建中，《教育哲學》（臺北：教育部，1960），頁10-13。

[2]　Phenix, P. H., *Philosophy of Education*, Holt, Rinehart and Wiston, New York, 1958, p.14.

[3]　Hirst, P. H., Philosophy and Education Theory, in Scheffler, I. (edited), *Philosophy and Education*, Allyn and Bacon Inc., Boston, 1966, p.94.

關聯。」[4]普銳斯並進一步說明其論點：「就分析而言，教育哲學乃在釐清教育中各名詞的意義。另外，教育哲學試用陳述從形而上學的見地來解釋教育中的事實層面；再者，倫理學爲教育中所包括的評價，包括澄清與鑑別是否合乎標準之功用；最後，教育哲學致力於從知識論中引申出學習理論。」[5]就此種觀點而論教育哲學的意義，顯然是將教育與哲學的關聯置於教育與哲學有其相互關聯的領域及問題的基礎之上，並且認爲彼此有其結合之必要，可說在研究方法上已充分凸顯觀念分析的特色並發揮其應有的功能。就分析方法的使用，固可使教育理論中的一些觀念，如知識、心理、價值等，能有一精確意義上的界定，就對於藉由此等觀念以建構教育的理論則嫌不足。且如專恃分析，甚至爲分析而分析，則見樹而不見林，不過是一場文字遊戲而已。

持平而論，杜威從實用的觀點出發對教育哲學所作的說明，頗有一日之長；杜威以爲「教育哲學不是利用既成的觀念於具有不同起源及目的的系統思想之實際上；教育哲學是對當代社會生活的困難形成正確的心理，及道德習性問題上提出明顯的立論。因而，最具有深刻意義的哲學定義，乃是認定哲學是一般的教育理論。」[6]基本上，哲學是處理人類共同生活中所發生的問題的工具，因此教育哲學的作用與功能，即在將現實的教育經驗，加以系統化、理論化、抽象化，並使之合理化。故塞耶爾斯（E. V. Sayers）亦有相同的立場，主張：「基本上，教育哲學乃是個體陳述教育時對所有人生哲學的引申而已。」[7]不爲高遠新奇之論。

---

[4]　Price K., Is a Philosophy of Education Necessary? in Lucas, C. J., *What is Philosophy of Education?* The Macmillan Co., Collier. MacMillan Canade Ltd., Jonanto, Ontario, 1969, p.125.

[5]　同註4。

[6]　Dewey, J., *Democracy and Education*, The Free Press, New York, 1916, p.331.

[7]　Sayers, E. V., et al., *Education and the Democratic Faith: An Introduction to Philosoply of Education*, Appleton-Century-Croft, Inc., New York, 1959, p.3.

問題與討論

一、試比較中、西思想家對教育之定義，說明異同何在。

二、哲學的研究方法與內容為何。試討論之。

三、塞耶爾斯認為教育哲學乃是人生哲學的引申，試評述之。

伍振鷟

第二章

教育與哲學的關係

在所有的學科中，教育與哲學的關係最爲密切，這可以從教育史與哲學史中得到證明；早期在教育科學尚未萌芽以前，幾乎所有的教育原理或學說，莫不來自哲學，教育的宗旨與目標固由哲學所決定，教育的內容與方法亦皆受哲學的規範。教育與哲學此種密不可分的關係，可說中外皆然，略無二致，如孔子的《論語》與柏拉圖的《共和國》（*Republic*），既是哲學主張的宣示，也是教育見解的提出。故教育哲學的興起與形成，亦即基於此種關係的確認。教育與哲學所以有如此密切的關係，實由於彼此互補互賴，相輔相成；沒有哲學的指引，教育可能迷失方向，而沒有教育的施行，哲學亦僅如空中樓閣。誠如杜威所言：哲學是教育的普通原理，而教育是哲學的實驗室。教育的設施須根據普通原理而施行，普通原理則須根據教育實施的結果來印證；以下分別闡述。

第一節　哲學是教育的普通原理

從教育歷史的發展來考察，不難發現整個教育活動的歷程，不論理論與實踐，都與哲學有表裡一致難以分割的關係；所有教育的理想與設施莫不隨著哲學的勃興或轉變，而亦步亦趨地發展與變動。茲就教育目的的考量、教育內容的選擇，與教育方法的應用三方面，來說明教育與哲學的關切是如何的密切，而教育受哲學的影響又是如何的巨大與深遠。

一、教育目的的決定需要哲學的引導

教育目的是教學活動的方向與趨勢，沒有目的或有目的而不正確，不但教育收不到預期的效果，甚至對於個人、社會、國家、世界，以及全人類，均將造成無窮的傷害與難以彌補的損失，如戰前德、日軍國主義的對外擴張、戰後共產唯物思想的人性扭曲，其所造成的後果，可爲殷鑑。以此，教育目的的決定，需要有哲學的正確引導，方不致迷失或誤入歧途。在人類教育歷史演進的過程中，由於不同哲學理論或思潮的導引，形成不少矛盾、衝突的教育目的主張；其著者如個人本位與社會本位教育目的之

尖銳對立，文化陶冶與實用知識教育目的之不易調和，均是其例。

　　首先，說到個人本位與社會本位教育目的的對立。在哲學史上，個人本位與社會本位的思潮交互起伏，因之教育史上個人本位與社會本位的目的主張亦迭相盛衰。早期希臘時期，雅典的哲學偏向個人的自由發展，故教育目的亦有個人本位的傾向；而斯巴達軍國主義，教育的目的在於負責盡識國民的培養，故教育目的是社會本位的。中世紀教會的權職高於一切，個人毫無自由可言；文藝復興以後，個人逐漸受到重視，教育目的亦漸趨向個人的發展。十八世紀個人主義盛極一時，教育目的均高倡個性的自由發展。十九世紀因受工業革命的影響，社會主義的哲學興盛，於是強調個人是社會產物，沒有社會就沒有個人，教育的目的即在於群性的陶冶，使個人社會化。要之，個人主義的哲學認為個人是實在的，社會只是一個抽象的名詞，故而個人的存在與價值，才是最根本的，教育的目的應發展個性，完成自我；而社會主義的哲學則與此相反，主張社會是實在的，個人則是社會的附屬品，離開了社會，個人便沒有存在的價值，而教育的目的亦在造就個人為社會服務，俾謀求群體的福祉。二者針鋒相對，各執一詞，究以何者為是，值得進一步深入探究與思考。

　　客觀分析，個人本位與社會本位的哲學，雖然迭相起落，但彼此卻都不能否定對方的存在與價值，如果各自走向極端，則均將導致「根本否定自己主張」的後果。因為實際上存在於個人與社會之間的關係，不是因果，亦非先後，更不是目的與工具的關係，而是互為因果、互為體用、同時活動、相輔相成的關係。個人本身具有發展的潛力，在人世間有其獨立的存在；這種尊重人的尊嚴與價值，其觀點不能抹煞，更不容否認。然個人自始即探索並傳遞有關自己與所存在之世界的知識，以適應環境，發展自己，亦實難脫離社會力量的影響；設無社會組織與文化，個人勢必孤立與無援，寂寞終老。以此，社會具有統制力量或約束作用，這種尊重整體福利的主張，不能說是不正確，甚至加以排斥；但另一方面，如無基本健全的個人，社會的組織如何存在？要社會組織又有何用？故而個人本位與社會本位兩種哲學，基本上實無必然的衝突，而在教育目的上亦非根本不相容或非此即彼的選擇。須知教育是一種價值創造的歷程，而其所創造的

價值即呈現在受教育的個性化與社會化之上，兩者並無牴觸或衝突。

　　由此看來，社會化與個性化是一個歷程的兩面。從教育的觀點來看，兒童本位的教育理想，尊重學生的個性、能力與需要，值得肯定，但如走向極端，把兒童自由生長看成教育、摒棄社會生活，非難歷史文化，重視生長發展，卻忽略了價值問題，豈不是完全否定了教育的功能？至於社會本位的教育主張，強調客觀的社會環境與文化價值，實無不妥，設若無限推衍，否定了教育的基本對象——個人，則教育便根本無從談起。

　　概括而言，教育是個人與社會間交互作用的橋梁，這座橋梁代表一種歷程；一方面把個人帶進社會的制度中，完成個人的社會化，同時也把社會價值注入個人的思想與行動中，完成個人的個性化。這種「雙途的價值創生」，在個性化時社會化，在社會化時個性化，才是真正教育目的之所在。

　　其次，探討文化陶冶與實用知能教育目的的調和。說到教育目的中文化陶冶與實用知能的調和問題，涉及到許多相關的用詞，如泛指文化陶冶的自由教育、文雅教育、普遍教育、通才教育，用於實用知能的職業教育、專業教育、專才教育等，不僅兩組用詞的內涵各異，就是同組用詞的指述亦未必盡同；為簡便計，僅以普通教育或通才教育與專業教育或專才教育為代表，而不一一深究其涵義。教育目的之所以有文化陶冶與實用知識價值高低與功能大小的爭議，肇因於心靈哲學的唯靈論者，認為心靈是一個非物質的實體，是一切生命、思想與動力的源泉，可以影響並支配身體。視心靈為異於物質的實體的結果，直接是官能心理學的建立，間接是形式訓練說（formal discipline）的盛行。所謂官能心理學，是依據心靈實體說的見解，主張心靈這個實體，依其作用的不同，具有各種不同的能力，如記憶、推理、思考、判斷等，稱之為官能（faculty）；並且這些能力，可藉訓練的作用而增強力量。持這種見解的心理學，是為官能心理學；在教育上應用這種理論，對於各種心能加以訓練，則稱為形式訓練說。形式訓練說的見解，異於一般的教育理論，一般認為教育的功能在於傳授知識，而形式訓練說則認為加強吸收知識的官能較傳授知識更為重要，因為官能如因訓練而加強了，任何知識都易於吸收；且人生受教育

的時間甚短，不能將所有的知識均灌輸給學生，唯有訓練學生吸收知識的能力，才是最根本的一勞永逸的辦法。以此，在教育目的上，持此種觀點的學者，主張形式的目的重於實質的目的，亦即文化的陶冶重於實用的知能。這就是爲什麼傳統中西的教育，都比較重文雅教育或通才教育而輕專業或專才教育的主要原因；而其具體的呈現，如西方高層社會的紳士教育，中國士大夫的治術教育，其目的一方面著眼於身分的確定，以示與眾不同，一方面側重文化的陶冶，俾未來可以領袖群倫，而不在於學習一技之長，解決實際的生活問題。

進入近代以後，民主思潮的日益氾濫，實施機會均等的普及教育，已成爲舉世遵行的共同趨勢，受教育不再是少數人的權利。在此種情況下，社會上既沒有統治者與被統制者之分，每個人都必須既勞心而又勞力，因此在教育價值上，便沒有文雅教育或通才教育與專業教育或專才教育孰高孰低之分，而在教育目的上，也不能作明確非此即彼的選擇。除此而外，另一影響教育目的觀改變的因素，是科技長足的進步，其實際的效用影響了一般人的價值取向；在教育目的上，重實用知能而輕文化陶冶的趨勢日益明顯，專業教育程度較高的職業教育或專才教育深受青睞，文雅教育或通才教育反而乏人問津。然而，科技發達後所引起的各種問題與產生的嚴重後果，在在都必須有高度的理想、遠大的眼光，作整體的考量與人文的關懷，而此則非兼具人文與科技的雙重素修不爲功。故而今後在教育目的上，不應再作文雅教育或通才教育與專業教育或專才教育二者之間的非此即彼的選擇，而文化陶冶與實用知能也是所有現代人所必須兼備的條件。

二、教育內容的選擇需要哲學的批判

教育內容的選擇需要哲學的批判，是因爲教育的內容係由各科的課程與教材構成，其價值如何，必須經由認定的規準判斷；而價值判斷正是哲學的主要功能。惟不同的哲學見解，有不同的價值判斷，因此，在不同哲學的規準下，不同的課程與教材便有了不同的評價。以前述教育目的的決定爲例，受心靈實體論影響的形式訓練說，主張形式的目的而不重視實質的目的，因此，在課程方面，特別注重教材的訓練價值，而不重視其實用

價值，即凡認為能訓練官能的學科，不論其是否實用，均受到重視，而在課程中占有優越的地位。

與心靈實體說見解相異的心靈狀態說，由於主張心靈是由觀念（或原子）聯合而成，否定心靈是實體；心靈既不是實體，因此便無所謂官能，當然更談不到訓練官能了。依據心靈狀態說的理論，心靈在初生時空無所有，而是由後天的經驗充實而形成的；這些經驗又是由感覺、反省匯合以成觀念而來，即是構成心靈的原子。因此，要充實心靈，必須提供觀念，而觀念又是由事物的表象（representative）構成，故而凡能提供各種事物以發生表象的課程，特別是直觀（Anschauung）的材料，便是有價值的課程與教材。且何種教材提供何種表象，何種表象構成何種心靈，其間有密不可分的關係，故對教育內容的選擇，均以此為標準。

另一以哲學價值規準來批判教育內容的例證，是功利主義（Utilitarianism）的哲學家斯賓塞（Herbert Spencer, 1820-1903）在其所著《教育論》（*Education: Intellectual, Moral and Physical*）中，探討「何種知識最有價值？」（What knowledge is of most worth?）從實用的觀點，主張教育「係為完美生活作準備」（preparation for complete living），而人類生活中，斯賓塞又依其重要性列舉五種主要的活動：1.與生存直接有關的活動；2.與生存間接有關的活動；3.養育下一代的活動；4.參與社會與政治的活動；5.休閒的活動。以上五種活動的重要性，係依照順序排列，因此各學科的課程與教材，亦應根據此項標準而決定其相當的價值。

三、教育方法的應用須有哲學的依據

教育目的的決定與教育內容的選擇，固有賴於哲學的指引與評價，教育的方法的應用亦不例外，必須要有哲學的依據。廣義的教育方法涉及的範圍較廣，如研究、教學、訓育，以及輔導，均可包括在內，狹義的教育方法則專指教學方法而言。教學方法與哲學上的知識關係最為密切；在知識論方面不同的派別，如理性主義與經驗主義，對於教學方法各有不同的影響。就前者而言，理性主義者相信人有理性，而理性活動的結果，便可使人獲得知識，如西方形式邏輯中的三段論法、中國心學派的「理不在心

外」，因而在教學方法上多採演繹式的啟發、思考等；後者則與之相反，經驗主義者以為經驗才是知識主要而且可靠的來源，離開了經驗，便難獲得正確的知識，於是在教學方法上多採歸納式的觀察、實驗、調查、統計等，要學生利用感官直接與外界的事物接觸，俾獲得正確的知識。感官唯實論所使用的直觀教學法，即依據此種觀點而建立。

此外，訓育的方法與哲學的人性論有關，持人性善的觀點，則主張管教兒童當順其本性去發展，成人不宜加以干涉；持人性惡的觀點，卻主張應該嚴加規範，成人亦須監督其不可逾越規範。又獎賞與處罰，是道德哲學中主外派所使用的最有效的訓導方法，均是證明教育方法的使用，實有其哲學的依據。

第二節　教育是哲學的實驗室

如前所述，哲學是一門重視實踐成行的學問，知而不行，則理論或理想均將流於空談，無從證明其是否為真理；而檢驗哲學的理論是否合於真理，其最好甚至唯一的規準，便是透過教育將其理論付諸實施，如能收到預期的效果，則其理論為真，否則，只可稱為海市蜃樓，應予揚棄或束之高閣。此所以哲學史上的哲學家皆大都是教育家，而教育也就自然而然地成為哲學的實驗室。不僅如此，哲學家對於社會與人生所抱負的理想，非藉教育的力量不能實現，故哲學家在建立其哲學系統以後，鮮不論及教育以建立其教育理論，俾從教育實施的結果，來實現其抱負與理想。

從歷史上考察，古今中外哲學家兼為教育家的事蹟，不勝枚舉。先從上古時期談起，中國儒家的孔、孟、荀，與希臘三哲的蘇格拉底（Socrates, 469-399 B.C.）、柏拉圖、亞里斯多德，固無一不是哲學家兼教育家，其他中國道家的老、莊，墨家的墨子，希臘的哲人學派（Sophists）與羅馬的西塞羅（M. T. Cicero, 106-43 B.C.）、坤體良（Quintilian, 35-96 A.D.），也都是知名的哲學家兼為教育家。中古時期，中外哲學家兼為教育家的更多。中國方面：兩漢的揚雄、董仲舒、王充；魏晉有傅玄、顏之推；隋唐有王通、韓愈、李翱；兩宋理學興盛，理學家

更無一不是教育家、濂（周濂溪）、洛（大程子明道、小程子伊川）、關（張橫渠）、閩（朱熹）之外，尚有心學派的陸象山；明代則以王陽明最為有名。西洋方面：有屬於經院哲學的聖湯瑪斯（St. Thomas Aquina, 1224-1274）、人文主義的艾格里可拉（A. Agricola, 1443-1485）、伊拉斯莫士（D. Erasmus, 1466-1536），宗教改革領袖馬丁·路德（Martin Luther, 1483-1546），民族主義者拉提克（W. Ratke, 1571-1635），泛智主義者康美紐斯（I. Comenuis, 1592-1670），理性主義者笛卡兒（R. Descartes, 1596-1650），經驗主義者洛克（J. Locke, 1632-1704）等。進入近代，中國僅有明末清初的孫奇逢、顧炎武、黃宗羲與王夫之、顏習齋等數人；而西方則較多，有盧梭、康德（I. Kant, 1724-1804）、費希德、裴斯塔洛齊，赫爾巴特（I. F. Herbart, 1776-1841），福祿貝爾、斯賓塞諸人。至於現代，中國有孫中山建立的三民主義教育思想，蔡元培倡導的美育教育思想，西方則有杜威的實驗主義教育思想，斯普朗格（E. Spranger, 1882-1963）的文化主義教育思想，布伯（M. Buber, 1875-1965）諸人的存在主義教育思想，皮德思諸人的觀念分析教育思想等。

　　以上係舉一般較為熟知者而言，至於諸家的哲學主張與教育見解，分見於哲學史與教育史，不備述。要之，哲學家有賴教育的實施而驗證其哲學見地的價值，並藉具體的教育設施以實現其對人生與社會的理想，故以教育為哲學的實驗室原因在此，而教育與哲學的密切關係亦在於此。

問題與討論

一、哲學為什麼是教育的普通原理？試說明之。
二、教育為什麼是哲學的實驗室？試討論之。
三、哲學與教育應有何種關係？試申明己見。

伍振鷟

第三章

教育哲學的功能

　　羅馬的哲學家西塞羅曾如此說：「哲學者，人生之導師，至善之良友，罪惡之勁敵；苟無汝，則人生豈值一顧也焉！」我國的孔子也說：「何莫由斯道也，誰能出不由戶。」可見人生在世，也需要有一個最高的原理原則，以為指導其生活中一切思想、言行與作為的南箴；而這個南箴便是哲學成道。一般的人生對於哲學的需要如此，那教師又如何呢？我們都知道，教育的功能在於承先啟後、繼往開來，而教師又負有「傳道、授業、解惑」的重責大任，其需有哲學的素修與體認，自更不待言；這也就是教育哲學何以在教育學術領域中成為一門不可或缺的規範性科目的主要原因。

　　基於上述的理由，現代各級師資培育的課程中，無不加入教育哲學一科。然而，就教育工作者而言，究竟對於哲學（包括教育哲學）有什麼需要？教育哲學又有些什麼功能？以下即分就這兩方面加以探討。

第一節　教師對哲學的需要

　　如前所述，一般的人生固因需要哲學，而教師對哲學的需要則尤為殷切，因為教師更須在日常生活上需要有哲學修養，在教育工作上更缺少不了哲學的指引。茲分述如下：

一、哲學在日常生活上的需要

　　教師是人群中的一分子，一般人對哲學生活上的需要，教師當然也需要，甚至有過之而無不及。哲學在生活上的需要，大致有以下數者：

(一)思想與行為的引導

　　人類的行為，受思想的支配，而思想的方向，又決定於個人的人生觀與宇宙觀。先有哲學的素修，然後才有正確的人生觀與宇宙觀；有了正確的人生觀與宇宙觀，一個人的理想才會高遠，思想才會純正，觀念才會正確，興趣才會高尚，意志才會堅強，態度才會從容，始可安身立命，而不致誤入歧途，誤己而又誤人。

(二)智慧的啟迪與增進

《中庸》以為聖人可以參天地之化育，又說：「自誠明，謂之性；自明誠，謂之教。誠則明矣，明則誠矣。」這是說聖人天縱聖明，故本於天下之至誠，便可自然而然達到參天地之化育的境界，而一般人則須自明而誠，即經由受教的過程，亦可臻相同的地步。因此，教育工作者要啟迪思想、增進智慧，唯有透過偉大哲學家思想的鑽研，與其睿智的心靈接觸，受其感染、薰蒸，然後逐步的由明而誠，使心靈純淨，思慮清明，智慧日增。以之判斷是非善惡與價值，自然便可從容中道，以之處理日常生活問題，亦必合於規範，而以之教導學生，則更必得心應手，成德達材。

(三)意志的訓練與鼓舞

人生境遇，有順有逆，教師工作，有苦有樂，如何在逆境中，奮發昂揚，以樂觀進取的精神，面對艱難困苦的工作，都必須意志堅定，不屈不撓；而此則有賴於健全的人生哲學作為精神的支柱。有了正確而健全的人生哲學的指引，則必意志堅定，精神煥發，樂觀進取，不折不回，任何艱難困苦，挫折橫逆，不僅不是難以克服的障礙，不能超越的險阻，反而成為奮鬥過程中，堅定意志與激發勇氣的助力，此即孟子所謂：「天之降大任於斯人也，必先餓其體膚，勞其筋骨，空乏其身，行拂亂其所為，所以動心忍性，增益其所不能。」便是此意。

(四)情性的陶冶與培育

《中庸》有謂：「喜怒哀樂未發之謂中，發而皆中節之謂和。」荀子也說：「人生而有欲。欲而不得，則不能無求；求而無度量分界，則不能無爭；爭則亂，亂則窮。」人性的本質如何，現尚沒有定論，但具有情慾的成分，則是不爭的事實；如何使人的情性能「發乎情，而止乎於禮義」，則非有精湛的哲學的修善不可功，而古今中外許多道德崇高與人格完美的哲學家，正是我們修養心性與陶冶品德的良好型範，如孔子自述其修養與成長的過程：「吾十有五而志於學，三十而立，四十而不惑，五十而知天命，六十而耳順，七十而從心所欲，不踰矩。」正可作為我們培養情性、陶冶情操的借鏡。

㈤群體生活的增進與和諧

人是社會的動物，必營群體的生活而不能遺世而獨立。《大學》一書，講求修己善群之道，主張一個人先修身、齊家，而後治國、平天下。因為生活的目的，本在於增進人類全體的生活，俾使人的生活不致失落；而欲個人生活得以圓滿，又必須謀求群體生活的和諧，這就是大學修己善群之道精義之所在。一個身修的個人，以之參與群體生活，自學校、家庭，以及社會、國家、人類，必定內容充實，關係和諧，互助互信，共存共榮，進而實現天下一家、世界大同的理想。

㈥人性尊嚴的保護與提升

孟子說：「人之異於禽獸者幾希！」人類之所以為萬物之靈，主要由於人性尊嚴的自覺與保護，而不甘自暴自棄，與禽獸為伍。不僅如此，人類更憑藉其稟賦的理性與聰明才智，不斷地創新發明、向上奮進，以保護並提升人性的尊嚴與價值；而此則有賴於哲學提升人生正確的理想與趨向，修身處世、待人接物正當的途逕與方法。

二、哲學在教育工作上的需要

傳統的教育工作單純，教育工作者僅需哲學作為教育的普通原理，在教育目的的決定方面解答其為何教，在教育內容的選擇方面提示其教什麼，以及在教育方法的運用方面告知其如何教，便能綽綽有餘應付在教育工作上的需要。然而，時代進步快速，社會變遷劇烈，教育工作的複雜性與變異性，已使教育對於哲學的需要更為殷切。因為一切問題只是表面現象，而認識問題、解決問題，則必須從根本著手，即探究問題的真實層面，不但明白問題的真相，並且對問題作澈底的解決，不致遇到問題，便驚慌失措，或是臨時應付，反而治絲益棼，甚至留下後遺症。因此，今天的教育工作者必須具有較以往更廣博與更深厚的哲學素養，才能智珠在握，面對並解決當前諸多層出不窮與始料未及的問題。

教育的對象是人，以此，討論哲學在教育工作上的需要，先從認識教育的對象——人談起；然而，「何為人？」卻是古今中外迄今不能完全正確回答的問題。現代心理學雖在有關人的表徵方面，如人格、行為、情

緒、態度等，有相當的認識，但深入心靈的實在與人性的本質層面，卻仍無能爲力，而有賴哲學作形而上的探索，並在其根本的假定上，建立各種教育的理論與學說，以爲解決實際教育問題的準據。就心靈的實體而論，唯靈論與唯物論對於心靈的本體就有截然不同與完全相反的認定，甚至唯靈論的心靈實體說與心靈狀態說，其立場與主張亦不盡相同而互有出入。略而言之，心靈實體說認爲人在身體之外，尚有一個靈魂，靈魂是一個非物質的實體，是一切生命的泉源與動力，因此在教育理論上遂主張教育的目的在於訓練心理的官能，教育內容重視教材的訓練價值，教育方法則多用思考、推理與辯證等方法。心靈狀態說則否定心靈是一種實體，而認爲只是一種狀態，即許多不同的一束知覺所結合而成的意識之流，因此教育目的應是實質的而非形式的，即以具體的經驗充實心靈，教育內容亦重視其實質的價值而非訓練的價值，教育方法則特重觀念的類化作用，有其一定的程序。唯物的心靈論，完全否定心靈的存在，主張心靈只是神經系統的機能，教育的作用，乃在控制並支配這個神經系統，使刺激與反應間建立一種感應，並藉由練習使其連結的力量增強，而成爲習慣，這便是教育；其教育理論可說完全建立在物質的生理基礎之上。

再就人性的本質而論，中外哲學家的說法雖不盡相同，但大致不外人性善、人性惡、人性亦善亦惡與人性非善非惡的幾種觀點。（參見第四篇第十一章）究竟人性的本質與教育在哪些方面有關？首先考慮到的是人性異同問題；人類本性究竟相同，抑或相異，其影響於教育甚大。因爲人性如無時空的限制，是無時無地莫不相同的，那麼教育的設施便應對一切時與一切地的一切人而皆同；如人性非特依其時與地的相異而不同，並且依其天性的各種特性及資能有別，則教育設施就應因時因地而不同，並應隨個人而相異。其實，人性不是完全相同，也不是完全相異；一般而言，人類的通性大致相同，一群人或一個人的特性則彼此相異，而本質相同容或數量相異，程度異者也許種類相同。人類的通性可能永遠相同而不致根本改變，人類的特性無論怎樣改變或歧異，但卻不能完全遠離通性而變成人類以外的新品種；而此又涉及另外一個問題，即人性的改變問題。人性能否改變？如何改變？其改變有無限度？這些都是教育上的根本問題，須從

哲學的觀點加以澈底檢討，才不致流於空泛的懷疑或自信的獨斷。

除此之外，當前學生的行為問題日趨嚴重，要解決或改善這個問題，自不能不談到到道德教育；而有關價值的判斷，正是哲學的主要的功能與職責。傳統的道德哲學關於道德問題的討論，分為主內與主外兩大派（參見第四篇第十二章），兩派對於道德與教育有密切關係的四個論題：1.道德憑什麼決定？2.善是什麼？3.善如何認知？4.善如何獲得權威使人實行？各有不同的見解與主張，並且也都持之有故而言之成理；就中道德教育的實施採用獎賞與懲罰的手段，最為大家所熟知，便是基於主外派的理論。後面這要詳細討論，此暫從略。

認識教育的對象，僅是教育工作者需要哲學以面對與解決的問題之一，其他問題尚多，最明顯的例子是隨著時代的進步，教育的型態也呈現明顯的改變。傳統的教育型態，是一位教師教一個或數個學生，可稱為基本型態；近代以後，由於教育的普及，同時學術分化日細，於是由數位教師教眾多學生，即現在通行的班級型態；邇來大眾傳播工具發達，廣播與電視的教學，可突破時空的限制，而電腦網路的應用，更是教學的利器，教育的型態有走向企業化的趨勢。然而，萬變不離其宗，不管教育的型態如何改變，但改變不了的是師生關係；也就是說，在教育活動中，教師的角色永遠不可或缺。但在不同的型態中，教師如何扮演其角色？又如何影響學生？則牽涉到教師的修養與所應具備的條件，而此亦係哲學所當致力作決定並謀解決。

又如何經營教育事業，在行政制定上，中央集權制係基於社會本位的哲學，而地方分權制乃個人本位哲學的產物，至於均權制，則顯然與中庸思想有關；無一不是哲學理論的結晶。其他如教育行政的決策、人事管理的理論，亦莫不有哲學背景為依據；限於篇幅，不詳論。

綜上所述，在時代與社會快速變遷的今日，教育新知增加迅速，教育理論與思想亦愈趨分化，教育的問題與困難日益多而複雜，在在都需要教育工作者有更廣博、更精深的哲學素修，俾能中心有主，抱持定見，面對並解決問題，而不致遇到問題，便徬惶無主，不知所措。

第二節　教育哲學的功能

　　教育哲學從十九世紀末期建立，至二十世紀中葉已確定其在教育學術領域中的地位，成為一個具有重要性的規範性教育學科，也是師資培育養成教育階段中必須修習的一門主要科目。因為教育工作者，包括教師、教育研究者，以及教育行政人員，都必須從教育哲學的研習中，獲得一些教育活動之非事實性的認知，即凡教育上根本的假定、概念與原理，以及教育的意義、價值與本質，固有賴於教育哲學的探討或解釋，而教育上理論的、實施的困難與矛盾，尤須有教育哲學為之指引與解決。以下分就此三方面說明：

一、檢討教育上根本的假定、概念與原理

　　教育哲學的主要任務，在以哲學的觀點，檢討教育上根本的假定概念或原理。舉例而言，教育本質中有一種自我實現的學說，主張人生而有各種可以發展的潛能，如同植物的種子；植物的種子在良好的環境中，可以生長、發展與成熟，同樣人接受良好的教育，也可以成長、發展並自我實現。這一學說導源於亞里斯多德形式（form）與質料（matter）的形上假定；亞氏以為萬物的變化，係形式與質料二者交互作用，形式為意義、目的，而質料具潛能，其發展乃依形式實現、完成，達成目的。從哲學的觀點看，以自我實現為教育的本質，可說是體認了人是具有發展的潛能的，否則，對於人的可教性（educability）不啻是一種根本的否定。因此，自我實現的教育本質論是可以成立與接受的。

　　又如在方法論方面，杜威倡導「由做中學」（Learning by Doing）的理論。此乃由於杜威在本體論上既非唯心論者，也不是唯物論者，而是調和折衷於兩者之間，一方面從生物適應的觀點，把意識看做適應環境的一種工具，其立場接近唯物主義；另一方面則承認思想的特殊性，沒有完全視其為機械的反射作用，解釋為物理化學現象，其立場又與唯靈觀點相近。杜威把人看成一個有機體（organism），人的經驗乃有機體應付環境

的種種活動；有機體一方面從環境有所感受（undergoing），同時也有所施為（doing），這種感受與施為的交互作用，便構成所謂經驗。這種經驗為人與其他生物之所同，但人於此而外，還須對於這種作用有所意識，不僅明瞭其因果關係，並且根據這些因果關係對施受的作用加以控制。基於此種觀點，因此杜威界定教育的本質為生長，主張教育的過程是經驗的改造，故而教育的方法也就順理成章地是「由做中學」了。雖然，「由做中學」有其限制與缺失，不是最好或唯一的方法，但難以否認地，是一種直接而有效的方法，在教育理論上有其一定的價值與貢獻。

二、解釋教育的意義、價值與本質

任何教育活動的實施，必與教育的意義、價值或本質的理論架構密切相關，二者形影相隨，如斯響應。但如何批判並選擇一種教育意義、價值或本質的理論體系，卻是教育哲學的職責。以建立在極端相反之人性論的教育理論體系為例，性善論的教育學說與性惡論的教育學說便顯然大不相同。性善論者孟子認為人性中具有仁、義、禮、智四種善端，而這四種善端又是由惻隱、善惡、恭敬與是非之心所發出來的，因此，要人為善，只要順著其本性（心）去發展便可以達成。性惡論者荀子卻持相反觀點，主張「人之性惡，其善者偽也」，認為人性本惡，善是人為的結果，即其所謂的「化性起偽」。孟、荀二子的人性論乃其教育學說的根本，然建立在不同人性論的基礎之上的教育理論體系，在實際應用上，其功效與價值則有上下床之別。孟子強調人性善，可以提升人的自尊心，故「孟子道性善，言必稱堯舜」，認為人皆可以為聖人；荀子則不然，荀子雖主張「塗之人可以為禹」，但又表示「可以而不可使」，其對於教育的信念，似不如孟子堅強。不僅如此，主張人性善，為善是順著本性去發展，猶如順水推舟，事半而功倍；相信人性惡，則為善須矯飾人的本性，好似逆水行舟，事倍而功半。兩相比較，[1]教育工作者當知所抉擇。

1　參詳拙作〈孟荀教育思想之比較研究〉，刊《師大教育研究所集刊》第三輯。

三、解決教育上理論的、實施的困難與矛盾之學

二十世紀八〇年代，教育改革運動風起雲湧，世界各國都在推行教育的改革。為什麼推動教育改革？必定是教育在理論上或實施上遭遇到困難與矛盾，思有以突破。實事上，二十世紀末期各國所推行的教育改革，是繼續二次戰後的未竟之業，因為二次世界大戰結束之初，各國痛定思痛，均著手推行教育改革，其中尤以中等教育階段為改革的重點，然或以觀念一時難以澈底改變，或以條件不夠充足，以致改革未竟全功，如今世事遷移，各國均體認到，如不能在世紀結束之前完成教育的改革，將不足以提升國家的競爭力，俾面對二十一世紀的來臨。究竟二次大戰結束以後，有關中等教育改革的訴求為何？重點何在？綜括戰後各國中等教育改革的趨向，不外藉由「全民的中等教育」（Secondary Education for All）的訴求，以實現「教育機會均等」（Equality of Educational Opportunity）的理想：而在具體設施方面，延長國民義務教育年限，改革學制並改變其課程，幾乎是各國一致採取的措施。延長義務教育年限至中等教育階段，舉世皆然，僅有年限長短、時間遲早之別，且不必說；在學制改革方面，各國多將具有階級性的雙軌制改為合於民主精神的單軌制；而在課程方面，亦由過去分別設立的功能型學校，改為混合設立的綜合型學校。戰後各國的改革，以英國最具代表性。英國戰後除兩度延長義務教育年限外，其中等教育的制度、亦由戰前的典型雙軌制，初期改為文法（grammar）、工藝（technical）與現代（modern）中學三分鼎立制（tripartite system），不久即過渡到不分流（streaming）的綜合中學（comprehensive school）。迄今英國戰後的教育改革，雖尚未全部完成，少數的公學（public school）仍殘存雙軌制的痕跡，但其改革的理想與訴求，卻是基於政治的、社會的、經濟的，以及文化的多方面考量；而此又無一非教育哲學所當致力的範疇，且亦唯有教育哲學能提供合理的解釋並指示正確的方向。

以上教育哲學的三項功能，是由教育哲學的意義衍生而來，良以其意義之所在，亦其功能之所在。

問題與討論

一、教師需要哲學素養嗎？試討論之。

二、教育哲學的價值何在？試說明之。

三、教育哲學的重點在教育，抑或哲學，試討論之。

伍振鷟

第四章

教育哲學的範圍與研究途徑及方法

教育哲學的建立，乃是近百年的事，因此其與各科的界限如何劃分，尚無定論；至於其研究的途徑與方法，一般適用於教育與哲學者，亦可採用。以下即分就這兩方面，予以敘述。

第一節　教育哲學的範圍

教育哲學為應用哲學的一支，以此教育哲學的領域與其他學科如何劃分，可比照哲學與其他學科的關係加以探討。哲學的領域極廣，其他各學科的類別亦多，通常即以哲學與科學對稱，同樣探討教育哲學的範圍，亦可以教育哲學與教育科學並舉，俾略知其梗概。

一、哲學與科學

哲學與科學有何差別？二者之間的關係又為何？要了解哲學與科學的差別，須先從定義著手。何謂科學？一般界定為「正確、精密而有系統的知識。」至於什麼是哲學，此處僅就其科學有所不同而言；哲學是於「正確、精密而有系統的知識」之外，更「追求其第一原因或最高原理，並作價值的判斷」。晚近科學發達，技術進步，少數淺薄的理智主義者，往往以為「科學萬能」，有了科學便不需要哲學，甚至科學發達之後，哲學已沒有存在的餘地。殊不知哲學與科學的性質不同，功能亦異，彼此各有所司，卻又相輔相需，二者缺一，均將失之偏頗，不利於圓滿的人生。以知識的追求而論，科學的知識止於「當然」，而哲學則更一步追求其「所以然」，即前者是當然的知識，而後者為應然的知識。又如科學的研究，秉持「價值中立」（value-neutral）的原則，不論結果影響的好壞，只要有新的發現，便是成就。但哲學則不然，任何新的發明或理論提出，均必須多方考量其影響，必有利於人類幸福生活的增進或崇高人生理想的達成，始肯定其成就，否則便否定其價值。

由此可見，哲學與科學之間，分界鑿然，但哲學如無科學的事實知識為基礎，則遊談無根，宛如空中樓閣，而科學若無哲學的價值理想為導引，則亦正如盲人瞎馬，不僅危險萬分，而且貽患無窮，故而兩者的關係

極為密切，相輔相需，缺一不可。

二、教育哲學與教育科學

　　教育哲學與教育科學的界定與關係，雖大致可比照哲學與科學的模式，加以區劃及闡釋，但如欲深入探究，則仍須從教育學的定位著手。因為教育哲學與科學均是教育學的一部分，二者之間的界限如何劃分及關係如何確立，都不能不涉及教育學的發展與教育學的性質，由此入手，應幾可探驪得珠，而不致暗中摸索，徒勞無功。

　　首先，談教育學的發展。教育學（Pedagogy）與教育是兩個相關而又不同概念；教育是一種活動，包括活動的歷程及其所獲致的結果，而教育學則是對於此種活動加以探究、說明、解釋，甚至假說，而建立理論的體系。大凡一種理論體系的產生，必定是在實際活動的過程中，發生了問題，而為了解決這些問題，於是有各種不同的臆說，經過時間的考驗與不斷的修正，臆說逐漸成一種確定的觀念，而稱之為思想。所有的思想的產生均是如此，教育思想亦不例外。惟教育思想雖多言之成理，能自成一家之言，尚不能稱之為教育學理論。從教育思想過渡到教育學理論，尚須突破一個瓶頸，即由主觀的見解，到客觀的驗證；這一段路程教育學走來，步履蹣跚，距終點還有一段距離，尚待努力去追求、完成。

　　在教育學理論發展的過程中，屬於先進學說（metatheory）的教育思想，中外都可說是車載斗量，不勝枚舉，然由主觀的見解過渡到客觀的驗證，近代德國教育學家赫爾巴特（J. F. Herbart, 1776-1841）的努力，不能不說是一個重要的里程碑。赫氏畢生致力於教育學體系的建立，於其所著《普通教育學》（*Allgemeine Pädagogik*）中，提出「科學的教育學」觀念；其所構想的教育學，係依存於倫理哲學與心理學之上，即以倫理學來決定教育目的，而以心理學來建立教學原理。赫氏另一貢獻，是在寇尼斯堡大學（University of Königsberg）設立教育學講座，第一次將教育學的研究帶到大學的講壇，且又設立實驗學校，以供學生實習。但赫氏的努力，只能算是一個開始，不可謂為成功；其著作亦不能稱為科學的教育學，因為他的教育學理論僅囿於教學的層面，並偏於教而忽略學。以赫氏所首

倡的「五段教學法」[1]爲例，曾經風行一時，於歐美各地掀起「赫爾巴特運動」的高潮，然其立論的依據類化團（apperception masses）的設證，仍是哲學的而非科學的。在促進教學理論與方法的科學化方面，反而稍後興起的實驗心理學的貢獻較大。由於受到早期實驗心理學的影響，二十世紀上半期的發展心理學、兒童心理學與教育心理學的研究與實驗，均蓬勃發展，有長足的進步；各種有關的學習理論與方法，如行爲主義的交替反應（conditioning response）理論，桑代克（E. L. Thorndike, 1874-1949）的學習三律，[2]完形學派的領悟（insight）理論，以及因智商（I. Q.）的發現而盛行的教育測驗等，在在都使教育學的研究，從主觀的見解到客觀的驗證，向前邁進一大步。到了二十世紀的下半期，皮亞傑（J. Piaget, 1896-1980）的發展認識論（Genetic Epistemology），斯金納（B. F. Skinner, 1904-1990）的增進（reimforcement）的理論，更超越學習的領域，而深入知識論與道德教育的藩籬。但不論如何，心理學在教育方面的理論及成就，仍有待教育哲學的檢討與評價。

另一與科學的教育學有密切關係的學科，是十九世紀建立理論體系，至二十世紀大爲昌盛的社會學。法國的社會學家涂爾幹對於教育活動的社會意義曾作深刻的剖析，不僅將現象視爲一種社會事實，列爲社會學的研究對象，並且主張教育的功能也是社會性的，即教育是維持社會存續的手段，用以培育一種合於社會生活的「社會人」。以此，社會的型態固決定教育的型式，社會的理想更決定教育的目標，而教育社會學（Educational Sociology）的研究，亦廣泛涉及教育的各方面，包括：將學校當作一種社會制度，將班級團體看成一種社會團體，將教育體制視爲執行社會功能的機構。然而，屬於教育科學的教育社會學，其所建構有關教育本質、目的、功能，以及內容與方法的理論，實少不了教育哲學的分析與解釋。

其餘與教育相關的學科尚多，如倫理學、人類學、文化學、歷史學、

1　赫爾巴特的五段教學法，原爲明瞭、聯絡、系統、方法四段，後經其弟子戚勒（J. Ziller, 1817-1883）改爲預備、提示、比較、綜括與應用五段。

2　桑代克的學習三定律爲：練習律、效果律、時近律。

政治學、經濟學、統計學，難以備述，但最後無一不須有教育哲學爲其作說明解釋或批評。

其次，關於教育學的性質。由上述教育學的發展，可以發現教育學與諸多學科相關聯；不僅如此，教育學本身還包括比較教育、高等教育、特殊教育等科目，足徵其內容含攝之廣。然則，究竟教育學是一種什麼學問？這便涉及教育學的性質問題。嚴格地說，教育學絕不是以上所述各科及一些教育理論的堆砌，而是一種有意義、有系統的科際整合（interdisciplinary integration）；也就是說，教育學已由初期之綜合的學科發展到今天的專門的學科，即專門的教育學。至於此專門教育學的定位，則正是當前從事教育的工作者所應深思熟慮的問題。教育學究竟是一種哲學，或爲一門科學，抑或是一些技術的應用？如前所述，近代教育學的發展，是由主觀的見解邁向客觀的驗證，即要成爲科學的教育學。然而，這並不意味教育學將要擺脫哲學，或教育哲學沒有存在的價值。相反地，教育科學愈發達，對教育哲學的需求更殷切，教育哲學工作的範圍更爲擴大，功能更爲增多，而意義也更爲彰顯。此乃由於教育學的性質基本上有異於其他社會科學，有以致之。

十九世紀下半期，由於自然科學的突飛猛進，「社會學科的自然科學化」成爲一般社會學發展的共同趨向；教育學亦不例外。然而，進入二十世紀後，經過兩次戰爭的洗禮，許多社會科學的學者又開始懷疑，現代科學一向標榜的純粹客觀而重實驗的研究，是否能眞的認識繁複萬端的人文及社會現象；也就是說，不少較成熟的行爲科學又表露另一種新趨向，邁步走上眞正的人文科學的階段，可稱之爲主觀的科學階段。[3]教育學的性質，無論就其研究的對象及作用而言，均富於人文科學範疇中的行爲科學；舉凡行爲科學所具備的特性，如：1.行爲研究的多學科性（multi-disdipelinary）；2.建設行爲的「通用理論」（general theory）；3.行爲的「目的性」（purposefulness）及價值關聯（value-relevance），教育學無不

3　詳參郭爲藩，《教育學的性質》，田培林主編，教育學新論（臺北：學生書局，1969），頁12-18。

具有，尤其行為的目的性及價值關聯，更是教育研究所關注的焦點或教育學精髓之所在。教育的意義，前面（本篇第一章）曾強調過，是存在兩代人之間的一種有意識的活動，其作用在達成行為的良好改變，即價值創造或價值引導的歷程；而此種價值的取向（value-oriented）的特質，不僅有別於自然科學的價值中立（value-neutral），也使教育學在行為科學的領域中別樹一幟，而可稱之為價值科學。[4]

就教育學之稱為價值科學而言，教育歷程的核心概念為教學活動，而教學活動又著眼於行為的改變——向上與所好的方面改變，顯屬價值判斷的問題。教學活動既與價值判斷有關，則自不能不需要教育哲學。其他教育的本質、目的、方法等各方面，凡教育科學所可致力者，教育哲學皆有事於其間；是則教育哲學的範圍為何，已可思過其半，而不勞贅述。

第二節　教育哲學的研究途徑及方法

研究教育哲學的先決條件，一方面須具備教育理論的基礎，一方面又曾涉獵一般哲學的知識；如此，始能對於教育哲學有關的各種問題有初步的認識，進而從事相關問題的研究，庶幾可由入其藩籬而登堂奧。至於入門途徑與使用的方法，分述於後：

一、教育哲學的研究途徑

研究教育哲學的途徑，黃建中在其所著《教育哲學》中，提示可從以下三方面著手：

㈠以哲學理論教育有密切關係的各個主要問題，如心靈論、知識論、社會哲學及道德哲學等等為綱，以各派哲學對於這些主要問題的解答為目，然後詳述各派哲學對於此等主要問題的解答，在教育實施上所生的影響。

4　黃建中，《教育哲學》（臺北：教育部，1960），頁44-45。

㈡以各派哲學，如自然主義派、實用主義派、社會主義派、個人主義派為綱，以各派對於教育有關係的各個主要問題的解答為目，然後詳述各派哲學體系在教育上所生的影響。

㈢以教育本身的根本問題，如教育本質論、目的論、方法論、價值論、課程論為綱，以和此等根本問題相關涉及的各派哲學的解答為目，以期闡明何派哲學、對教育本身何種問題，有何解答，有何影響，最後更就教育上的實際結果，加以批評。

　　以上三種途徑，究竟從何入手，當視研究者的條件、意願及研究主題的性質與要求而定，不拘泥一格。大致而言，前二者較偏於哲學，以具有哲學的知識基礎者從事為宜，不然甚難有系統闡述各派哲學對於不同教育問題的見解，或不同的哲學派別於相關教育問題的各自解答；而後一途徑則較偏於教育，必先具備充分的教育知識，提出並掌握教育的根本問題，然後衡之哲學的觀點或理論，再作比較、評斷，而決定取捨。要之，運用之妙，存乎一心，而把柄在手，更要能操縱自如。

二、教育哲學的研究方法

　　概略而言，一般研究哲學與教育的方法雖可應用於研究教育哲學，但如深入探究，卻未必盡然。因為雖然在教育學的領域中，教育哲學與教育科學各其有不同的分際，儘管科學的研究方法較為客觀、精密，如實驗法、觀察法、調查法、統計法等，但都只能顧及個別的教育事實，而不能觀照整體的教育情境，特別是涉及到教育的本質、理想、價值等方面，與人有密切而又複雜的關係，科學的研究方法可說完全無能為力，故而不能用來作為教育哲學的研究方法；其次，哲學的研究法中，少數特別而罕用的方法，如浪漫法、神祕法等，用之於研究教育哲學，似非所宜，故亦不採用。

　　關於適用於研究教育哲學的方法，黃建中建議：「通全法是教育哲學的基本方法，其他各種方法，亦多以全體觀點為基礎。研究教育哲學者，須首先用通全法放開眼界，從整個宇宙歷程中看整個人生歷程，從整個人生歷程來看整個教育歷程。次用直覺法、體會法、深入生命心靈及教育的

奧祕，洞察其本質、價值及意義。再次用歷史、辯證法探求教育思想與制度之演變的軌跡及發展的法則。又次用自省法，如實記載兒童、青年、成人的心理生活，就整個心理歷程上分析各時期的特異性，因以發現其所能容受的教材教法之效果。至若比較批判法，對於教育上之理論實施及基本假定，都可以應用；而關於教育上根本概念的分析，亦可用引微法。」[5]

以下分就常用的哲學方法，可以通用的教育科學研究方法，以及黃氏所建議之教育哲學研究方法，擇其有代表性的八種：演繹法、歸納法、直覺法、辯證法、歷史法、引微法、通全法、比較批判法，簡要介紹：

1. 演繹法

為傳統理性主義慣用的方法，如三段論式，以理性為基礎，根據必然的前提，如教學的公理，而推演出必然的結論。

2. 歸納法

屬經驗主義的方法，多用於科學的研究，係針對問題、蒐集資料，分析情況，建立假設，並予以證明，俾獲得正確的結論。

3. 直覺法

廣義的直覺法，可以涵蓋體會法與自省法，即本於直覺，跳越邏輯推理的過程，直接獲得結論，以窺見真理。

4. 辯證法

辯證（dialectics）一詞，古希臘已有，後因黑格爾（G. W. F. Hegel, 1770-1831）喜用，故又稱為黑格爾辯證法；黑格爾以為思想循正、反、合之辯證程序發展，而第一階段之合，又為第二階段之正，如是遞進，矛盾漸泯，以達於最後之綜合，名為絕對觀念（adsolute idea）或理念（idea）。

5. 歷史法

歷史研究的方法，係以系統、嚴謹的過程，探求教育思想與制度演變的軌跡及其發展的原則；工作的重點包括資料的蒐集、鑽研、解釋與論

斷，就中解釋一項須應用詮釋法。

6. 引微法

引微法是自幾微細小之處，得出普遍中效的原理原則，所謂「見微知著」、「知幾其神」，便是應用這種方法的註腳。

7. 通全法

通全意謂對於研究的對象（包括問題與事物），作整體的觀察與全部的了解，與科學的深入分析不同，但亦非先分解後結合，或將數者拼湊在一起的綜合，為研究哲學的最基本、最主要的方法之一。

8. 比較批判法

凡涉及兩種以上的教育理論之意義、價值、異同等，均可使用此法作一比較的批判，而定取捨。此法含攝批評的方法，不另介紹。

其他可用於研究教育哲學的方法尚多，如了解法，詳參教育研究法或教育方法論。

問題與討論

一、教育哲學與教育科學有何關係？試闡釋之。

二、你認為教育哲學的研究內容應包括哪些？其中哪一項目最為重要？

三、教育哲學的研究方法與哲學研究的方法有無差別？試討論之。

Part 2

教育的形上向度

前 言

在哲學中，形上學（Metaphysics）包含本體論（Ontology）和宇宙論（Cosmology）兩大部分。本體論主要在探究宇宙間所有存在的最終實體為何，亦即構成宇宙間萬事萬物的根本實體到底是什麼，它的本質和屬性是什麼？宇宙之間林林總總的事物，不管是用感官知覺可以察覺的現象，或是用思維推理可以論證的事理，其背後或內在之中一定潛藏著構成這些事物的根本實在體，或最終的真實體，本體論就是要探究這個根本的實在體或最終的真實體到底是什麼，因此本體論有時亦稱為實體論（Theory of Reality）或存有學（Science of Being）。

教育是宇宙間的一種事理存在，學生的學習、教師的施教，以及師生之間的教學互動關係，它們到底是什麼樣的本質，其構成學習、施教及教學互動的根本是什麼？要探討這種教育上的形上學，意即教育是什麼，構成教育的根本實體是什麼，便是教育的本質論。

哲學上的宇宙論則是在探討宇宙的起源生成以及宇宙衍生的經過歷程，特別是宇宙形成的基本法則和萬有的秩序規則，亦即宇宙間的萬事萬物林林總總之間，其生成演化的過程當中，到底有無什麼理則或規範？無論持機械論（Mechanism）或目的論（Teleology），總要對宇宙的形成和演化，有一番解釋或說明，敘明何以宇宙間的秩序是如此。

教育既是宇宙間的一種事理存在，既是存在，便必然要探討其形成的經過歷程，教育的歷程到底有無什麼基本法則或秩序規範？哲學上對於宇宙歷程是機械論和目的論的不同主張，深深影響到教育有無目的之爭辯。此外，教育歷程在個別化的個性發展和社會化的群性發展當中，究竟孰輕孰重，或誰先誰後等等，教育目的說便要探討諸如此類的問題。

一個人一旦對本體論和宇宙論有所認識時，便自然會體認到「人活著的意義和價值」，而形成一種生活態度，建立一種人生價值觀。同樣地，一個人一旦對教育的本質論和目的說採取立場時，便自然會發展出「教育的意義和價值」，而形成其對教育的態度，樹立其教育的價值觀，這便是

教育價值論。由上述可知，哲學中形上學的本體論和宇宙論，對於教育的本質論、目的說和價值論有著密切的關係或重大的影響，本篇以下各章將予以論述。

黃坤錦

第五章

教育本質論

第一節　教育本質與人的本質

　　教育是什麼？或什麼是教育？通常一談到教育，便容易想到學校、教科書、考試等，這些是教育的外在現象，是外顯的；如果仔細深問，這所學校的辦學理念是什麼？為什麼採用這種教科書？考試的意義是什麼？這些問題是在探究教育的內在意義，是內隱的，這就開始了教育本質的探討。據《教育大辭書》（商務）中所載，本質（essence）是指「事務中，常住不變，且必不可缺之性質。……亦與實體（substance）通用。……今學者之間，則多以與實體作同一義解。」這個解釋，和西方哲學中對essence這個英文字的意義相同，即是指基本、真實和不變的事物性質，特別是指精神的、不變的實體或存在，在近代哲學裡，和substance通用。研究教育的本質（essentiality），即在追究教育的性質（nature）或意義（meaning）為何，在探求"What education is?"，可以說是教育的本體論。

　　教育的基本對象是人，學習者（學生）是人，施教者（教師）是人，因此在探究教育的本質時，必須對人的本質有一基本的了解。這就是教育本質論的各種學說派別當中，常常會先對人的本質作一番探究和說明的原因。

第二節　生長與發展

一、生長說

　　杜威（John Dewey, 1859-1952）力倡教育的本質為生長說，認為「教育即生長」或「教育如生長」（Education as Growth），因為人是生物，而生長是生物界共有的現象，生物為了生長發展，便須生活，而生活即予以生物不斷生長的機會。故生活即是生長發展，生長即是生活。其次，有生活即有經驗，有經驗即可促進生長，但是經驗與生活及生長是同時並存、同時發生的，並不是有了生活才有經驗，因為生活即經驗，也不是取得經驗才來生長，而是經驗即生長。生長說即此諸概念的共同作用與發

揚，而以生長的概念綜括生活、經驗改造、教育等涵義，茲詳述之：

(一)教育即生長

所謂生長就是向著一個未來，逐漸往前發展的運動。個人與種族的生活均是繼續不斷的歷程，也就是繼續不斷生長的歷程。生活的歷程需要教育，而生活是生長的，故教育之歷程即生長。

生長何以可能？第一個條件就是「未成熟的狀態」。而未成熟的狀態，它含有一個積極的意思，即具有「實現的可能性」，表示生物具有積極的能力，向前發展的能力。未成熟的狀態具有兩項重要的特性：

1. 依賴性（Dependence）

所謂依賴性，並非如寄生蟲之永無能力，全然依賴他種生物而生存，而是指猶如嬰兒之暫時柔弱，能力尚未發展，需借助他人之能力以發展。兒童具有柔弱易於依賴的能力，對於成人的態度與作為，產生有所需要或仰賴的感應，由於兒童之富有依賴性，才有學習的可能。

2. 可塑性（Plasticity）

未成熟的生物，為生長而有的特別能力，即為其可塑性。可塑性，可說與柔韌的彈性相近。藉這種彈性作用，以吸取周圍的優點，它是從經驗中學習的能力，用從前經驗的結果作為基礎，藉以改變自己。可塑性是養成傾向、習慣、人格的能力，倘若沒有這種能力，就不能求得各種習慣。

依賴性和可塑性，這兩件事在人類的生活中非常重要。嬰兒期的延長，在成人和小孩兩方面而言，都很重要。小孩依賴他人和從事學習，促使成人負起教養的責任及產生慈愛的感情。社會生活日益複雜，愈需要更長的嬰兒期，藉以求得所需要的能力：這種「依賴性」的延長，就是「可塑性」的延長。這種延長又成為促進社會進步的一種力量。

(二)教育即經驗的改造

人類既為生物，經驗即為生物對付環境的種種行動。生物從環境有所感受（undergoing），也有所施為（doing），這感受和施為的交互作用，便構成經驗。這種經驗在性質上人與一切生物相同，但程度上有所不同。低等生物所應付的環境比較簡單，只憑這種感受和施為的交互作用，便足以應付；人則不然，他應付環境不能全憑生物的感受和施為的自然作用，

他還要對於這種作用有所意識，還要明白施受之間的因果關聯，並加予控制，才足以生存，人類的神經組織和心靈便是在生物演進的歷程中，爲適應其複雜的環境而發生。

人類與動物的行爲既然有別，其經驗的層次等級自然也有別於其他動物，人的經驗施受有三個不同的等級。第一是無生物級，這個等級的交互作用是「原因與結果」（Cause and Effect），只是機械的關聯。第二是生物與環境的施受關係，是「刺激與反應」（Stimulus and Response），生物本身只有少許的力量參與期間。第三是心靈級，人類憑心靈，預定行爲的目的，選擇適宜的手段以求目的之實現，他和環境的交互作用是「手段與效應」（Means and Consequences）。

所謂經驗，是有規準的。經驗既爲施受之作用，但活的經驗、有作用的經驗、教育性的經驗是什麼？它有兩項準則：

1. 繼續性（Continuity）

經驗不只是累聚，而是繼續不斷地改變。先前的經驗影響後來的經驗，相繼不斷地發展變化，這個歷程也即是生長。經驗須延著某種特定的途徑發展，並有益於繼續生長。

2. 交互作用（Interaction）

經驗中的兩項要素——客觀的條件和機體內在的條件，具有同等的權力。任何正常人的經驗都是這兩項要素的交互作用，同時由這兩項要素之交互作用，形成「場地」（Field）。個人之生存，即生活於一連串的「場地」中。而且人之生活「於」這些場地，異於一個銅板之「在」口袋中。經驗具有個體與對象或他人之交互作用。「場地」與「交互作用」乃是二而一的，經驗即由個人與構成個人環境之人、事、物之融合。

繼續性與交互作用，乃是經驗之兩面，兩者相補而統一。換句話說，他們是經驗的縱橫面。繼續性之原則，注意前後經驗的關聯；而交互作用之原則，則把左右的場地合而爲一。人只要生存著，這個歷程便不斷地發生，而學習也永無間斷。所謂有完整人格的人，也即經驗之繼續不斷彼此統整的人。

繼續性原則之用於教育，意即須於教育歷程的每一階段將這項原則

加以考慮。就這一觀點而言，每一個經驗均爲個人準備下次更廣性質的經驗，此即生長，也即經驗之繼續改造。經驗發展之經由交互作用，意即教育是生長發展的歷程，教育之意義與效果，端視繼續性與交互作用於經驗中是否密切聯合。

(三)教育即生活

　　人爲圖自己和種族之生存得以不斷地繼續下去，生活就須不斷地自新與重新適應，務使周圍的勢力，物質的及精神的，盡爲己用，成爲自己圖生存的手段，繼續生長。故向環境施行動作之自新的歷程，或約束環境之自新的歷程，乃爲使生活繼續不斷。

　　生活即經驗，經驗包括物質的及精神的，亦包括個人的及種族的全部經驗。所謂經驗由自新而繼續，係指不但適於生理層面的生活，亦適於心理層面的生活。就人類而言，他們有了形體生存的自新，後面還跟著信仰、理想、希望、愉快、苦惱與習慣的再造。

　　社會的分子有生有死，這件事時乃決定了教育的必需。社會團體的分子，初生出來時，都是未成熟的、能力不足的、沒有語言、文字、信仰、理想或社會的標準。一個群體裡面，每個傳遞生活經驗的分子，到了時候都是要死的，但是群體的生命還得繼續下去，而教育是使群體社會的生命繼續不斷的方法。由於那些未成熟的分子對於社會的目的與習慣，不但毫無所覺，並且漠不關心，我們必須使得他們認識這種目的與習慣，並且使他們對於這種目的與習慣，產生主動的興趣，教育的本質就是要能補救這項缺憾。因此所謂教育即生活，乃爲個人生活和群體生活所必需。

　　如何使得新生的分子獲得這經驗，繼續個人和群體的生活，則尚需賴於：1.傳遞（transmission）和2.溝通（communication）兩項作用。

　　1.所謂傳遞作用，這是分子間縱的關係，生物的生存憑藉著傳遞的歷程，人類社會的生存亦然。人類社會傳遞的歷程是由年長者把自己的行爲、思考及感情、習慣，傳給年幼者，由此思想與習慣的傳遞，使得社會得以延續並且重新改造。所謂2.溝通作用就是人類獲得公共關係的方式，它是分子間橫的關係的維持。人類組成社會所必需的公共關係，包括目的、信仰、志願、知識等，即一種公共的了解，所謂之「共同心理」。一

切溝通作用都有教育的效力，因此一切眞正的社會生活也都有教育效力。公共生活能增廣經驗，並使經驗貫通，刺激想像力，使想像力豐富，使對於言論與思想能相互促進了解。所謂教育即生活，乃因生活中有教育效力之故。

二、開展說

開展說（Education as Unfolding），視教育爲由內向外之開展作用，認爲開展乃是啟動人類的潛力，引向一確定而完美的目標，人類之生長與發展，係朝向好的、固定不變的目標前進。此說之原初概念，當遠溯於亞里斯多德，認爲人之本體爲理性，理性由神賦予，在人類中是爲神靈；理性之發揮，即爲道德，道德能帶來幸福，人生之目的，即在幸福之獲得。其次，羅馬哲學家普魯提那斯（Plotinus, 205-270）亦謂，萬物皆由神之本質流出，分爲理性、靈魂及物質三個階段，而神無形無限，不增不減。近代德國哲學家萊布尼茲（Gottfried Wilhelm Leibnitz, 1646-1716）認爲，無限的單子自己開展，由睡眠單子而靈魂，而精神，皆表現其內在之固有。以上哲學家之思想，深刻影響著教育的開展說。

捷克教育家康美紐斯（Comenius, 1592-1670）視人類爲可教之動物（teachable animal），人生在世有植物、動物及精神三種生活；其天性有知識、道德及宗教三類素質；後三者有如內隱潛在的種子，須賴教育以開展。促進人類知識、道德及宗教之依次發展和完成，便是教育；宗教之最高目的，固然須經由約束自己的道德以得之，但首先須經由對自己以及一切事物的知識以得之，因而知識是設立學校的第一要素。康美紐斯認爲：「人立於神造各物之中央，具有透明心體；一如懸於室內之球面反射鏡，照徹周遭一切事物。人的心不但能認識了解我們周邊附近的事物，而且及於空間和時間遠離之事務；其能力是無邊無際的。」又說：「心在知覺歷程中類似無底深淵，能擴其能量至無限。人的身體雖被包圍於小範圍內，但聲音可達於較廣之範圍，視覺則可達更廣一些。至於心，則無論在天之內，或在天之外任何處所，均能到達。心升而超乎諸天之上，降而入乎地壤之下，其高深之度縱使再大千百倍，心仍將超越之，蓋心可以透過空間

也。」依康氏之見，人生而具有受教之可能性，只待開啟其潛能，發展其能量，外界無須加以任何事物。他又以植物比喻兒童：「哲學家稱人為小宇宙，或宇宙之縮影，蓋廣布於大宇宙中之各種元素，吾人之身，莫不具備也。人的心靈正可比擬於核心或種子，核仁實為樹木的根本。將核仁置於土內，其根即入地下，其莖即出地上，假以時日，藉其內在力量，而枝葉蓬發，花實並茂。是故於人而言，無須從外界加之以任何一物，但須使其固有之蘊藏能發展流露而珍重其每一元素。」

　　瑞士教育學家裴斯塔洛齊（Pestalozzi, 1746-1827），繼康美紐斯之後，承襲萊布尼茲的單子自行展開之哲理，復借重生物學家拉馬克（Lamarck）所倡「有機進化論」（Theory of Organic Evolution）的假說，以為有機體既藉活動而生長發展，則人類一切能力、情感及性能之胚種皆為有效參與人生旅程，滿足社會要求所必需；現在的教育，未曾完成此種適應，僅使兒童接觸各種外表現象而已。主張真正的教育，需發展兒童所有天賦能力的各種元素，依適當之選擇及排列之程序，給這些能量以自然練習所需的經驗材料。裴氏說：「心靈之高級教育，有如溪邊之樹。那直立於溪邊之樹，有根、有幹、有枝、有實。它們自何而來？乃農夫種植小核於土地中而來。核即樹之精神，樹之精髓，樹之生命。種植之後，其內在有機的生命，便流轉於本根之上，更由此本根而發生枝、幹、皮、實。樹之發育如是，於人亦何獨不然。在兒童出生以前，其生命所將發展的種種動向，其不可得而見之胚胎，即早已具備於其身矣。其本體的生命之各種能力，所緣而得以發展成就者，乃因在其存在之全部過程中，能始終統合而未嘗破裂，正無異於樹木之發展也。」

　　康、裴二人均用植物的核仁作比喻，自較心如白紙為恰當。兒童雖具自我意識，為一種高於植物的有機體，但人類精神的完全發展和植物生命的完全發展，其發展過程並無二致。每一個體的完全形式，即存在於各物的本性中，神所賦予人的精神性和各種能力，非外加於人之事物，乃其所以為人之本質；其蘊含的潛能無窮，其發展的前途無量，此即為教育開展說之要義。

　　德國教育家福祿貝爾（Fröbel, 1782-1852），於其所著《人之教育》

（*The Education of Man*）一書中說：「所謂教育，乃協助人類將其固有的能力，得以均衡調和的發展。人之初生，即具備將來發展的萌芽，教育者爲萌芽的生長發展起見，一方面排除障礙，一方面加以輔助，與園丁之栽培植物相同。教育的施爲既非無中生有，亦非由外注入，實乃根據人類固有的自我活動性，使內部的潛能有適當的發展。」又說：「是故教育、訓悔、教學，在方式上，必須是消極的，只可防衛保護，而不得指揮、限制、凌壓，此爲教育的第一原理。」依福氏之見，眞正的教育，其本質必爲容許兒童得有最大可能的自由，以行其生長發育。福氏又比喻學校爲花圃，學生爲幼苗，教師爲細心之園丁。質言之，園丁者須爲其培植，設法經營沃美的土壤，而且注意空氣水分，務使供給充足，不感缺乏。所謂教育，也是如此。教育者必須置受教者於優良的環境中，且用適宜的學科以滋養其心智。因此教育者要在各方面注意和努力，協助受教者依其天性法則以發展，使能達到某種水準，否則將無由達成。似此協助發展，自是積極工作，不比掃除蒙障，僅屬消極工作而已；因而此所謂協助並非揠苗助長之意，而是提供良好的環境助其開展。

　　總之，開展說的學者，強調神賦予一切生命的本質，新生嬰兒，即獲有神靈所賜終身得以發展的本性，教育就是提供適當的環境，使其循序發展，日益茁壯。

第三節　適應與協調

一、社會化說

　　生長說及開展說都是站在個人主義的立場，以爲教育是由內而外的自然發展，無需他求；反對外力的干涉。這種見解頗類似我國孟子的教育思想。孟子相信天生的本性至善，故反對揠苗助長的教育方法。反之，社會化說則站在社會的立場，以爲教育是由外而內的改變。如所謂行爲的改變、氣質的改變或習慣的養成等，皆靠一種外在的教育壓力以造成。如「蓬生麻中，不扶而直」，完全依賴環境的作用，我國荀子的教育思想，

亦有此傾向。西方近代的社會化說對教育本質有其觀點。

　　十八世紀及十九世紀前半世紀是個人主義教育思想最盛的時期，此其的教育思想家，大部分都採取個人主義或自然主義的觀點。當時的教育學者大致都有相同的看法，認爲教育，不外乎「個人的發展」。但到了十九世紀中葉以後，教育思潮逐漸發生轉變，開始對於個人主義的教育思想產生反抗，而興起另外一種新的教育運動，主張教育的社會化，此即「社會化」教育學說之由來。

　　教育社會化說（Education as Socialization）主張教育是社會同化的機能，認爲個人好比細胞，社會好比有機體，細胞不能脫離其有機體而存在，同樣個人亦必須在社會互助合作中始能生存。個人不是孤立的存在，個人在社會生活裡與別人接觸來往，不斷接受語言、觀念、習俗、情感、態度、道德以及生活方式的影響，逐漸被社會所同化，因而採取共同的觀點，這種趨於社會化的歷程就是教育。社會化說不滿意生長說或開展說的觀點：把教育的本質視爲個體的自然發展。社會化說認爲教育的歷程，不外乎大的社會同化小的個體。個體同化於社會，不但無所虧損，反而因承受社會文化而能夠提高自己的能力，使個體的精神內容更爲豐碩。初生的嬰兒並無社會觀念，亦無社會能力，他必須在社會裡受教育，才能使身體、智力、品德及情感各方面充分發展。易言之，教育，主要是成年人代表社會，施於未成年人的一種同化作用。原始的教育型態是父母及長輩教育子女及幼輩；現代的教育型態是由教師有計畫地教育學生，其型態雖異，但其本質都是同化作用。是故社會化說主張教育的本質，不是兒童自由的發展，而是以外在社會的規範爲教材，由上一輩的人影響下一輩的人，使其能得到協調適應，俾使社會的生存延續不輟。

(一)拿特普的教育社會化說

　　拿特普（Paul Natorp, 1854-1924）認爲要說明教育的本質，與其用「教育」一詞，不如用「陶冶」或「教化」更易於說明。何謂陶冶？簡單地說就是使渾沌的事物經人工的努力改造而具有一定的型態，使成爲理想的事物；換句話說即以自然性爲基礎，在此基礎上，增加人類所賦予的價值，要實現這個理想，必須使自然性趨於理性化，這就是「個性的社會

化」或「自然的理性化」。個人經社會化之後並不會壓制自由創造，拿特普認為陶冶的目的，在於「意志之自由發揮與創造」，這裡所謂自由，是指理性的自由，也是人格修養的高度純化；並非意味自然性或行動上不顧一切的自由，實際上是內在理性的自由。因此他認為教育的主要任務就是：陶冶理想的人格，拿特普說：「向社會晉升，乃是自我的擴大。」究竟如何使個人社會化，拿特普認為陶冶的歷程，離不開個人意識與社會文化的相互關係。個人意識可分知、情、意三方面，而社會文化亦可分為科學、藝術、道德三方面。個人意識與社會文化兩者相互接觸而融合之點，即教育歷程的開始。而意識對文化之交互作用，又可分為認識與實踐兩種作用。欲使個人社會化，必須使個人意識的各方面，能對社會文化的各方面，達成其認識與實踐的地步。分開來說，就以知與科學的關係而言，則認識作用成為理論，實踐作用成為技術；再以情與藝術的關係而言，則認識作用成為鑑賞，實踐作用成為發表；最後意志與道德的關係而言，則認識作用成為道德判斷，實踐作用成為道德履行。

拿特普根據上述三種關係來闡述教育的本質，並主張教育活動必須以共同生活為基礎。他特別強調：「人必須經過社會生活方式方能真正成為人」。人假若脫離群體的社會而獨自生長，可能到現在還過著野蠻的生活，沒有什麼文化可言。拿特普以為教育的中心工作應該是意志教育，而意志教育的程序，必須由自然的衝動而引向意志的控制。易言之，他認為個人是必須由衝動的狀態，提高到理智意志的狀態，才能獲得真正的自由，這完全要靠教育的力量。拿特普的社會化教育理論，認為個人不是完善的價值，孤伶伶的個人無法確定其價值，個人好比原子，一旦離開了物體即失去意義。個人之所以能接受精神價值、社會正義及文化遺產以提高本身之價值，完全靠社會。社會的主要機能就是教育，如果社會失去了教育機能，則社會裡的個人就像一片散沙。但是，教育也不能離開社會，教育目標、教育內容及教學方法，均需以社會理想為規準，他所著《社會的教育學》一書中所強調的是教育與社會的關係，拿特普十分明白地指出：「社會雖由各人之結合而成立，但此結合的力量必須存在於各個人的意識裡面，始能安定。」足見教育與社會相互依存，社會是教育的基礎，而教

育是社會的機能。

(二)涂爾幹的教育社會化說

涂爾幹（Émile Durkeim, 1858-1917）自社會學的觀點，認為教育是一種社會現象。凡社會現象所具備的性質，教育都具備。他認為教育制度不是某一個天才政治家所能任意創造的，它應該是社會集體生活的產物。他認為教育制度並不是裝飾品，它對於社會裡的個人都有一種強制性，有一種力量強制各人去遵守。這樣說來，教育既然是社會現象的一種，如何與其他的社會現象相區別而劃分清楚呢？這就得回到教育定義的問題。歷來教育家或社會學家對於教育所下的定義，多到不勝枚舉，可是這些定義有一種常犯的缺陷，使涂爾幹不能接受。他指大部分的人都憑自己先入為主的觀念去下定義，因此不能完全與客觀的事實相符合。他為教育下定義是按照他研究社會學的方法，排除先入為主的偏見，首先從觀察教育現象入門。他認為要給教育下定義，必須考察過去和現在的各種教育現象，而加以比較，抽出它們所具有的共同性質，綜合這些共同性質，以構成所要尋求的定義。他依照這種程序觀察事實，發現了兩種要素：1.教育必須有一代的成人和一代的青年；2.還得前一代對於後一代施予一種作用。這種作用的性質如何？即具有多樣性，同時又具有統一性。因為一個社會裡有多少種不同的環境，便會有多少種不同的教育型態。假如一個社會裡有一個嚴格的階級制度，則各階級的教育制度自然彼此不同，因為教育制度與社會制度有不可分的密切關係。例如西方古代及中世紀，不同的身分即受不同的教育。到了現代，社會階級逐漸消除，而且社會生活的型態較以前更加複雜，因此教育的多樣性愈為顯著。

然而教育型態既然有多樣性，如何還有其統一性呢？涂爾幹認為這些各種不同的教育只不過是教育的一部分，它們各自都是不完全的，何況社會不能單靠多樣性來維持，故除多樣性之外，還要有一個共同的基礎，以互相溝通。此共同的基礎，就是統一性。一個社會的共同基礎，建立在社會裡每一個分子的觀念、情感和習慣上。因此涂爾幹認為社會儘管有種種的差異性，可是在差異中還有共同的東西，例如共同的理想、信仰、風俗習慣或語言文字等等。近代各社會各民族為促進民族的團結與國家的統

一，都在實施社會共同的國民教育。事實上每一個民族都需要一個生活的理想，欲使每一個國民都懷有這種理想，便非實施共同的基礎教育不可。他認為一個社會，若其分子不具有相當的統一性，社會即不能生存。教育工作，必須在幼兒的心目中首先確定集體生活所要求的相同點，以後維持並加強這種相同點便能達到統一性。可是在另一方面而言，假如沒有相當的差異性，則一切的分工均不可能，故教育本身亦要有分化的型態，方能維護各種差異性之繼續存在，以免埋沒了各人的創造力。教育為何要有統一性？為何要有差異性？其原因何在，涂爾幹客觀分析各種教育事實，因而給教育下了一個定義：「教育乃是成年人施於未成年人的一種作用，其目的在引導兒童的身體、心智及德性方面往社會生活的方向成熟，而這些條件乃兒童將來生活的普通社會及各種不同職業環境所需要的。」

　　總之，對於教育本質的研究，不應憑主觀的論斷，而須從客觀的事實作出發點，用社會學的方法以結論。涂爾幹認為這種使私我（individual-self）逐漸變成社會我或群我（social-self）的歷程，便是教育的本質。私我具有個性或本性，群我則具有社會性或群性。涂爾幹認為本性乃由於天賦，而群性則為後天教化的結果。前者與生俱來；後者則由思想觀念、道德情感、習俗信仰等所構成。教育的職能即是在本性的基礎上以建設「社會性」或「群性」，這種歷程，稱之為個性的社會化。

㈢白格曼的教育社會化說

　　白格曼（Paul Bergemann, 1862-1946）主張教育的本質在於培養社會意識。他以生物構造來說明人類與社會的關係，而認為兩者的關係，猶如生物體與其細胞之關係。各人不能離開社會而孤立生活，就如同細胞不能脫離生物體而生存一般。故白格曼認為個人的生活方式及思維方式完全是屬於社會的。個人既屬於社會的一部分，則個人之教育意義及性質，不能單獨決定之，必須從社會的立場來決定之。「教育是什麼？」對這個問題白格曼的看法與上述兩位社會學者的看法大致相同，他認為教育乃成熟者使未成熟者達到成熟狀態的一種作用。惟此種作用，為顧及大眾將來之幸福及社會之公益，可以暫時不問未成熟者之好惡如何，必要時得由成熟者採取強制的手段。因為自然狀態的人若放任之，則永久不能成為社會人。

接受了社會文化的人，才能成爲文化人。社會實施教育的目的，就是要培養社會的文化人或有教養的公民，希望他們將來也能獻身於社會文化之發展。

　　基於這種見解，白格曼對於社會民眾教育特別重視，他主張多設圖書館、民眾補習學校、博物館、經常舉行通俗講演，並編印國民基本讀物等，以充分發揮社會教育的功能。至於學校教育的內容，他認爲要培養學生的社會意識，應該取消傳統的宗教以避免宗教上的偏見，而代之以社會科及道德教育，諸如此類的意見，充分反映社會化教育學派，對於教育的機能寄予莫大的期望。

第四節　承襲與創造

一、文化說

　　文化說認爲教育係文化的涵化（Education as Acculturation），教育的本質爲文化價值的保存傳遞與增進創造，教育一方面將人類留傳而來的文化價值傳之後代，一方面又不斷地增加和創造新文化。德國的斯普朗格（Edward Spranger, 1882-1963）是這種文化教育學的代表，認爲追求價值之精神，乃一切實在之根本。此項精神分爲三種：其一，「客觀精神」，如科學、藝術、經濟、宗教、法律及道德等文化；此種客觀精神係個人主觀精神在價值體認時的客觀化；此一客觀精神存續於歷史文化中，而形成一種文化關聯，成爲精神科學的研究對象。其二，「主觀精神」，係客觀精神個人體驗後，所引起之價值追求的生命力。其三，「絕對精神」或「規範精神」，乃超越個人，超越歷史之價值本體。斯普朗格認爲主觀的個體與客觀的文化本屬一致，客觀精神必須賴主觀精神的體驗與吸收，方能使其生命持續豐富；而主觀精神亦必藉客觀精神的接觸與充實，始得完成，生活始有意義。教育即借助客觀精神以完成主觀精神，亦係藉客觀文化資財以充實個人生活，喚起其價值意識，進而有所創造，增加文化之新成分。這種歷程的前一階段爲「文化蕃殖」作用，後一階段爲「文化創

造」作用。他說：「教育乃基於對他人精神施與之愛，使他人之全體價值受容性及價值形成能力從內部發展出來。」

教育應注重個性，因其本身發展性最強之處，亦即價值形成力最強之點，乃是文化創造力最盛之所在。斯普朗格認為個體對價值的接受與現實，有一種內在體系與類型，此一類型結構，乃依各人天賦的素質與後天的影響而逐漸形成一個固定且永續的傾向。所以教育應細查受教育者的本質及其價值傾向，始能使其內在力量有最大的發展。斯普朗格並依人類精神生活的活動方向，分為理論型、經濟型、審美型、社會型、權力型及宗教型等六種基本類型，每一類型均表示一種生活型態，教育需因勢利導，促使其價值或類型的實現。

繼之，斯普朗格認為教育之作用有三：1.將繼續成長發展的精神，順序織入文化關聯內；2.將客觀的文化價值，培植於個人精神內；3.發展人的價值受容性。上述三種作用，皆可視為文化的傳遞。從文化教育學立場言，教育一方面為文化的蕃殖作用，一面又係文化的創造作用。因人類不待文化之傳遞，即已具有文化創造之能力也，普通的價值創造，多由主觀朝向客觀，將個人的精神行為表現於社會事物之上；而教育活動的價值創造，卻由客觀返向主觀，透過表現於社會事物上的文化，以喚起精神行為。但其歸結，將由此體驗而來的文化，獲得文化創造的方法，進而養成新興文化價值的能力。總之，教育一方面在養成未成熟者接受或消化社會文化價值的能力，一方面培養價值創造之能力。

斯普朗格認為教育學就是文化科學，教育學的主要任務，在於研究文化與教育的相互依存關係，並從文化社會（cultural society）當中精選文化材，作為教育之基本原理及教育材。文化材係社會活動的產物，經得起時代的考驗，又具有普遍價值，故個人必須學習文化教材，始能發展成文化社會的一員。不過他認為個人接受文化材的方式不是強制，而是完全自由的選擇。他主張教育的本質即個人接受文化陶冶，文化陶冶包括四個要件：1.個人對於文化價值的感受；2.個人充分認識並體驗陶冶的文化材，而逐漸內化成人格；3.按個人生活類型去配合文化價值（即理論的、經濟的、社會的、政治的、宗教的價值）；4.需作全人格統合的陶冶，而非只

作部分的組合。

斯普朗格又將陶冶化分成三個階段：第一階段為基礎陶冶，以鄉土為中心，接受普通的、廣泛的價值。第二階段為職業陶冶，從職業文化當中選擇適合自己個性的職業，接受陶冶。第三階段為綜合的完成陶冶，即接受上述兩種陶冶之後，再接受更高的通識陶冶，以達到廣大的見識與統一的人格。

文化學派認為教育與文化有極密切的關係，但教育的歷程與文化創造的歷程不同。前者係由客觀達到主觀的攝取歷程；而後者則是由主觀達到客觀的發表歷程。教育的要義，是為了培養文化的創造者，以提高人類的文化水準，但教育歷程本身並不是文化創造。教育者本身亦非直接的文化創造者，教師不過將客觀的文化價值移植於主觀的個人而已。教育者要成功地完成此傳授文化價值的任務，必須與教育者接近，共同活動，才能做到。教師如欲人類文化繼續不斷地更新發展，則教師自己不僅要了解文化價值，還要充分了解兒童及青年的個性與需要，方能完成教育的任務。

此外，黎脫（Theodor Litt, 1880-1962）與斯普朗格一樣，同屬德國文化教育學派之代表人物。黎脫以為自然科學的研究，只就原因與結果兩者間的關係，指示其必然的法則；而工學或技術亦只就目的與手段的關係，指示其必然的法則。這兩種均與人格無關，只單就經驗之事物予以研究，譬如其所用的技術，只支配於事物法則之下，而與個人人格無直接的內在關係；譬如電氣技術，為應用電氣之學理，而與技師的人格內容沒什麼直接關係。但教育活動卻全本乎人格，其中含有超乎事物法則的人格因素。易言之，於教育法則中，精神作用極具價值。

誠如上述，在自然科學的內容中無需主觀的人格，但於教育理論的內容中，人格活動，卻係重大因素。而於人格活動中，更以目的觀念為最大因素。此一目的觀念非自然界之現象所能察見，而為教育學之特色，且係構成教育本質之要素。具備此一目的之觀念，教育活動始為可能，且對於人類生活方能產生偉大的效果。教育者確立目的觀念，而期望於受教者的身心發達上實現之。但其發達非由外在所賦予，而須與受教者內在所具有的天賦本性一致。質言之，教育者所立之目的，應與受教者自身所具之目

的一致。所謂教育，必由兩種力量交互影響方能成立，一爲教育者欲依其所定之目的而予以陶冶之力量，二爲受教者自身所欲發展之力量，即其內部潛在之目的。如受教者無陶冶之可能性，則教育便不可能。當雙方之共同目的觀念，結合而成之陶冶能力和陶冶可能性所生之交互關係，達於圓滿時，則教育的效果最爲顯著。此一陶冶能力和陶冶可能性，皆各具個人的人格特質或個性，所以教育亦可謂由個性之交互影響而形成者。因此，最佳之教育，應發展受教者個人人格內部潛在之天賦素質，以實現其價值可能性。

二、自我實現說

自我實現說認爲教育是一種自我實現的本質，因爲，就整個教育過程中的因素來分析，自我個體作爲一個承受教育功效的客體，是任何教育過程中，所不可或缺的一項因素。個體不但是承受教育功效，稟受外界給予他一切富有教育性的影響，而且，個體也是唯一能使來自外界的影響，經由自我的自反之後，進而影響於外界，個體因此也是唯一使教育的功效，擴散在自我行爲上的唯一實體。

發現到自我，感覺並認知自我的存在，在哲學上，有其立說的依據。一般討論到自我，覺識到其存在的哲學家，近世哲學泰斗笛卡兒是重要的開創人物。由於笛卡兒曾潛思於本體論的各項問題上，因而發現了自我是不可否認的存在著，他先從思維的方法上，以懷疑的態度，否定客觀的實體，也就是從懷疑外界的一切存在開始；但是，就在懷疑的過程中，個體就成爲懷疑外界一切的懷疑者，也就必然需要加以肯定其自身的存在了。如果懷疑了自身——正在運用思想去懷疑外界的自我，就使得懷疑自我之存在，產生了不可避免的矛盾。只有肯定自我的存在，才能著手懷疑在外界的事物，這也就無形之中，確定了一個命題，就是思維活動的我，或者個人的心靈，是懷疑事物中，所不可以懷疑的。他的名言：「我思故我在」，顯示了自我存在的必然性和必要性。

我或自我觀念的形成，不是完全因著生理因素或身體的存在而來的。

自我的觀念是漸進的，是從個體的各項發展中演進得來的。自我是一種實體，是一種「存在」（being）的形式，也可以說是一種「成為」（to be）的實體，意味著人有發展的可能性，是處在一種發展與統整的過程中。

人從幼兒不知所以然的狀態，經由經驗的積聚，智能的發展，逐漸認識到自我的存在；透過語言中「我」的概念的形成、成長，始克從自我開始其整體的思維活動，自我實體存在之認識，於焉產生。之後由於自我觀念之加深，個體生理的成熟，人際關係的加深，使自我的領域，因著人我關係的頻繁與加多，自我有了擴大的傾向，使得個體從感覺上、認識上、理解上，擴充自我的領域。

個體對外在情境的知覺是很主觀的，同樣的刺激隨人不同而有不同的感受，而個人的反應方式也有不同，其關鍵在每一個人有一個以自我觀念為核心的人格架構。由於這個自我觀念的存在，任何行為不管其為有意識的或潛意識的，都具有意義。羅傑斯（Carl Rogers, 1902-1987）說：「行為主要是有機體在他所知覺的情境中，為滿足其需要所做追求目的之嘗試。」要了解個體怎樣知覺其生活情境，要預測個體將會採取何種方式來反應，其目的為何等等，這些都要從自我觀念中去探尋。

綜合而言，所謂自我觀念（self-concept）是個體對自己軀體及生理需要，對其在社會生活中所擔任的角色，以及其內在願望與價值觀的一種認定。同樣是身體殘缺的人，有些人會覺得自卑，有些則不以為然；過著同樣的生活，有些人覺得無意義，茫然若失，有些人則覺得生活情趣盎然，充滿信心。凡此都是自我觀念的影響。

每個人有一「現在我」的觀念，是人們對當前自身的印象，對此自我觀念是否接受，關係到個人的心理健康。每個人同時有一「理想我」的觀念，是自我希望達成的圓滿的影像，代表個人所追求的生活境界。理想我對於行為通常有一種引發與指導的功能，使人努力實現生活目標。每個人的自我觀念是一種獨特的結構，也是教育對象個別差異的一面，教育在協助個人繼續追求上進，以實現自我。

自我實現說認為受教者生而具有身體上、精神上的各種可能性；這許多的可能性，便是所謂自我。而施教者對於每一受教者，不但須發現其最

大的可能是什麼，並且應採取最好的方法與供給最佳的環境，俾其可能得以實現到最大的限度。但自我實現亦有困難與問題：困難的是人的一切潛能無盡量實現的可能；問題是自我實現的最高目的，重在實現其應當演成的自我，而不重在實現其本能的自我，這就是應成為哪種自我的問題，自我實現說的教育本質論，主張教育的歷程是本能的自我，如何達到理想的自我。

第五節　教育的規準

　　教育的內涵，指的是「教」與「學」交互作用的活動。就活動的主要類型而言，不外事實的獲得、技能的獲得與規範的獲得（fact-acquisition, skill-acquisition, and norm-acquisition）。因此，從教師或教育者的立場來說，教育最主要的是指真理事實的啟發、技能的傳授、價值的引薦、行為的訓導等活動；而相對地，從學生或學習者的立場來說，這是指真理的認知與創新、技術藝能的修練、價值判斷的培養，及行為規範的合理化等活動而言。

　　這些「教」與「學」的活動總和，可以再簡要歸類為兩種最基本的類型：即「事實的命題」（Factual Proposition），與「價值判斷」（Value Judgement）；亦即「實然」與「應然」的問題。教育的「工作」，正是要把種種的「真理事實」或「價值規範」，用一種合於教育意義的程序或方法，傳授給學習者，使其能將原有的事實與價值，再廣化與深化地創發新的真理與價值規範。

　　所以，教育之所以為教育，如不流為非教育或反教育之途，至少應有下列三大端，作為其評判的規準：

（一）**合價值性**（Worthwhileness）

　　教育之所以為教育，是一種價值傳遞與創造活動。一切教育活動的內涵，不論如何的複雜分化，都應該是一種「有價值的活動」（Worthwhile Activities）。所謂有價值的，就是大家認為有意義的、合理的、適切的、

可欲的（desirable）。任何一種活動，要有這麼樣的特性，才能被選為有
教育價值的材料。如再從教育倫理學或教育價值論的觀點來看，雖然教育
的全部活動，應整合或平衡各種活動的內在與外在價值；工具性與非工具
性的價值；普遍性與特殊性價值。但是，教育之所以為教育，如不想流為
庸俗的活動，應先著重教育活動的內在的、非工具性的及普遍性的價值；
然後，才談到教育的應用價值，亦即外在的、工具性的及特殊性的價值。
至於從整個教育活動的內涵來說，舉凡「生命、真理、道德、美藝、權
力、功利及宗教」（life, truth, goodness, beauty, power, utility, and holiness）
等人生價值類型的追求，都可作為有價值的活動的材料，解答人生各種不
同範疇或層次的生活意義。以上可說是從廣義的教育價值來立論的。不
過，如就狹義的教育價值活動來說，真理認知的價值，因其所追求的教育
效果是「事實」或「真理」，應獨立出來，與其他價值活動並列。從狹義
的價值論或倫理學的角度來看，教育的合價值性，最重要而不可缺的一種
價值，應該是以道德價值為主的活動。質言之，任何教育活動，從合價值
性的狹義觀點來看，必須符合道德規範的要求，亦即必須是「道德上可欲
的」（normally desirable），否則，即是反教育。

㈡合認知性（Cognitiveness）

認知的活動，雖然也是一種價值活動，亦即非道德價值的一種，可與
美術、功利、生命等等非道德價值的活動並列而歸入廣義的價值論裡面。
但是，認知的活動，在一切教育材料或活動中，實有其獨特的類型可資識
別，是以，如能單獨分立為一教育規準，或許更合於目前知識專精分化的
要求。

在一切教育活動當中，如其題材是一種事實命題或述詞（factual
proposition or statement），不管是有關物理的、化學的、心理的、地理
的、歷史的等等，我們就應該從認知的角度來檢討其是否合於真理的規
準，合不合乎認知的意義，如不合認知的意義，那將是一種偽科學，不能
被選作有意義的教育材料。

所謂認知的活動，旨在求真，辨認事實。在教育上檢討其認知的
效果或成就，不但在於一切事實的正確認知，更重要的是，這種事實的

認知，絕不能流為雞零狗碎的事實的死記，應該側重有關認知原理原則的洞察與了解。質言之，教育的認知活動，必須以認知事件（cognitive perspective）的培養為主。各種科學認知教材的編選，或教法及學習方法的應用，必須顧及原理原則的了解，這才合於目前知識爆發時代的教育意義。

㈢合自願性（Voluntariness）

教育活動，不管是教學、學習、訓導、輔導或諮商，其工作歷程，不能生吞活剝，更不能橫施教師的權威，要顧及到學習者身心發展的歷程，與自由意志的表達，教育活動才容易進行，才容易收到最大的成果。反之，若罔顧學習者自願的學習歷程，而借助於糖衣式的興趣、斯巴達式的苦行訓練，或共產主義式的灌輸洗腦，這就是違背了教育歷程的常道。這種不合理的方式，也許會有立即性的短期效果，但效果終會消失，反而常易導致偏枯的教育效果，或甚至造成悖離道德的教育或反教育。

合自願性，亦即「自願的歷程」（Voluntary Process），是要合於身心發展的歷程，伺機給予教育，而不勉強以揠苗助長。更重要的是，當學習者的心智能力發展到能運用其自由意志，作獨立思考與價值判斷之時，便應積極輔導其作理性的思考與道德行為的自律，這才是教育的上策。至於尊重學習者的自願或興趣，與「努力」的因素並不衝突。「努力」要建立在身心能力發展的序階上，才易收到加倍之宏效。

問題與討論

一、試從生長說和開展說，評述教育的生長與發展本質。
二、試從社會化說，評述教育的適應和協調本質。
三、試從文化說和自我實現說，評述教育的承襲和創造本質。
四、教育生長說和社會化說，有無衝突之處？
五、教育開展說和文化說有何相同及相異之處？

黃坤錦

第六章

教育目的說

第一節　教育目的之性質與演變

一、教育目的之性質

　　何謂教育目的？教育應否有目的。這是討論教育目的須先回答的兩個問題。所謂教育目的，就像打靶的鵠的，航行的終點。由此看來，教育目的就是教育預懸的標的或理想，然後依據這個預懸的標的或理想，規定教育發展的趨向，逐步進行，依次實現，以期收到一定的效果；目的既然對教育如此重要，因此教育不能沒有目的。

㈠教育目的之產生

　　教育既是生長，而生長只是一種過程，教育自身並沒有什麼目的。杜威說：「這個過程就是教育自身的目的，除了這個過程以外，沒有別的目的。」因為生長或發展的過程，是繼續不斷的，如有固定的目的，那就無異於否定這個過程的繼續性了。美國哲學家波特（H. Bode, 1873-1953）也說：「教育目的，是含有教育上有新目的創造之可能；要標立固定的、概括的目的，即未知人生之繁變、之擴張、之不能遵守任何先前的限制；環境有遷移，智慧有生長，目的和理想即隨之而變。」這是從兒童方面來說，教育目的就是兒童不斷的生長。若是從社會方面來說，家庭對於子女，學校對於學生，社會對於教師，國家對於人民，其所施行的教育，當然各有其一定的目的。所以杜威說：「教育的自身，並沒有什麼目的，只有人、父母、教師，才有目的。」因此，教育目的是社會規定的，若就個體發展的過程自身而言，只有繼續的生長和發展，並沒有什麼目的。

㈡教育目的之必要

　　杜威以為民主社會的教育，要保障個人自由的發展，深恐人們規定一個固定的偏狹的目的，阻礙兒童的發展，所以說：「教育的目的，就是生長。」不過這樣的教育目的論，應用於教育實施上，是有困難的。教育事業若沒有目的，就好像打靶沒有目標一樣，不但打不中，而且耗費時間和子彈。教育目的，在於決定教育的趨向，然後逐步規定其動作，依次實行，以期獲得某種結果。因此，教育目的確定後，教育事業才可以是前後

一貫的、有次序的、向著預定的目標進行。

(三)教育目的之時代性和地方性

教育目的既然是社會規定的，常因時代不同或社會不同而各異。一個時代有一個時代的之教育目的，一個國家有一個國家的教育目的，彼此不盡相同，我們從歷史上考察教育目的，即可證明。例如西洋古代的斯巴達，以九千之自由民，內則要統治十二萬之平民及二十萬之奴隸，外則要抗禦波斯等強敵，所以斯巴達的教育目的，在於造成體格強健、服從紀律、勇敢愛國的軍國民。雅典全盛時代，與鄰國貿易頻繁，社會安定，其教育目的在於培養文雅的公民，亦即善與美兼備、各種能力調和發展的自由人。當今集權的教育目的，在造成集權主義的信徒，共產社會的建設者；而民主國家的教育目的，在造成自由獨立、活潑進取的公民。

所以從社會方面來看，教育是一種工具，各時代各地方的統治者和教育家，常常想使用這種工具，來達成自己的目的。波特說：「教育是一種工具，可以叫它聽從許多的主人，使它實現多種的目的。」因此，我們討論教育目的時，要探究它的社會背景；而決定教育目的時，也要審查當時的社會需要。

二、我國教育目的之演變

我國教育的發展，如從時代來劃分，清末以前是一個時期，清末以後，是另外一個時期；這兩個時期的劃分點，是光緒二十八年（1902年）所頒布的《欽定學堂章程》。在此之前，中國的教育，一切都是本土的；自此以後，中國的教育，無論在制度、內容、方法各方面，都有劇烈變革，甚至達到了「全盤西化」的地步。前一個時期可以稱之為傳統教育的時期，後一個時期則可以稱之為新式教育時期。我國教育目的之演變，亦分這兩個時期來敘述。

(一)傳統教育時期

我國傳統時期的教育思想，大致以儒家學說為中心，一脈相承，綿延不斷；關於教育之目的，歷代政府從無明令公布，而是出於教育學者的理論與主張。分析歷來儒家學者與典籍所載有關教育目的之主張與論說，約

可歸納爲：1.明彝人倫；2.修己善群；3.涵養心性；4.格物致知等四項。

1. 明彝人倫

中國傳統的教育，最重人倫關係。因爲人倫乃是人類最原始、最基本的關係，如《易·序卦傳》所謂：「有天地然後有萬物，有萬物然後有男女，有男女然後有夫婦，有夫婦然後有父子，有父子然後有君臣，有君臣然後有上下，有上下然後禮儀有所措。」明彝人倫，是要懂得自己在人群關係中的地位與責任的。中國古代爲農業社會，人倫是安定社會的主要支柱，人倫關係失調，則社會秩序便陷於混亂，而人民生活也必隨之不安，如《論語》載：「齊景公問政於孔子，孔子對曰：『君君、臣臣、父父、子子。』公曰：『善哉！信如君不君，臣不臣，父不父，子不子，雖有粟，吾得而食諸？』」所以，中國傳統的教育，以明彝人倫爲主要目的，《尚書》載：「帝曰：『契，百姓不親，五品不遜，汝作司徒，敬敷五教在寬。』」五教即五倫，包括父子有親，君臣有義，夫婦有別，長幼有序，朋友有信。孟子說：「設爲庠序學校以教之；……皆所以名人倫也。」而在教材方面，如詩首關雎，亦多言男女之事，乃所以「正夫婦、成孝敬、厚人倫」。

2. 修己善群

我國古代聖哲，都存有「內聖外王」的思想與「繼往開來」的抱負。這種理想的實現，包括兩方面：一方面是自我完成與自我實現，即是修己；一方面是服務社會，貢獻人類，則屬善群。孔子自述其人生理想是「修己以安人」，修己以安百姓；並且要「己立立人，己達達人」。孟子主張學者當「得志加澤於民，不得志，修身見於世；窮則獨善其身，達則兼善天下。」范仲淹爲秀才時，便以天下國家爲己任。張橫渠所說的：「爲天地立心，爲生民立命，爲往聖繼絕學，爲萬世開太平。」正是要實現一己以服務群體的寫照。以後的學者，如王陽明、顏習齋與曾國藩等，都主張以修己與善群，爲人生的終極理想。而人生的理想，決定教育之目的，因此，中國傳統教育，遂以修己善群爲主要目的之一。

3. 涵養心性

教育的最重要因素是人，而人的本質又決定教育的成敗，中國傳統

的教育家有鑒於此，因而對於受教育的心性涵養，極爲重視，所以作爲教育目的之一。孟子從四端推衍出人性本善的理論，進而本著「盡心」「知性」的見地，主張爲學的首要之務爲「收放心」；至於涵養心性，消極功夫是「寡欲」，積極功夫爲「集義以養氣」。養成「浩然之氣」，乃是孟子所認爲心性涵養的極致。孟子之後，唐李翱主張「復性」；宋周濂溪主張以「誠」與「靜」涵養心性；程明道主張「存心」、「養性」；程伊川倡導「涵養須用敬」；張橫渠主張爲學當「變化氣質」；朱子以「居敬」與「踐履」爲涵養功夫；陸象山主張求復本心，以「先立乎其大者」；王陽明倡「致良知」學說；清顧炎武主張「行己有恥」，與顏習齋主張「存性」等，都是以心性的涵養爲教育的重要目的。

4. 格物致知

啟發思想與傳授知識，中國傳統的教育家早有體認，並且建立一套有系統的學說，這便是格物致知的理論。格物致知的理論，大學最先提倡，但發揮詳盡的，則首推宋明理學家。宋明理學家們關於格物致知的解釋，因爲觀點不同而有異，這就是理學中程朱與陸王兩派分歧的原因之一，程朱從知識追求的觀點來討論格物致知，認爲致知在「即物窮理」，因此訓格爲「至」；陸王派從道德實踐的觀點來看格物致知，訓格爲「正」，主張格物是正物，正其不正，以歸於正，兩派見解雖不同，但以格物致知爲教育的主要目的則是相同的。

(二)新式教育時期

傳統的教育，一直到清末，由於外患日亟，於是乃開始變法圖強，廢科舉、設學校。光緒二十八、九年公布《欽定學堂章程》與《奏定學堂章程》。光緒三十一年（1905年）設立學部，次年公布教育宗旨；這是我國以政府機構明令規定教育目的的第一次。其後，民國成立，教育宗旨迭有變更。茲分述如下：

1. 清末教育宗旨

光緒三十二年所公布的教育宗旨，計有五項：忠君、尊孔、尚公、尚武、尚實。前兩項是傳統的影響，後三項則是針對當時的需要而定的。

2. 民元教育宗旨

民國成立，教育部乃於民國元年公布新的教育宗旨為：「注重道德教育，以實利教育，均國民教育輔之，更以美感教育完成其道德。」當時教育總長為蔡元培，曾發表〈新教育意見〉一文，以說明這個教育宗旨的要義。

3. 民四教育宗旨

民國四年，袁世凱陰謀稱帝，先曾頒布《教育綱要》，之後依據《教育綱要》公布教育宗旨為：「愛國，尚武，崇實，法孔孟，重自治，戒貪爭，戒躁進。」帝制自為之野心，昭然若揭。民國五年，帝制失敗，民四教育宗旨遂被廢止。

4. 民十八教育宗旨

袁氏帝制失敗之後，軍閥割據，政局混亂。直到十七年北伐成功，政府定都南京，乃於十八年四月明令公布「中華民國教育宗旨及其實施方針」，其原文為：「中國民國之教育，根據三民主義，以充實人民生活，扶植社會生存，發展國民生計，延續民族生命為目的；務其民族獨立，民權普遍，民生發展，以促進世界大同。」這個教育宗旨一直實行到今天，仍然有效。

5. 憲法教育條款

民國三十六年，國民大會制訂《中華民國憲法》，其中第一五八條規定：「教育文化，應發展國民之民族精神，自治精神，國民道德，健全體格，科學及生活知能。」這個條文的內容，與十八年的教育宗旨在精神上是一貫的，所以並為我國現行的教育宗旨。

三、西洋教育目的之演變

教育目的之演變，與時代背景有關，一種教育目的之確立，或者是適應社會的需要，或者是反映一種理想與制度。這在中國如此，在西洋亦然。從教育發展的歷史考察，西洋教育目的之演變，約可分為希臘時期、羅馬時期、中世紀、文藝復興時期、近代與現代六個時期，每個時期均有其不同的教育目的。茲簡介於下：

(一)希臘時期

希臘爲一半島，環境優美，氣候溫和，適宜文明的創造與發展；而希臘人又喜愛自由，富於想像，其文學、哲學、科學等，均有極高的成就，此時期的教育，以培養文雅的自由人爲目的，使其身心調和發展，具有審美、好善、創造等能力。故此時期的教育目的，可以稱之自由的教育目的。

(二)羅馬時期

羅馬人與希臘人不同，羅馬人重實際，擅長組織，而且管理一個大帝國，處處需要人才。因此，羅馬的教育，注重培養能言善辯，富於政治、法律等實際知識的人物，以服務社會、國家。所以，這個時期的教育目的，可以稱之爲實用的教育目的。

(三)中世紀

歐洲的中世紀，習稱爲黑暗時代，基督教是當時社會的中心，而教育事業亦多操於教會之手。基督教的教育目的，在於培養信神、愛憐、守正義，而德行堅定的人物，一切以解脫塵世，超升天國爲依歸。這個時期的教育目的，可以稱之爲宗教的教育目的。

(四)文藝復興時期

歐洲經過中世紀教會長期的統治，文化極度低落。十三、四世紀有人開始對於教會的注重來世而忽略現世、重靈魂而輕身體的人生，表示不滿，轉而研究希臘、羅馬的古典文藝，要替現在「人」的生活，找出適當的依據，這便是文藝復興運動。文藝復興時期的教育，以造成精神與身體調和發展、長於詞令與富有文學修養的文化人爲目的。這種教育乃是宗教教育的反動，乃是人文主義的，即以人文主義爲教育之目的。

(五)近代

文藝復興之研究古典文藝，本有「托古改制」的傾向；但是後來手段變成了目的，托古變成了復古，不是爲了「人」而是爲了古典去研究古典。反映到教育上，僅傳授無關實用的文字知識，與生活及生產完全脫離關係，教育成爲少數人的裝飾與專利。因此，在十七世紀以後，先有法國的盧梭提倡自然主義的教育，英國的斯賓塞主張生活預備的教育，德國的

費希德（J. G. Fichte, 1762-1814）所倡導的國家主義的教育，西方開始了各種不同的教育目的之主張。

㈥現代

二十世紀下半期以降，民主主義蔚成時代的潮流；無論政治、社會經濟各分面，均要求實行「民有、民治、民享」的民主主義。教育的民主主義，則是教育機會的均等。一方面強調個體的發展與實現；一方面注重群己的關係與個人在團體中的地位與責任。這種民主主義的教育目的，可以以美國全國教育學會（N.E.A.）所制訂的四項教育目標為代表。這四項教育目標為：1.自我實現；2.人群的關係；3.經濟的效率；4.公民的責任。同時，共產主義也有其社會主義、共產主義的唯物史觀教育。現在二十一世紀，民主主義、人本主義、存在主義等等，皆成為當今之重要思潮，強調教育的自由化、人本化、民主化，因而成為重要的教育目的。

第二節　自然主義與實驗主義

一、自然主義的教育目的

自然主義（Naturalism）的教育，以十八世紀盧梭為主要倡導人，是對中世紀以神為本的宗教教育和文藝復興時期以研究古典文學為主的教育的一種反動。當十八世紀末葉，法國社會異常黑暗，人民苦樂不均。貴族僧侶，驕奢暴虐，而一般平民卻困苦顛連。人心虛偽，人性泯沒。盧梭目擊當時社會種種病態，所以他對當時社會生活和社會制度，起了反感。盧梭說：「一切社會制度，全是惡的，因為它總是趨於壓制和逼迫個性的自然發展。」又說：「一切文雅的社會生活，都是矯揉造作的，不誠意的表現。其結果，只教人注意外觀而忘卻真正內心的天性，使人的個性，趨向於吸引別人注目的得意，如希望得到別人的敬仰及名譽等。簡言之，即教人成為一個偽君子。」

盧梭以為人原本是天生自由的，卻到處生活在人為的鎖鍊之中。他在《愛彌兒》一書的卷首說：「凡從自然來的事物，都是好的，一經人手，

全變壞了。」於是主張：「返於自然。」他的教育理想，就在排除環境的阻礙，而讓兒童自然發展，教育的目的，就在「順應自然」，以充分發展兒童的能力。他在《愛彌兒》一書中，假想把幼童愛彌兒帶到鄉村，讓他去受「自然」的教育，讓他自由發展。盧梭描寫這孩子的身體、感覺、知識、品行，怎樣一步步地成長；這孩子怎樣憎恨社會和政治的虛偽、詐欺、壓迫，而憑著自己純潔、質樸、自由的生活，做一個「世界的公民」。這部書的魔力，吸引很多人，瑞士教育家裴斯塔洛齊就曾把盧梭的教育理想實現出來。

　　盧梭之後，瑞士裴斯塔洛齊和德國福祿貝爾皆祖述其說，義大利幼稚教育家蒙特梭利（M. Montessori, 1870-1952），也深受盧梭的影響，而倡導兒童的自由。她說：「一個兒童，如果沒有學會獨自一個人行動，自主地控制他的作為，自動地管理他的意志，到了成年以後，不但容易受到別人的指揮，並且遇事時非依賴別人不可。一個學校裡的兒童，如果不斷地受教師干涉、禁止、呵斥，以至於詬罵，結果會變成一種性格上很複雜的可憐蟲，就是一方面對自己的能力，不但不認識，並且不信任；另一方面對環境發生恐懼。此種內疑外懼的心理，在童年時代，我們美其名為害羞，一到成年，便可能成為頹喪，成為萎靡不振，成為逆來順受。一遇危機，連最低限度的一些骨氣，一些道德的抵抗力，都拿不出來。」自然主義的教育目的論，對於教育的影響極大，其最著者如下：

1. 以兒童為教育的中心

　　過去的教育，以教材為中心，而忽視學生的學習能力和興趣。以往的教育把兒童當作具體而微的成人。教師不了解兒童，而以成人所應當具有的知識和技能，傳授給兒童，不問兒童是否能夠了解，是否能夠實行。盧梭在《愛彌兒》的序言裡對於這種不合理的教育，就明白指示出來。他說：「我們不了解兒童，我們照不正確的觀念去實行，愈走愈離正路。最聰明的人，把成人所要知道的放在心上，而不管兒童明白與否。我們把小孩當作未來的成人，忘了他在未成人之前是什麼。」於是他主張以研究兒童為教育的起點，以為兒童本身，實較教師、學校、書本等為重要。這種主張，造成現代兒童中心的教育思想。

2. 重視兒童身體的活動

傳統的教育，以為身體的活動，會妨礙心靈的發展，因而加以抑制。盧梭反對此說，主張鍛鍊身體。他說：「我們必須運用四肢、感覺、器官等智慧的工具，才能夠思想。」又說：「自然的用意，要先使身體強健，然後再使用腦子。」所以他對於愛彌兒的身體鍛鍊，非常注意，他要愛彌兒少穿衣，不戴帽，使身體能夠適應溫度的變化；學游泳、學跳高、跳遠及登山，以鍛鍊身體；秤重、量物、測距離、寫生、聽音樂，以訓練感覺。這種重視身體的健康教育，成為現代教育上所遵守的基本原則。

3. 重視兒童的個性

兒童固有的能力，各不相同，不但個人能力在程度上各不相同，在性質上也互有差異，盧梭曾說：「每個兒童天生就有特異的性情……我們往往不加區別，強迫驅使不同的兒童，從事相同的練習。這種教育，破壞個人的特殊性向，留下死板板的一致狀態。從來我們虛耗精力，徒然糟蹋兒童真正的天才。」自此以後，教育上才重視兒童的個性，才知道要因材施教。

盧梭「順應自然」的學說，對於「教育方法」上的貢獻很大；然而若以「返於自然」為「教育目的」，則亦有其流弊，例如：

1. 忽視社會的價值

盧梭所倡導的兒童中心說，為個人主義的張本。十八世紀以來，個人主義既造成了苦樂不均的社會，我們對於兒童中心的教育，就不能不加以斟酌。1918年美國教育學者柯布（S. Cobb）等發起組織「進步主義教育學會」（Progressive Education Association），以兒童中心主義或兒童本位教育（Child-centered Education）相號召，力爭兒童的個人自由，重視兒童的創造表現。但在第二次世界大戰期間，此種個人主義的教育逐漸暴露其弱點。1944年初，該會改稱為「美國教育同志會」（American Education Fellowship），重新改定其運動方針，強調教育與社會的關係，重視社會生活的訓練，於是社會中心學校（community school）猶如雨後春筍般出現。這可以證明「教育方法」固然要順應自然，「教育內容」和「教育目的」，卻不能忽視社會的需要。

2. 忽視人類所累積的文化資產

　　自然主義的教育，過於重視生活中直接的經驗，而忽略人類的文化遺產。但是人類的文化，是社會生活的共同形式，人類既不能脫離社會而生存，就不能不接受這一份遺產。我們若把社會文化棄之敝屣，而把兒童造成超社會的人物，自不合現代社會的需要。況且社會之所以進步，是靠著把人類的文化發揚光大，現在我們若不利用前人的經驗，而光靠自己在暗中摸索，社會的進步是很迂緩的。

二、實驗主義的教育目的

　　實驗主義的教育，基於生物學的觀點，注重生活、生長的歷程，其所訂的目的，是由現在生活的行動中發展出來，且能伸縮自如，改造經驗以適應新環境，使活動更為自由。因此實驗主義的教育目的，在於教育歷程。杜威說：「生長的目的是更多的生長，同理，教育的目的是更多的教育。教育本身並沒有什麼目的，只有成人、父母、教師才有目的，而他們所有的目的，也不是『教育』這個名詞所表示的抽象概念。」由此可見，實驗主義並不主張普遍而終極的教育目的，而主張「教育的目的是要隨兒童的生長與教育經驗的發展而變異的」。

　　實驗主義者以為良好的教育目的，應依實際的情境而定，不只要有伸縮性，而且應與歷程相連續，以協助活動前進。從個人的立場而言，教育應輔助受教者的連續發展，意指生命的連續更新，經驗的不斷改造，個性的發揮；從社會的立場而言，教育應維持社會生存，促進社會進步，並謀大眾福利。

　　要更深入了解實驗主義的教育目的，可以從下列五個角度來看，第一，從自我發展看，認為個體並沒有固定的狀態，也沒有所謂完成的時刻，他在不斷生活中，也在不斷自我更新中，一直到生命結束，才算到了終點。第二，從教育的定義看，在不同的地方，杜威曾作不同的定義，有時候他說教育即生長，也有時候他說教育即經驗的不斷改造與重組，從這兩個定義可以推知，生長即是經驗的改造。第三，從學習的觀點看，接受教育就是從事學習，學習即是在成人的指導下改造經驗。第四，從教育人

（educated person）的解釋看，杜威認為，一個受過教育的人乃是能夠繼續前進，能夠獲得更多教育的人。第五，從教育的目的看，杜威在談到教育的目的時，特別指出，生活的特徵就是生長，而教育與生長是一而二，二而一的，教育或生長，就是它的目的，教育以外無目的。

假如把上述五種角度綜合一下，我們可以確認，教育就是生長，又是自我更新，就是經驗的不斷改造，就是使人能夠獲得更多的教育。換句話說，生長、自我更新、經驗的不斷改造，以及使人能夠獲得更多的教育等，都是同義詞。它們之中的任何一項，都可以說是教育歷程的自然結果，也是教育的目的。這裡所謂生長的教育目的，也就是教育的內在目的。

杜威之所以把生長看做教育的目的，主要在強調，生長歷程本身就是目的，而不是說生長有一個孤懸的、固定的目的。

生長到底是什麼意思。要了解這一點，就要了解經驗改造的意義。前面已經說過，生長就是經驗的改造，生長的過程就是經驗的改造過程。

在《經驗與教育》一書裡，杜威曾提出經驗的兩個性質，一個是連續性，一個是交互作用。所謂經驗的連續性，乃是指前後兩個經驗的相關性。例如：前面的經驗會影響後面的經驗，後面的經驗又會影響更後面的經驗，這種前後經驗影響的結果，就促成了經驗的成長。所謂經驗的交互作用，乃是指兩個不同經驗的人，彼此所形成的交互影響。

很多人認為杜威是教育無目的論者，於是就不會想去了解實驗主義者在教育上曾強調過那些教育目的。假如仔細閱讀他的著作，我們會發現，他曾在不同的地方談及不同的教育目的，以下就實驗主義的教育目的舉述如下：

㈠培養自我控制的能力

在《經驗與教育》一書中，當杜威談到兒童的衝動與欲望以及控制衝動與欲望的方法時，曾指出一項重要的教育目的。他說：「理想的教育目的就是創造自我控制的能力。」

依照杜威的想法，人一出生就有許多衝動與欲望，如果不加限制，任由他們發展，不僅會影響個體理智的發展，也會因失控而傷害他人。為

了預防不良後果，除主張施加壓力外，特別主張培養自我控制的能力，這種自我控制的能力是什麼呢？依杜威的意思，就是理智、思想或智慧。這樣說來，培養自我控制的能力就是培養智慧。也就是，以智慧控制本能與欲望。

(二)培養解決問題的能力

依照實驗主義者的看法，我們所生活的社會是一個充滿問題的社會，而這些問題又不是一次可以完全解決的，一個問題處理完了，另一個問題又會接著而來。而且，由於時代與社會的改變，問題的性質也不盡相同。因此，培養兒童解決問題的能力，就成了重要的教育目的之一。其培養的方法，就是讓兒童練習使用杜威所謂的科學方法。這個方法共分五個步驟：發現問題、了解問題、提出假設、演繹假設、驗證假設。杜威認為，科學方法不僅是社會重建的方法，也是個人成長的方法，利用科學方法解決問題，一方面是一種貢獻，另一方面也是一種學習。

(三)培養良好的思考習慣

實驗主義者非常重視行動，諸如學習生長，解決問題，社會參與，以及追求事業等等，都是人們常有的典型行動。正如前面所說的，人既需要行動，就不能盲目地或機械地行動，一定要運用頭腦，善於思考。由此可以知道思考與行動的關係，也可以知道思考習慣的重要。

(四)培養社會生活的適應能力

兒童剛出生時，不能自求生存，也不能照顧自己的生活，他不了解社會生活的意義，也不了解社會生活的規範。一定要透過成人的協助、社會的指導、學校的教育，才能使個體慢慢地社會化，有效地適應社會生活。當然，這種適應並不是單純地服從社會，順應環境，也不是盲目地隨波逐流，任人擺布，而是要能主動地參與社會活動，積極地從事社會服務。

(五)培養繼續學習的能力

實驗主義者認為整個人生都是學習的過程，學習不因離開學校而結束，不因放假而停頓。為了使學生能不斷地、自動地學習，在學期間就要積極培養學生學習的興趣、學習的能力與學習的方法。一個學校的好壞，不在於知識的傳授，而在於提升繼續學習的興趣、能力與方法，凡能做到

這一點的就是好學校。

第三節 社會效率與國家主義

一、社會效率說的教育目的

現代工商社會發達，一切工作注重效率。所謂效率，就是用最少的成本，得到最多的產物。這種效率的觀念，應用到教育上，就產生了社會效率的目的說。在社會效率的目的下，個人成為替社會工作的機器，教育即以增進社會效率為目的。換句話說，教育之目的在訓練個人能為社會有效率的服務，使他多為社會工作，少使社會消耗。因此，教育的存在，不是為個人謀發展，而是為群體謀福利。再具體地說，學校應當給學生以相當的訓練，使他們能為社會做最有用的工作，而不致成為社會上的高等遊民。因為這些遊民不但不能做工，為社會服務，並且還要他人工作來養他，社會效率說的內容，可以分為下列三方面：

1. 身體的效率

強健的身體，為一切事業的基本。一個人若沒有強健的身體，就無法為社會有效地服務，所以體格之健全發展，是社會服務的基本條件。

2. 實業的效率

即每個人應當有一種職業的能力。因為人人有了職業以後，才能夠成為社會的生產者，保持適度的生活需要，增進人生的幸福。而職業訓練的要旨，在於使個人能做有效率的工作，能明瞭職業的社會意義，並培養他們職業的興趣，而發展樂業的精神。

3. 公民的效率

就是每個人須明瞭他在社會中所占的地位，和所有權利義務的關係，以便參加社會上一切公共的事業。如果一個人僅具備前面兩種資格，而不能參與社會上一切公共事業，就不免有缺陷。這種公民的效率，在民主國家中尤為重要。因為民主國家，是民有、民治、民享的國家，每一公民需能參與社會活動和政治活動。為了增進公民的效率，學校中應重視社會科

學和公民訓練。

社會效率說的主張，注重職業訓練，是一個很大的貢獻。因為傳統文化的教育，鄙視職業的訓練；主張自然發展說者，也不注重職業知能的培養，以致教育與社會生產脫節，甚至成為特殊階級的裝飾品。實際上，社會確是靠生產能力的增加而發展。教育上對於生產知識和技能的培養，應予以相當重視。社會效率說注意到這一點，確是值得肯定的。

其次，社會效率說注意到公民的訓練，使人人有自治的能力，能夠參與政治的活動，共謀社會的進步，這是民主教育的要素，是社會效率說的優點。

不過，社會效率說把個人看做機器，要這個機器俯首貼耳地從事工作，這也未免抹煞了人性。而且社會效率說，很容易被人誤認為狹義的實利主義，因而限制個人的發展，忽視人類的精神生活。實際上，發展社會效率的方法，不是消極地限制個人能力的發展，而是積極地利用個人才能於含有社會意義的工作上，因此，社會效率說的教育目的，若於注重職業訓練之外，更顧及文化的陶冶，流弊才可以減少。我國近年來，有感於過度提倡科技和職業的專精分化，因而開始呼籲要注重通識教育，便是對於社會效率說教育目的之檢討。

二、國家主義的教育目的

十八世紀，由於自然主義的影響，個人主義風行一時，教育上注重個人的自由發展。十九世紀以後，現代國家相繼強大，以富國強兵，擴張領土為務，於是教育上產生國家主義的思潮。這種教育思潮，以教育為達到政治目的之手段，其目的在造就能效忠於國家的國民，恰與個人主義相反。此種思潮，可以德國費希德為代表。

費希德為德國耶那大學教授，當1806年普魯士在耶那（Jena）戰役被拿破崙打敗時，目睹國家瀕於危亡，欲投筆從戎，未獲允許。遂於1807年，在柏林於法軍的監視之下，作十四次的公開演講，激勵戰敗後萎靡的人心，其演說名為「告德意志國民書」。那時，德意志是一個地理上的名詞，在政治上並不統一，而是分成許多獨立的小邦。費希德要喚起所有德

國人，在普魯士的領導下，團結起來，他號召以教育文化謀祖國的復興。他以為德意志民族的文化是優越的，德意志有共同的語言文字，有共同的宗教信仰，有共同的科學哲學思想。要復興民族，先要恢復和加強人民固有文化的自尊和自信，這就要靠教育了。費希德說：「新教育者，所以造成德意志人，使之成為一共同之全體，此全體之各分子，感覺有同一大事在其心目之中。教育之目的，在以真正的萬能的『祖國愛』，以吾民族為人間永久之民族，與吾民族為永久性之保障者之觀念，藉教學之力，植其根固其蒂於各人之心底……培植此『祖國愛』，使其基礎擴大，根株深厚，且唯有於縝密與暗藏之中，加以鍛鍊之工，而後時機一至，可發洩其青年朝氣之奮勇，以恢復國家之獨立也。」

　　這種教育思想，對於以後各國的教育影響至大，例如第一、第二次世界大戰之前，德、日、義諸國的教育，都是以效忠國家為主要目的，養成愛國的國民，擴充國家的實利。但其流弊，往往養成國民高傲的心理，歧視他國人民，而造成國與國之間的仇恨。兩次世界大戰之發生，未嘗不是這種國家主義教育思想所造成。而且這種教育，易流於偏狹機械，成為國家控制國民的機制，個人無自由發展的機會，其偏頗不全，與個人主義相伯仲，互為太過或不及。

第四節　公民教育與民主主義

一、公民教育的教育目的

　　國家主義的教育，至二十世紀修正為公民教育。公民教育與國家主義教育不同之點，在於公民教育，一方面尊重國家，一方面承認人格尊嚴，有發揮個性之機會。此種思想可以德國凱欣斯泰納為代表。凱氏以為教育的目的，「在造成適合國家及時代需要的有用公民」。這種公民所應具備的資格有三：1.這對於個人及國家的任務，有相當之了解與見識；2.具有優越的經濟與職業的知能；3.具有公民的道德，如愛國、犧牲、忠誠、勤儉、忍耐等美德。公民教育的中心思想，為國民精神和國民道德之養成。

實施公民教育時，一方面固然要以國家的文化爲內容，一方面要顧及兒童的經驗。所以凱欣斯泰納說：「教育之目的，在把一定的文化價值輸入兒童的經驗中，使兒童得以自由發展其能力，而爲社會謀福利。」這句話裡面，有兩點需要加以解釋：1.文化價值，如宗教、風俗、道德、科學、藝術、生產技術等，由於這種文化價值，使兒童養成對於國家及國家任務的理解和認識；2.兒童經驗，及兒童自由發展的能力。這種能力的發展，是在勞作的活動中，由實踐的興趣而獲得的，所以凱氏對於勤勞作業，非常重視。他以爲團體的勤勞作業，可以消滅自利與怠惰，培養堅定意志與優良品行，成爲將來有爲的善良公民，也就從此養成公德、私德及職業的效率。

凱欣斯泰納認爲國家具有最高的價值，在職業上雖有農夫、勞工、藝術家、科學家等區別，但在公民這一點上，則是一致的標準：即爲國家社會服務。不過凱氏也顧及到個人的能力。他說：「不依據個性，則無從實現國家的價值；又非取得文化價值，則個性亦無從實現。」所以教育上一方面顧及個性的類型和才能的發揮，其他方面又顧及國家文化的要求，以造成國家中有用的公民，有見識的公民。

二、民主主義的教育目的

民主主義原是政治上的一個名詞，係指政權由人民來管理之意。法國大革命的口號：「自由、平等、博愛」，美國總統林肯所說的「民有、民治、民享」，即指此而言。不過現代民主主義一詞，用途廣泛，除了政治制度以外，凡經濟、社會、教育上，都用到這個名詞。

民主主義的特色，在於平等的精神。政治上實行民主主義，而後獨裁專制之弊可除；經濟上實行民主主義，然後資本家和地主剝削貧民之弊可除；社會上實行民主主義，然後階級對立之弊可除；教育上實行民主主義，然後教育機會才可以均等，於是教育爲全民所共享，而不由少數特權階級所獨占。

民主主義的教育學說，可以美國杜威爲代表。杜威著有《民主主義與教育》一書，對於現代教育的影響頗大。他以爲個人不能脫離社會而生

存，個人與社會是一而二，二而一的。而理想的社會，是民主的社會，所謂民主的社會，應當具有兩個條件：1.社會中各分子之間有共同的目的，能充分分享共同的利益；2.團體與團體之間有自由的交往，互助合作的關係。換句話說：在民主的社會中，人人立於平等的地位，人人有自由權和平等權，這種觀念擴而充之，應該逐漸達到：1.社會中人人平等互助，而後階級可以消除；2.國際間親善合作，而後戰爭可以廢止，以達到「大同世界」的理想。杜氏以爲民主社會的教育目的，在使人人有受教育的機會，並培養兒童互助合作的生活，養成獨立思考的能力。

1938年美國全國教育協會（N.E.A.）的教育政策委員會印有民主教育之目的專刊，把民主教育目的歸納爲下列四項：1.自我的實現（Self Realization）；2.人群的關係（Human Relationship）；3.經濟的效率（Economic Efficiency）；4.公民的責任（Civic Responsibility）。這四項目標，可以代表民主教育的方針。

民主主義的教育，是調和個人主義和國家主義的矛盾，調和人文主義和實利主義的衝突，調和自由主義和集權主義之爭。這種教育一方面維持個人的發展，一方面注重社會的秩序。對於國家的自由和民族的平等，既十分尊重，同時也希望達到世界大同之治。於修己之後，進而善群；治國之後，進而平天下。對於過去教育上「文化陶冶」與「職業訓練」、「勞心」與「勞力」之對峙，更加以適當調和，其立論不偏不倚，爲現代教育思想較完善者。

第五節　理想主義與文化主義

一、理想主義的教育目的

西方哲學史上，理想主義的思潮，不但發源很早，而且影響巨大，這派的思想，從古代希臘柏拉圖的理型學說，強調先天存在的理念的眞實性和永恆性，歷經中世紀奧古斯丁（G. Augustine）的承先啟發，到近代由笛卡兒、斯賓諾沙（Benedict Spinoza, 1632-1677）、萊布尼茲、康德等

大力推動，到現代再由義大利的向諦利（G. Gentile）、法國的柏格森（H. Bergson, 1859-1941）、英國的柏烈德萊（F. H. Bradley）、美國的賀恩等人的努力宣揚，而匯成一股強調人生最高的精神生活，闡明文化的最高理想，追求人生根本目的學說。

在柏拉圖的的哲學中，理念（idea）是宇宙中固有的本質，它是萬事萬物、一切現象的根本，具有恆久性，超越的原型；在萬有現象成形以前，它已存在著，在萬事萬物或現象消逝之後，它依然存在著。因此，理念獨立於萬事萬物或現象之外，是永恆不變的存在。理念既是在超越感覺的世界中獨立存在著，是最真實的，它必是恆久的善，絕對的美，代表著人類精神生活上極高的意境；即使在感覺世界中可能會缺乏有些理念的摹本（copy），但它們仍不失為宇宙一種偉大的實在體，這種實在體可由思考的方式來體認和證實的。

中世紀理想主義以奧古斯丁為代表，奧古斯丁是中世紀基督教思想的重心，教會哲學的完成者，他認為：「真理標準是與知覺不同的更高級能力的理性。」此理性即上帝之所在，上帝是最高的的真理，恆久不變的真理。奧古斯丁強調：「世界上的一切，都是上帝的一部分，上帝是永恆的，意味著無時不在，它沒有過去，也沒有未來，只有永恆的存在。」而人是上帝在感覺世界中最高級的創造品，是肉體與靈魂相結合的存有物，人類的最高目的，在於致力與神的結合，由於「啟示」，經過「信」、「望」與「愛」的生命之路，在未來的真正生命中促其實現。

在笛卡兒的哲學中，「自我存在的信念」，與「上帝存在的論證」，是與理想主義思想的發展最有密切的關係。就前者而言，笛卡兒認為我們盡可懷疑一切，但懷疑的本身，必有其思想者，那是不容置疑的。這個思想者，就是自我的存在。就後者而言，笛卡兒以「我有一個至善的觀念」、「何以有這至善觀念的我」、「至善觀念含蘊存在」三大論證，確認上帝的存在。我們愈對上帝的觀念深思，愈能體會上帝是永久的、萬能的，它是至善與真理的泉源，是萬事萬物的創造者。

笛卡兒倡導「我思故我在」的哲學觀點，成為近代理想主義思想擴展的先鋒。由於受笛卡兒學說的影響，斯賓諾沙針對笛卡兒上帝完美實體

（perfect being）觀念，及其廣袤（extension）和思想（thought）二種屬性所持的見解，闡明上帝為萬有之源，世界乃是上帝形體的化身，人是上帝的一部分，因而人類與上帝均為思想的實體。

萊布尼茲力主宇宙構成的單純只是心靈的，人類的自身也是精神的本身，上帝乃是無限的精神，十足顯示理想主義的特徵。康德的先驗概念，不朽論調，肯定自我，實現命令，義務感等的道德律，是近代理想主義思想的恢宏光大，並且樹立深厚的基礎與理想的楷模。

至於柏克萊的「人類知識原理」，力主外在世界的感知，必須透過精神，無限的心靈，及上帝的作用才能獲得；費希德的「總體科學之基礎」，力主絕對的自我（absolute ego）之概念而倡導唯我哲學；謝林的「自然哲學之觀念」，發揚費希德的哲學，力主自然與精神唯一絕對體的雙重表現，強調「藝術、宗教與默示，為同一之物，甚至可謂高於哲學，哲學思維上帝，藝術本身即是上帝，以其創造故也。」謝林從而肯定知識為神性的「理想存在」，藝術為神性「實際存在」；叔本華（A. Schopenhauer, 1788-1860）的「意志與表象之世界」，力主以意志力（the power to will），超脫現實，追尋理想，才能獲得幸福與安寧；他們都是近代理想主義的中流砥柱，也是典型的代表者。其中，費希德與謝林影響黑格爾最大，也使他成為「絕對的理想主義者」，被譽為近代理想主義的高峰。黑格爾的思想博大精深，否定一切的實在性，而只承認觀念的存在。他的精神哲學，分述表達意識與自由的主觀精神，表達法律與道德的客觀精神，表達藝術、宗教、哲學的絕對精神，從而開展精神界的進化，不僅要認識自然及全部的經驗世界，並以「內在的、辯證的」方法，了解其中的理性，藉以實現「絕對理性」所展示的「真、善、美、聖」，以獲得認識宇宙的意義與人生的目的。

現代的理想主義哲學思潮，經過康德與黑格爾的精心闡揚以後，便風起雲湧，瀰漫一切，成為哲學思想界澎湃洶湧，波浪壯觀的一支不可忽視的勢力。近數十年來，論及理想主義的重要著作，有其同一的特徵，在於以人類為中心，開始一種與精神生活的新接觸，檢驗自己的觀念，把握上帝的實體，為人生標示一個理想的目標，運用人類本身所具有的意志自

由，探詢客觀世界的意義及其統一的原理。

從上述理想主義哲學思想可知，世界的本質為心靈的性質，人類乃為心靈世界中的一個部分。世界秩序的建立，基於恆久的精神實體之存在；知識的形成，乃是對此實體所做的思考。人生的價值，在於實現「個別自我與宇宙的自我統一」的理想。

基於理想主義的哲學，理想主義的教育目的，重視「完美心靈」的培育，使自我心靈與宇宙心靈合而為一。在這個前提之下，理想主義的教育，自然強調精神的類化作用，造就能體認生命的價值，發揮智慧的作用，與宇宙精神同在的真實的人。學校教育為要達到這個目的，必然地要負起培訓人類心靈的重任。

在理想主義的教育過程中，教育不僅要指導學習者獲得豐富的知識，更重要的是要指導學生如何運用知識，這就需要激發思想的作用，使他們朝向理想的價值方向，做最妥善的處置。理想主義的教育，基於致力於部分與宇宙之間和諧關係的形上觀點，當然顧及到個性與社會性的發展，而在人我之間與群己之間取得完滿的適應。因此，教育一方面注意到個人的思想及一切精神價值，一方面重視個人社會化的成長。

理想主義的教育，為要鑄造理想中的個人，建設完美的理想社會，因此其教育的目的，一者重視促進自我實現的個人目的，一者強調培養民主精神的社會目的。[1]

1. 就促進自我實現來說

理想主義的教育，在指導學習者如何避免錯誤，追求真理；如何體驗美感，超越醜惡；如何堅定意志，趨向永恆。為此，教育應給受教育者以認知、感情、意志的精神教育，使他們能在教育的過程中，成為一個反映最高真實精神、博學多能、身心健全的個人。這種教育可以說是調節自己本身以適合上帝永久過程的精神演化，使主觀的我與客觀的我，統合成一個完整全部的自我，而在價值理想的追求上，溝通自我與上帝的理想形

---

[1] 以下參引自：王連生著，《現代教育思潮》，第三章，理想主義的教育思想，頁71-74，復文圖書出版社，1985年9月。

象，光大人生的優美生活。

2. 就培養民主的精神來說

理想主義持整體概觀（a total outlook），強調全體統一的觀念（the concept of unity），旨在說明統一的個人；在統一的社會中，以統一的宇宙形象為標的，不斷地精神類化，不斷地調適個人心靈與環境，以邁向理想的社會。就現代而言，理想的社會是民主社會，民主社會其效能的增進，文化的昌明，有賴民主精神的維護。所謂民主精神，是多元社會中的一種精神的統一，這種精神是以「尊重人性，提高生活素質」為特色，人人追求共同的社會理想──自由、平等。理想主義者以為近代教育的主要危機，在於新生的一代從未尋得並接受高貴、慷慨，與令人產生信心的事物之薰陶，賀欽思（Hutchins）認為教育的目的，在於「培養人類的智慧，由此而發揚仁性，以成仁人，其目的是人格，不是人力」。值此科技掛帥、功利主義、機械主義、暴力思想到處充斥的年代，就追求人生最高的理想，使每個人成為最高尚、最真實的自我之教育設施，恢復人類價值理想與人格的尊嚴統整而言，理想主義有其現代的價值和意義。

然而理想主義的教育，雖持「理想」觀點來建構理論，設計方法，並不因此而就毫無非議之處。理想主義的教育注重人類精神的陶冶，完美人格的培育，努力於促進個人的自我實現，社會的均衡進步，可以說是它在理論上卓越之所在。但是，它僅提供了教育理論的一面，遠離了實際上的教育方法，陷於形式和抽象，而缺乏生氣蓬勃的現實味，這確為不可諱言的事。

由於理想主義過分重視心靈的發展與自我完美性，因而較為疏忽體育與其他技能的活動，也由於它過分強調各種價值的培養，因而容易在教育實施上採取權威主義、教條主義的指導原則，而流於說教的形式，易造成兒童盲目信從權威，以致喪失了獨立思考的自主性，缺乏主動探究的創造性。

進一步地說，由於理想主義者過分重視「宇宙自我」這種抽象信念，因此經常忽略了實際傳授方法的講求與改進，也由於這種原因，理想主義的教育常被人認為是一種好高騖遠、不切實際的教育。

二、文化主義的教育目的

　　文化主義（Culturalism）的教育是由斯普朗格所倡導，認為教育是文化傳承與更新的一種教育思想。這種教育，在二十世紀的教育思想中，是一股強而有力的思潮。文化主義深受近代德國的新人文主義的影響，為綜合教育上個人本位與社會本位互相對立的思想，運用狄爾太（W. Dilthey, 1833-1911）精神科學的了解法，融合黎克特（Heinrich Rickert, 1863-1936）的價值哲學及胡塞爾（E. Husserl, 1859-1938）現象學的理智直觀，奠基於文化主義而開創新境界的教育學說。文化主義教育之所以能開展二十世紀教育「文化新生統合」的新型態，邁向「更高一級統整性」的新趨向，有其深厚的理論基礎。它不但建立於源遠流長的歷史面，而且建立於文化生長的社會面，因而在哲學涵泳，價值光大的基礎上，採用現象學的方法，歷經消化與融合，而推陳出新。

　　西方近代哲學基於對感情的重估與注重，以歷史文化作為基礎，研究文化的型態、特性、本質和理想等等方面稱為文化哲學。這種哲學始於康德，他把宗教、歷史、法律、政治、藝術等哲學，建立在普遍絕對的道德價值之上，而形成其以綜觀人類知識的學理。康德之後，李克特探究知識對象的「當為」，樹立「超越」的價值，從而奠定了文化哲學的基礎。文化主義教育在哲學的基礎，基本上採取狄爾太主張歷史哲學與生命哲學的關聯，以及斯普朗格主張主觀與客觀相互依存的學說。依狄爾太的文化哲學觀點而言，文化教育是以「歷史社會」為中心的「個人體驗」的「全人活動」的教育；就斯普朗格的文化哲學觀點而論，文化是培養個人人格的一種知識活動，它雖在既有規範價值的範圍內進行，但它終極之目的，是在個人覺醒，使之具有自動追求理想價值的意志與能力。文化教育須把歷史社會的客觀文化價值，引入主觀的文化個體，或促進客觀的了解，以便能增強主觀的體驗，或完成主體的驗證，然後再擴大客觀的意義，使個人的內在覺醒與社會的外在價值，相互關聯，相互引發和影響，使個人心靈獲得適當的陶冶和茁壯，而人類全體的客觀文化，不斷地生生不息。

　　文化主義的教育目的，從上述源流脈絡可知，深受時代精神的影響，

有其特殊的時代背景。茲分：1.經驗論與機械觀支配的世紀；2.西方文化日趨嚴重的危機時代；3.生命哲學力求自我超越的時代；4.文化哲學光大價值體系的時代等方面，加以論述：[2]

(一)就經驗論與機械觀支配的世紀而言

　　十八世紀的歐洲是文化批判和反抗的劇烈時代，歷史上通稱「哲學的世紀」。這個世紀的文化動向，由於啟蒙運動的「悟性」精神，帶來批判的知識革命，打開「唯科學時代」的序幕，於是，自然科學的文化勢力，獨占學術思想界，形成「科學技術萬能」的時代。所謂科學（自然科學），代表了一切，它不僅代表財富，而且也代表權威，不僅能代表物質文明，而且也代表精神文化，不僅代表世界希望，而且幾乎代表了超越上帝。這種唯科學主義的天下，在經濟上造成一套系統巨大而錯綜複雜的人類社會問題——民生問題；在政治上促成共產主義運用科學唯物主義，造成物化的世界；在文化上導致機械論代替目的論，決定論取代非決定論；在哲學上形成證實主義睥睨一切，極度霸道的作風；在宗教上造成一如尼采宣布「上帝已死亡」一般地傲慢自負；在權威上成了科學高高在上，主宰一切，遂使人類心理適應的能力，跟不上科學急遽的變化，產生心理失調的現象；這些都是科學主義的社會危機、文化危機，文化主義教育的興起，即在此危機中為挽救當前文化，創造文明社會而發的學說。

(二)就西方文化日趨嚴重的危機時代而言

　　十九世紀歐洲的社會文化，受「科學技術」的恩寵，在經濟上促成資本注意社會；在政治上製造帝國主義的殖民戰爭；在教育上刺激德俄的軍國主義思想；在哲學上講求實證精神。這些事實的影響及其產生的問題，致使近代文化思想失去重心，日漸形成嚴重的文化危機——人類的精神衰退，與錯綜複雜的時代危機——政治社會的惡化。就前者而言，科學技術的社會，趨向合理化、現實化、功利化、數學化，瓦解人文精神，墜入庸俗主義，人們只注意外在的成就，疏忽內在的生命，結果使人們的內在生

2　同上，第六章，文化主義的教育思想，頁128-130。

活，空虛麻木，危機重重；就後者而言，十九世紀的歐洲社會中，執政者為逞其爭霸的野心，大喊大斯拉夫主義、大日耳曼主義，以及二十世紀的現在社會中，法西斯主義、納粹主義、共產主義不斷做霸權爭奪運動，都是當代政治危機的一環。人們面對這些精神上、社會上、政治上的危機，頗有西方文化即將沒落之感。文化教育主義的發達，就是處於文化危機的世紀，謀求挽救此一危機的新靈丹。

(三)就生命哲學力求自我超越的時代而言

　　二十世紀初葉最富吸引力的生命哲學（Vitalistic Philosophy），以嶄新的精神，力求自我超越，試圖抗拒當代文化的衰微，希冀指示人生應從的路線。生命哲學的泰斗柏格森，視宇宙的根源為一大「生之躍動」（impetus of life），本著直觀的生命原理，用以建設形上學，意想在純粹意識中，在殊多性中求統一性（unity in multiplicity），在統一性中求殊多性（multiplicity in unity），以走出「機械觀」和「神祕主義」，但不幸的是，柏格森的直觀哲學，不知不覺地走向神祕主義，於是，隨著西方文化危機的更惡化，和歐洲的衰弱無力，大家便要求更飄渺的虛無，柏格森的生命哲學到此已無能為力，文化教育學之所以盛行，頗有取代生命哲學，負起文化統整的趨勢，如朝陽彗星般閃耀在二十世紀的新舞臺上，仍是世紀末日的福音。

(四)就文化哲學光大價值體系的時代而言

　　文化哲學是當代哲學的新取向，既不為觀念論，也不為唯物論，而為傾向於較大涵蓋性的文化論。文化哲學針對文化學究竟的探討，以其在研究一切文化學中，就宗教、科學、藝術、經濟、社會、哲學等的研究，從其中獲得最綜合的因子——文化統合的概念——來統整當前文明的支離破碎，從事於未來世界新文化的建設。文化主義教育的澎湃發展，即是朝此目標所展示的文化教育學運動，它致力於文德班（Wilhelm Windelband, 1848-1915）所謂「邏輯的、道德的、審美的三種價值超越的表現」，及狄爾太所謂「如實地記載分析那生命流動之真相的文化事實」，灌注於「生活的目的在增進全體人類的生活，生命的意義在創造宇宙繼起的生命」之真諦。以此，斯普朗格師承狄爾太的學說，開創文化教育的思想

體系。[3]

　　斯普朗格是文化教育思想的泰斗，他的生命觀與文化觀是文化教育學的哲學根底。斯普朗格的生命觀，承襲狄爾太的觀點，強調人是具有豐富內容之具體全一者。所謂「具體全一」就是說複雜的生活內容——生理的、心理的——為整個生命的統一，常向一定的價值或目的而被統一的，稱為「構成關聯」或「體驗」。他的文化觀，是從生命觀引至文化世界，藉以闡明歷史、社會的文化意義。斯普朗格以為「歷史」是生命之時間的表現，亦即生命縱的大結合，「社會」就是生命橫的關聯，亦即一大精神關聯的實在。斯普朗格整個思想的中心，在於精神生活的概念，分為歷史文化之客觀精神投射於個人體驗所生的「主觀精神」（Subjective Spirit），由個人主觀的價值體驗而創新的客觀化思想所生的「客觀精神」（Objective Spirit），及超越個體也超越歷史的價值本體，引導著「主觀精神」所生「絕對精神」（Absolute Spirit），亦即「規範精神」（Normative Spirit）三種精神。

　　歷來教育學家一致認為要探究教育的意義，唯有從整個教育的歷程中探討，到底教育究竟是個怎麼樣的歷程？這必須深究教育的本質而後才能使真相大白。斯普朗格以為教育是一種活動，一種歷程，而且是一種文化活動，文化歷程。這種歷程的文化活動，從歷史主義的基礎上看，包括三方面：1.傳承過去之已有文化；2.適應現在之現有文化；3.創造未來之將有文化。從精神科學的結構上看，它是人境交互作用的整體了解，一者為個體客觀化的活動，一者為社會主觀化的現象。這就是由客觀到主觀的歷程，同時又是由主觀到客觀的歷程。文化主義教育的本質，即存在於主客觀之間的精神關聯，其目的在於使完整的人格得以完成，文化得以保持、發展、推向創新的理想，進一步地說：教育就是文化陶冶的活動，其要旨在於變化氣質，使主觀精神類化以作善，使客觀精神統合以創新；他以教育愛為聯絡要素，針對發展中的主觀人格本質的行程，賦予客觀精神之真

3　同上。

正而意義豐富的內容，不僅健全主觀精神，而且光大客觀精神，唯有朝此取向，協進力行，使主觀精神成為「理想我」的化身，使客觀精神成為「理想價值」的實體。概括的說，文化教育乃是以人類的全體文化（包括宗教、哲學、科學、藝術在內）為其發展的內容，教育的任務「應該在傳布文化，創立文化，提高文化，並使之繼續向上發展」。4

教育本身的活動，既然為主客觀的協進力行，自然有它的發展定向，作為文化陶冶追求的久遠目標（eternal object），這就是教育的目的。文化主義的教育目的，在於使個體與個體以外的宇宙謀得協調，以期生長與發展。所謂「個體」是指精神結構的生命實體，所謂「個體以外的宇宙」，是指文化界。教育的目的，首要配合文化發展，次求適應時代的要求，它的最終目的，在於覺醒個人，使之具有追求理想價值的意志。

從文化主義的教育意義與目的的論述看來，文化教育本是文化陶冶的活動，乃是顯而易見的事。這個教育活動的進行，是內外交織的；主客合一的，一方面致力於培育與傳遞的工作，一方面推展文化繁殖和喚醒的工作。從培育的觀點上看，文化教育的功用，在於培養具有「良心」、「責任感」、「義務感」和「宗教性」的文化人；從傳遞的觀點上看，文化教育的功用，在於發展新世代的文化生命；從文化繁殖的觀點上看，文化教育的功用，在於深入受教者主觀心靈的內部深處，使之具有主動追求理想價值的文化意志；從喚醒的觀點上看，文化教育的功用，在於從主觀內引出自律的規範精神，而趨向道德的世界。

第六節 綜述與評論

一、教育有無目的？

杜威在教育生長說中主張教育沒有目的，杜威的這種說法是基於他對教育某一方面的見解。杜威認為教育即生活。就生活的內容來說，「教

4　同上，頁135-136。

育是經驗的重組與改造」。每一個人都知道他自己的經驗時時在變，日日在變。一個人常常遭到新的情境，由於外在環境狀況的改變，人的活動必須也加以改變，以適應新情境。他時時要解決新的難題，作種種抉擇及嘗試以便再適應。活動的變化，帶來經驗的分化與擴充；換一句話說，經驗由是而修正、重組和改造，經驗的生長，變化或修正，便是杜威所謂的教育。再就生活的歷程說，「教育即生長」，所謂生長，不僅僅是成熟，而是習慣的養成，適應方式的進步。無論杜威認為「教育是經驗的重組與改造」，或認為「教育是生長」，都是一種歷程，歷程是連續不斷的，是永無止境的，所以教育本身只有繼續不斷的發展，並沒有什麼目的可言。這是杜威主張教育本身沒有目的的理由，所以他說：「這種過程就是教育自身的目的，除了這個過程自身之外，沒有別的目的。」

　　杜威以教育本身沒有目的而受人誤解，受人批評。其實他的原意並非說生長沒有目的，在他後期的著作裡，他曾承認生長該有方向，但那方向應由社會決定，所以他又說：「教育的自身並沒有什麼目的，只有人、父母、教師，才有目的。」這就是說，教育的本身雖沒有什麼目的，但在施教者與受教者兩方面，不能說沒有目的。

　　杜威主張教育本身沒有目的，除把教育看做歷程之外，尚有其深切的用意，因為杜威所理想的社會是民主的社會，在民主的社會裡，社會中各分子之間有共同的目的，社會裡的利益，全體分子皆得同等的參與共享；而且團體與團體之間有充分自由的交往，互助合作的關係。杜威認為這樣的社會，才足以保障個人人格的自由發展，所以他主張教育除生長外，不該有一定的目的，以限制個人人格的自由發展。杜威唯恐規定一狹窄的教育目的，使個人的人格發展受到損害，因此，杜威的用意，實際上仍認為教育有其目的，它的目的就是真正民主主義的實現。

二、一些對立的教育目的

　　在西洋教育史上，曾有不少對立的教育目的，如個人本位與社會本位的教育目的、主知主義與注重實踐的道德目的、培養通才與造就專才的教育目的等。前兩種對立，早在古代即極顯著，而後一種對立則到近代以後

才趨於明顯。然而，由於時代的進步，新思想的產生，這些對立漸有調和的趨勢。茲依次分述於後：

㈠個人本位與社會本位的教育目的

西洋教育的目的，因受個人主義與社會主義哲學的支配，往往偏向兩個極端。個人主義哲學以爲個人是實在的，社會只是一個虛名，因此，個人的存續與發展，其價值高於社會。社會主義哲學適與之相反，以爲社會是實在的，個人是抽象的，個人只是社會的從屬，一切行動應以社會的公共傾向爲依歸。這兩派哲學影響到教育方面，使教育目的亦分爲相反的兩種：個人主義的教育目的，以發展個人特性，培養個人人格爲主旨。社會主義的教育目的，在造就個人爲社會服務，以謀社會群體的福利。

古希臘時代，雅典的教育目的，偏重個人發展，波斯戰爭以後，詭辯學者輩出，如普羅太哥拉斯（Protagoras, 480-410 B.C.）與高爾吉亞（Gorgias, 483-376 B.C.）等，均以個人爲萬事萬物的尺度，採個人本位的教育目的。相反地，斯巴達勵行軍國主義，偏重國家良善公民的養成，則是採取社會本位的教育目的。中世紀，教會的權威高於一切，個人無自由可言，注重社會群體。及文藝復興時期，又逐漸偏重個人主義的發展。到了近代，教育的著重個人本位與社會本位的學者均有，例如自然主義的盧梭、裴斯塔洛齊、福祿貝爾等人，其教育目的均在充分發展個人的才能。主張生活預備說的斯賓塞，以教育在準備個人將來能過一種完美的生活。南恩（Percy Nunn）強調個人的重要與權利，以爲教育必須使人人個性得有最完善的發展，皆是偏重個人本位的教育目的。然而在另一方面，國家主義的傅立葉、費希德、黑格爾等人，均認爲國家理想的實體，高於個別的國民，因此，教育的目的應該培養效忠於國家的國民，這則流於一種偏窄的社會本位的教育目的。十九世紀下半葉，孔德（Comte, 1798-1857）創社會學，將個人與社會的關係作一新解釋，自此以後，社會本位的教育目的得到社會學的支持，理論益趨穩固，如拿特普、白格曼等人，均不承認個人本位的教育目的，認爲教育目的是社會的。至此，社會本位的教育目的，可說已發展到了頂點。

㈡主知主義與注重實踐的道德目的

　　就教育上的德育目的來說，究竟知識重於道德？還是道德習慣的養成、道德目的實踐重於知識？亦是歷年來起伏不定的對立問題。

　　道德主知還是主行這個問題的對立早在希臘時代就已開始。蘇格拉底認為「知識即道德」，他說：「無人有意作惡，所以為惡，因其不知也。」又說：「縱令有意為惡之事為可有，亦較無意為佳。因其至少有美惡之辨，有嚮往美之力也。」柏拉圖亦說：「真知善之所在，必行之。」他們兩人均認為知識與道德原是一件事，神沒有不想為善而想為不善的，人之所以為不善，是因為他們沒有知識，不知道何者為善，如果知道何者為善，不僅可以為善，而且必然為善。這些可以說是主知主義道德目的之淵源。但在另一方面，亞里斯多德的主張卻和他們兩人相反，以為人知道何者為善而仍為不善的，亦是不可否認的事實，所以亞里斯多德認為道德所需要的並不是知識，而是實踐與習慣的養成。他舉醫生為例，以為一個醫生醫療的實際經驗，要比理論的知識重要。德行亦是一樣，實踐與習慣的養成實比知識更重要。故他說：「為了提高道德，不僅要靠知識，正當行為的習慣是絕對必要的。知識並不能養成正當行為習慣，有時沒有知識，也可以有良好的習慣。」中世紀的宗教教育目的，厲行情操的鍛鍊，輕視理智，偏於實踐。到了近代，主知主義與注重實踐的道德目的，仍然繼續對立。批評主義的康德把理性與道德視為一件事，他認為理性能供給唯一適當道德的動機，這偏於主知主義的目的。十六世紀的蒙田（Montaigne, 1533-1592）卻看重行為的訓練，他認為道德需從行為中去學習，如不由行為中去學習，不由行為中去印證，不是學不到，就是學不好。十八世紀的盧梭，認為知識與道德本質互異，兩者不相調和，這與蘇格拉底的主張正好相反，他在〈科學與藝術的進步，是否有助於腐敗道德的進化？〉一文中，曾蒐集證據證明人的墮落與其知識的生長成正比。因而主張知識對於道德未必有貢獻，甚至有害，所以盧梭是偏重道德習慣與實踐的養成。

㈢培養通才與造就專才的教育目的

　　現在許多人往往拿通才教育與專才教育相對待。所謂通才教育

（liberal education），係指教育內容不注重實用，偏重個人的修養與陶冶，以作各種職業的一般基礎，其目的在造就一般的「人」，俾將來能擔任任何工作。專才教育則與之相反，教育內容著重某種特殊職業的準備，其目的在造就某種工作的專門人才。關於教育的目的在培養通才，抑或造就專才？其爭辯雖是近代的事，但這兩種教育目的的對立，在教育史上亦有前跡可尋。希臘時代的教育內容，以音樂、體育、哲學科學為主，其目的在培養文雅的自由人，即是偏重通才的教育目的，中世紀宗教教育的課程雖以七藝為主，但其目的在造就教士，故偏重專才的訓練。文藝復興後的一般教育家，如彌兒頓（John Milton）、洛克、盧梭等人，皆主張教育目的在陶冶個人，使其具高尚的修養，廣博的學問。彌兒頓對教育所下的定義是：「完全的與宏博的教育，是適應個人以正直地、精鍊地與豪爽地履行其私人的與公共的、平時的與戰時的一切本分。」洛克所謂「發達健全身心的紳士式教育」，盧梭所謂「學所以為人類之方」，皆是偏重通才的教育目的。其他如裴斯塔洛齊以為職業教育，不外將自一般陶冶所發展的知識與能力，使之活動於特種地位之下而已。他又說：「一切人類之基礎能力與自然性的圓滿發展，皆有同樣的必要。」這雖將職業技能融入一般陶冶之中，但其注重通才教育的目的仍然可見。二十世紀以後，教育受工業革命與科學進步的影響，各行各業，皆需要專才，於是造就專才的教育目的轉盛。到了二十一世紀，由於教育的普及，義務教育制度的迅速建立，於是培養通才的教育目的，又高唱入雲。

四對立目的之調和

以上將重要對立的教育目的在歷史的發展作一簡述，其實這些對立不但不是絕對的，更不是不可調和的。在教育史上，主張絕對的個人本位或社會本位的教育家可說極少，而一般所謂的對立，只是各有所偏重，例如柏拉圖與亞里斯多德同是偏重社會本位的教育目的，但是他們並不蔑視個性的發展。費希德的國家主義教育目的，甚至流於狹窄的社會本位主義的教育目的，然而他亦說：「教育第一目的在造就獨立之我，造成自動的自決的創造的人格，造成自身及環境之主人翁。」

在道德目的方面，主知主義與注重實踐各有所偏。其實，人類完成一

種道德行為，知識與實踐及習慣的養成同樣重要，有了知識，才能明辨是非，養成道德行為的力量。否則，無知識以指導行為，則這種行為，不是盲目的，就是機械的動作。在另一方面，道德行為必須有賴實踐及習慣的養成而顯現出來，俾能發生實際的效果，否則，只有善意而無善行，也不能完成道德目的。所以道德知識與實踐及習慣的養成都是完成道德行為的兩個重要因素，缺一不可。

至於通才與專才的教育目的，也不是絕對的對立。柏拉圖的理想國的教育計畫，其內容方法是屬於通才教育，但其目的在培養執政者、軍人與農工階級，乃是以專才為目的之教育。中世紀的宗教教育，其課程屬於通才教育，然而其目的在培養教士，也是屬於專才的教育目的。

杜威對民主主義的教育目的提示了新的方針，調和了各種教育目的之對立。首先他確立個人與社會的關係，他以為個人不能脫離社會而生存，個人與社會是一而二，二而一的。於是在教育目的上，個人本位與社會本位的對立，便根本失其意義。杜威的道德學說也調和了主知主義與注重實踐道德目的的對立，他以實用的觀點，不把知識與實踐看做對立的，而認為知識與實踐同是完成道德目的的兩種互相輔助、互相依賴的功用。因此他不贊成道德與知識不相干的說法，他說：「如果在學校裡面，他們把品行的養成，視為最高目的，同時把知識的獲得與了解能力的養成，視為與品行無關之事，這樣一來，學校的道德教育便將完全無望了。」同時杜威也不贊成灌輸知識即可使人道德化的說法。他批評康德的道德學說，認為忽略了外表行動結果，只有善意而無善行，絕不能完成道德目的。所以知識與行為都是完成道德目的的兩大功用，應同時並重，缺一不可。

至於，通才與專才教育目的之對立，在杜威的哲學系統中亦不存在。因為杜威把教育視為生活，生活既為一綿延不斷的演化與歷程，自不能強為分割，因此，「心」與「身」，「人」與「物」的對立，均根本失其意義，因為心的作用，絕不能與軀體及其運用物的活動相離。於是，凡教育上「文化」與「職業」，「理知」與「實用」等的分別，均不應存在。依照杜威的說法，紡織、縫紉、烹飪、木工等，都是人類取於衣食住等生活以制馭自然的工具和方法，無所謂職業訓練。學校教授這些學科，其目的

不在職業訓練，而在由此獲得有價值的知識和方法，啟發兒童關於解決生活的思想，並養成社會生活中互助合作的習慣。

三、理想教育目的之建構

從中外教育目的之演變的敘述可知，一個國家、民族或時代的教育目的之決定，有其社會文化的背景，而決定此一目的，有其形式實質的條件，我們據此可推論，理想教育目的之建構。茲精要地介述如次：

(一)就決定教育目的的社會文化背景來說

某一個時代、國家民族的教育目的之決定，取決於下列的基本條件：

1. 適應社會的要求：教育目的應以民族特性和立國精神為基礎，針對當前社會情況而發，才能往下扎根，確立健全的教育發展之方向。
2. 適應時勢的要求：教育目的應順應世界潮流，配合本國情勢，作富有彈性的原則規劃，使一切教育活動的發展，能平衡持續地向前推進。
3. 具有遠大的理想：教育目的與理想有關，此理想包括社會理想與人生理想，教育的崇高理想，須以社會理想與人生理想為著眼點，期能適應社會遠景的要求和大同趨向的要求。

基於上述教育目的之三要件，教育目的有其層次性：適應社會的要求為切近的目標，適應時勢的要求為中程的目的，具有遠大的理想為終極鵠的。

就我國三民主義的教育而言，其宗旨既以民生為中心，教育的普遍措施，在於充實各個人生活的內容，以達成人格發展，社會進步的要求正適合我國社會的需要，此為切近的目標；其次，為達成社會國家的建設，教育應本建國的理想，謀求民族的獨立自由、社會的安定進步與國家的富強康樂，此為中程的目的；最後，教育理想以臻於世界大同的最後目的為旨趣，正是世界的趨勢與文化的導向，即為終極的目的。

我國三民主義的教育目的，雖分為切近、中程和終極三個層次，但它前後銜接地構成一貫的完整目的論，兼顧到個人的發展、國家建設、社會進步、世界文明的昌達和人類幸福的獲得。這種的教育目的論，實為世界教育史上完美、健全的教育目的說，它貫通個人、社會、國家、世界，綜

合「自然發展」、「社會效率」、「文化陶冶」諸說，融貫成一個既精深又博大的教育目的論。

(二)就決定教育目的的條件來說

理想的教育目的，應符合實質條件與形式條件。二者缺一，不足為理想的教育目的。

1. 理想教育目的的實質條件

理想教育目的，應合乎教育歷程的規準，使教育活動合價值性（worthwhileness）、合認知性（cognitiveness）與合自願性（voluntariness）。為此，一個理想的教育目的，在實質上應依下列條件訂定：

(1) 要符合教育的本質：文化繁殖的歷程和文化創造的活動。

(2) 要符合教育的生長：充分且和諧的發展個體的潛能，包括欲求、情意、理性和神性。

(3) 要符合教育的理想：美滿人類共同生活的要求。

(4) 要符合教育的任務：充實生活內容，解決目前的問題，負起歷史的使命。

(5) 要符合教育的功用：經由培育、文化傳遞與繁殖，以及喚醒與分娩的作用，達成創造宇宙繼起的文化生命。

2. 理想教育目的的形式條件

教育目的的產生與變更是基於社會情事與時代需要，有其特殊性的目的也有其一般性的目的；從動態的觀點來看，教育目的有其層次性。為此，一個理想的教育目的，在形式上應合乎下列的教育客觀條件：

(1) 特殊的目的應統屬於一般的目的。

(2) 切近的目的應連續於較遼遠的目的。

(3) 根據當前的現實的情況，預定具體的計畫。

(4) 建立在不同型態與價值上，而發生不同的效果。

(5) 在相對中求其絕對，以合乎多元、多面的人生需求。

3. 理想教育目的的建構

基於教育目的主觀的實質條件與客觀的形式條件，確定理想健全的教

育目的，正如建造房子一樣，計畫的制訂，是要依照主人的心意，而此種
計畫的訂定，須視地基的大小、經濟的能力、所選的圖樣及材料等情況來
決定。基此，建構理想教育目的，應客觀衡量其主客觀的條件，才不致使
這種理想目的流於空幻，宛如空中樓閣，虛無飄渺，捉摸不定。

　　綜合以上的論述，可知完整的教育目的論，應顧到稟賦發展、環境
適應與理想實現，而其最後的目的則在人生的價值化，也就是人生價值的
發揚。所謂價值的人生，則為普遍永恆圓滿順利的人生。故理想教育之目
的，即在發展稟賦，適應環境，實現理想，以發揚人生價值。

問題與討論

一、試比較我國和西洋教育目的相同相異之處。
二、自然主義和社會效率說的教育目的，其主要的差異為何？
三、公民教育說與國家主義的教育目的，有何相同相異之處？
四、實驗主義和文化主義在教育的目的上，有何不同？
五、教育有哪些對立的目的？如何調和？

黃坤錦

第七章

教育價值論

第一節 價值的意義與性質

一、價值的意義

人類生活在客觀世界的宇宙萬物中，也生活在主觀世界的個人心智領域或精神生活中，主觀和客觀的世界經常發生密切關係。人類有物質生活，有各種物質的需求，所以必依賴物質供應以維持生存。在生活的過程中，人類主觀的身心作用，常和客觀的事物發生交互作用的活動，常利用客觀的事物以促進和達成吾人生命與心靈的發展，而完成理想的目的，這樣一來，便產生了價值問題。

由此可知，價值的產生，乃是由於我們人類的主觀心智，體認到客觀世界的事物，或他人的行為，對自己本身或社會所發生的影響及關係，而予以作價值的評估。

客觀世界的自然事物，本身無所謂善惡，無所謂利害，當其和人發生了關係之後，才有善惡、得失和利害的結果。我們評估它的利害，比較它的得失，辨別它的善惡，而後才有價值問題的產生。

譬如說，水是一種自然物質，本身無所謂善惡，當其影響到人的生活後，才產生善惡。洪水氾濫，淹沒田舍人畜，則稱其為惡；利用水力發電，引水灌溉，儲水養魚，或充作工業用水，或供飲用，則稱其為善。人類之優良的行為，因為他有移風易俗的功效，則稱其為善行；卑劣的行為，因為他具有敗德壞俗的缺點，則稱之為惡行；對自然景物、美術或工藝作品，及人生的欣賞，能使人產生喜悅之感的叫做美；使人產生厭惡及不快之感的叫做醜。這些善、惡、美、醜都是價值。由此觀之，價值概念乃是人與客觀世界所引起的關係中而生，評價意識乃是從主觀心智中產生的，客觀世界乃是評價的對象，離開人，就不會有價值概念。道德哲學、宗教哲學和藝術哲學（或稱美學）三者，統稱為價值哲學。

道德哲學宗教哲學討論善惡，藝術哲學討論美醜，善惡美醜都算是「價值」。在道德價值中，討論到許多德目，如三達德、四維、五常、六行和八德等，也都是「價值」。在英文中，"value"和"price"義通，前者譯

為「價值」，後者譯為「價格」。我們外出購物時，一斤豬肉的價格高於一斤青菜，一尺粗布的價格低於一尺呢絨。價格有貴有賤，有高低上下之分。在道德哲學中討論的價值是善惡問題，善有大善小善之分，惡也有大惡小惡之別。在藝術哲學中論美醜，美分高低，醜也有等第。所以說，價值就是善與惡、是與非、利與害、美與醜的分辨與判斷，這種活動，稱之為「價值判斷」（Value Judgement）。

在我們的心靈生活中，為了實現某一種理想或目的，知道有所抉擇，在抉擇之前，衡量它的利害，比較它的得失，分別它的輕重，權衡它的善惡，和審視它的美醜，這種過程，叫做「評價」（Valuation）。因此，「評價」就是評估客觀事物或他人行為對我們所產生的影響，而評定其等級的上下，重要性的高低，美醜的層次，與善惡、利害、得失之大小的一種活動。某一種概念或行為變為評價的對象，持某一種通用的標準以評估此對象，此標準就是「價值」。

若干社會學家，認為價值乃是基本生活面的共同取向；指導人類行為的抽象原則。當價值被應用到某種特殊的情境時，便成為行為的準則，社會學者稱這些準則為規範（norms）。如「博愛」的價值，是我們以社會的某種角色為準繩，然後要求大眾以這種準則對待他人。

二、價值的性質

在哲學中價值哲學（Philosophy of Value），又稱價值論（Axiology或Theory of Value）。西方古代學者以邏輯學（logic）、美學（aesthetics）、倫理學（ethics）三者為規範學科（Normative Sciences），與真、善、美三種基本價值相對應。邏輯求真，衡量知識的價值有真偽；倫理學求善，評斷道德的價值而有善惡；美學求美，判斷美的價值而有美醜。所以價值論又稱為規範學（Science of Norms）。在以上規範學科中，捨宗教哲學而不論。但到了十九世紀，佛雷斯（Fries）、文德班以及其他德國的哲學家，認為宗教除了包括真、善、美之外，另含有「聖」（holiness）的本質。布立邁（E. S. Brightman）也說：「宗教價值和其他高級價值相同，是整個價值經驗具有特殊立場的一種組合。社會價值是從分享的立場而組

成的整體價值；品格價值從意志控制的立場而組成的；審美的價值是從欣賞的情感立場而組成的；理智的價值是從知識的立場組成的；宗教價值是從崇拜的立場組成的，且和多數客觀的喜悅價值資料相互協調合作。」此外，斯賓諾沙認為宗教的價值即是理智的價值；康德認為宗教價值和品格相一致。王爾德（Oscar Wilde）視宗教價值只是一種藝術價值，現代人文主義者有時以宗教價值和社會價值相同。事實上，宗教有其獨特的價值，奧圖（Rundolf Otto）在他的著作《聖的概念》（*The Idea of the Holy*）中曾說，宗教的價值概念具有一種單純的及獨特的性質，稱之為「神聖的」（numinous），具有特別神祕與迷惑的畏懼，和其他任何教外或世俗的經驗不同。

宗教論善惡，道德也論善惡，所以有人主張將宗教教育併入道德教育之中。然而當前世界各國，多將宗教教育摒拒於普通教育之外。因此在討論教育價值論時，通常只論真、善、美，而將「聖」略而不論。

西方學者以真、善、美為最高價值的論點，也頗啟人疑竇。這三種價值是否可涵蓋一切價值？我們知道除了這三種價值之外，尚有經濟的價值、身體的價值、娛樂的價值、社會的價值等，對人生的發展也極具重要性。其中如身體價值，它不但能發揮它的能量及精力，使人活動，使人工作，即就「健康」而言，一旦喪失了它，則其他一切的價值等於鏡花水月，趨歸幻滅，它對人生的重要性便可想而知。我國學校教育以德、智、體、群、美五育並重，有人則以「群育」、「美育」可併入「德育」的範圍，也有人主張「德育」不能兼攝「群育」和「美育」，議論紛紛，莫衷一是。又有人論價值時，主張略「真」而不提，因評斷知識，而有真偽，但衡諸檢證，知識非偽即真，非真即偽，不會有「大真」、「小真」，或「大偽」、「小偽」之別，和「善」、「美」的概念迥異。因此，「價值規範」的釐定，並不是很容易的事，這些都是有關價值的範圍或性質的問題。

第二節　價值論的沿革與內涵

一、價值論的沿革

哲學上討論事物之價值評估的是價值論，它的專門術語是Axiology；此字來自希臘字axios，猶如英語之worthy，意指值得、相宜，或有價值的。價值哲學研究價值性質、類別，以及真理、道德和藝術等問題。

「價值」是由形上學的本體論所引申下來的。「存有」的特性也就是存有的價值；一般都以「真」、「善」、「美」、「聖」作為價值的核心課題。原來知識所追求的，無非是「真」，避免「假」；道德所要求的，無非是「善」，避免「惡」；藝術所展現和追求的，無非是「美」，避免「醜」；宗教所訴求的，則是神「聖」，而避免「罪惡」。

於是，價值哲學，事實上是「實際哲學」，是「行」的部分，而為「知識論」、「倫理學」、「藝術哲學」或「美學」、「宗教哲學」找出實踐可行的理論基礎。

價值論或價值哲學在哲學史上是個年輕的名詞，但價值問題的提出，在古希臘時代就已經開始，辯士派（Sophists）的哲人普羅太哥拉斯認為「人為萬物的尺度」，便確立了個人中心的價值觀。蘇格拉底不滿當時辯士派的主觀主義和相對主義，曾提出道德價值的客觀性與絕對性。柏拉圖建立其觀念論的哲學中心思想，他的觀念論在意義上就是價值論，在本質上也就是價值觀念。到了亞里斯多德，雖用形式代替了觀念，以形式是事物第一的原則，但是肯定「善」是存在於事物之中，而善的問題就涉及到價值的問題。

中世紀的經院學派哲學，先以柏拉圖的思想為主，後來轉變為以亞里斯多德的思想為研究基礎。因此一切討論都在目的論的原則之下進行，在他們的觀念裡，價值是原始的，原本就存在的。

到了近代，德國哲學家康德賦予價值哲學更大的意義，將價值由整個宇宙移置到個人的領域裡來。康德認為：人的善良意志，係宇宙間善的一

部分，一切實在的最後，總是傾向於道德意識的價值。

　　近代價值哲學的興起和發展，首先是由於自然科學與實證主義對形上學的誤解，甚至排斥的傾向所產生。因為自然科學和實證主義，都在一味強調「事實」和「事件」，而不承認事實和事件的後面，還有支持事實和事件的存有基礎。價值哲學家因此提出：真實世界除了真實和事件之外，還有一種「價值」的存在。也就是說：存有是一事之一面，而另一面則是價值；存有之價值是一事之二面，一體之兩端，不可分離。

　　近代價值哲學之父羅策（Rudolf H. Lotze, 1817-1881），他最先提出「存在」的兩個面向：真實（事實）與價值。前者是客觀的存在，後者是主觀的存在。換句話說，真實的存在是客觀的，用不著吾人去承認，它就存在著；但是，價值則由吾人去認定，對真實作評價。

　　羅策把價值的概念引入哲學的領域裡來。他區分存在與價值，設置對立的價值世界與存在世界，前者用感情來把握，後者用悟性來理解。不過，他認為存在與價值在它們的深處仍相互關聯或從屬，使一種形而上的價值內容能融入實際。

　　除了羅策以外，德國哲學家尼采（Friedrich Nietsche, 1844-1900）也是應用價值概念的代表人物，他在名著《查拉圖斯特拉如是說》（*Also Sprache Zarathustra*）一書裡說：「世界圍繞著新的價值發現者轉」。他把價值加以重估，因為他主張舊有的價值需加以粉碎而代之以新的價值。

　　後來，德國新康德學派中的西南學派，有文德班開其端，又有黎克特繼其流，認為「知識」分成兩類，一類是自然科學，另一類是歷史文化科學。自然科學探討的是「事實」。而歷史文化科學關懷的是「價值」。

　　在英美經驗主義影響下的哲學，以桑他耶那（George Santayana, 1863-1952）的「第三物性」（Tertiary Qualities）作為價值，最易被接受。桑他耶那跟隨經驗主義的傳統，以實體有「第一物性」（Primary Qualities）指「物」的本身特性，像長、闊、高；第二物性像聲、色、香、味、觸，第二物性是吾人針對物的直接感受。第三物性，則是吾人主觀加入對實體的評價，如價值三百圓等。

　　現代價值哲學的新頁是由布蘭塔諾（Franz Brentano, 1838-1917）的著

作《道德知識的來源》一書揭開。他認為價值的特性乃獨立存在的現象。在表象、判斷、情緒活動三種心理現象中，只有情緒活動能把握價值，因此人們在愛與恨、適意與不適意中把握價值。他的主張強烈地刺激現代價值哲學，建立了心理學的價值哲學。

二、價值論的內涵

從價值論的發展史中，吾人當可窺見，「價值哲學」一詞是近代哲學所興起的；但是，價值哲學所涵蓋的內容，卻是老早就有的。就如倫理價值中的「善」，中外古今都有自己的一套學說，申明善、惡的分野所在，以及如何要行善避惡的勸導，乃至於「不許作惡」的一些禁令，如不許殺人、不許偷盜，不許撒謊等等；同時亦會有一些勸諭：要愛人、要濟貧、要修橋鋪路等等。這些原就早已存在的哲學內容，早期統稱為「哲學」，而沒有嚴格的分類。價值哲學體系出現之後，把這些「哲學的用」，全都歸類到價值哲學中。

再就如「知識求真」的課題，也是哲學老早就已經存在，且有悠久歷史，而且亦有許多的爭辯；無論是知識入門的「邏輯」，或是哲學入門的「知識論」，亦都曾仔細地分析人類的認知能力，以及分辨真、假、對、錯的能力。事實的認定，真理的判準，追尋真理的決心，亦都在知識問題上，有了相當程度的探究，價值哲學認為「知識求真」的命題，是一種價值哲學。因為問及是真、是假時，或是問及是對、是錯時，問題的本身，以及無論答案如何，都是一種價值批判。

對事物的「真、假、對、錯」，是知識的判準；但是，知識無論給予哪一種批判，事實上都在指證「知識求真」。因為，只要有人敢指出某事、某物為「假」，他必然以其已經知曉的「真」作為批判的準則；同樣，當人指證某答案是「錯」時，他就應該有「對」的答案，作為判準。

同理，對行為的「是非善惡」，則是道德的判準。同樣，這判準無論所下的判斷為何，亦都指證「倫理求善」的價值。因為，如果不知道何者為善，又如何判定什麼是惡呢？如果不曉得什麼是「是」，又如何知道何者為「非」呢？

當然，「假」的判準需要對「眞」的預先了解，但是，對「眞」的批判卻不需要「假」來陪伴。同樣，「惡」的判準需要對「善」的預先知曉，但是，對「善」的批判卻不需要假借「惡」的存在。雖然，有了「假」，可以更加彰顯「眞」；有了「惡」，也可以更加彰顯「善」；但是，「知識求眞」以及「道德求善」的命題，卻是價值哲學不變的內涵。

至於「藝術求美」，以及「宗教求聖」的內涵，在價值哲學中，就有很大的部分與「知識求眞」和「道德求善」不同。因為在知識的「眞假對錯」的批判中，吾人只可以選擇「眞」和「對」，而應摒棄「假」和「錯」；同樣地，在道德的「是非善惡」中，吾人亦只能去惡務善，而選擇「是」，而棄絕「非」。但是，在藝術「美」的學說中，「美」和「醜」雖在字面的意義上是對立的，但是，站在「美」的原理上看「醜」時，縱使「奇醜無比」，也算是「美」的另一種形式和表現。「眞」和「假」是對立的，「善」和「惡」也無法並存；但是，「美」和「醜」卻可以相安無事。這也就是人性中的藝術部分，是「自由的」，不受規律束縛的。

至於「宗教求聖」方面，那就比「藝術求美」更高一層境界：因宗教的慈悲原則，「善」固然是追求的對象，「善」當然排斥「惡」，「惡」也損害「善」，但是，善人對惡人的宗教情懷，卻是懷有拯救之心的。以善來拯救惡，原就是宗教的慈悲性格所導致，其價值的意義因而也比較特殊。

價值哲學的內涵，因而也包含了「存有」的四種特性：眞、善、美、聖；而「存有」的這四種特性，恰好也是吾人在生活與教育中，，經由知識、道德、藝術、宗教的途徑，所可能抵達，所可能把握的。

第三節 價值論的學派與分類

一、價值的學派

價值論的首要問題是：價值是什麼？這屬於價值的本質問題？一般說

來，價值是滿足需要，較能滿足需要的東西，就是人們認為較有價值的東西。但所謂「需要的滿足」這種價值因素，是客觀存在於外物呢？還是存在於我們的主觀之內，自己覺得心滿意足，就以為有價值呢？抑或價值是主觀的心理和客觀環境之間所發生的一種關係呢？因而有如下的各種學說派別：

(一)客觀價值論

這個論派以為，需要的滿足性為事物本身所具有的某種屬性，是事物本身的屬性之一。價值外在，不管需要者的實際滿足情形如何。事物本身具有滿意性，與主觀的心意無關。於是，價值具有必然性。音樂確有美的性質，功業本身確有偉大莊嚴之處。無論何時何地，我們如以一事物為滿意，且以「價值」賦予它，我們必定覺得此一事物的本身性質中，有它作為我們下判斷的根據。每一價值判斷都是一種要求的表示，並非隨便決定的。同時，價值又具有可教性。價值判斷有迫使一切心靈加以承認的要求。各個心靈對於同一的價值判斷，可由同一施教者加以教訓，而得到同一的價值感受。不同的心靈而有一致的判斷，則價值自然是客觀的、可教的。我們可由經驗或教養的力量，而得到正確的價值判斷，或高度的品鑑能力。如上所述，客觀價值論是以價值的必然性和可教性為其立論的依據。

(二)主觀價值論

這個論派以為，價值狀態——需要之滿足或滿意——純然是屬於主觀者或判斷者的滿足或滿意。判斷功業的莊嚴偉大，或音樂的優美雄壯，判斷者的取捨性具有重大的作用。事物之所以為滿意，至少要能滿足判斷者的意向，價值判斷表現判斷者的人格特性。

(三)中和價值論

這個論派以為，價值的構成，主觀和客觀條件都是必需，價值判斷在客觀上的必然性與可教性，在主觀上的取捨性，都不能否認。價值為被判斷的情境之性質，非純主觀所有，亦非純客觀所有。換句話說，判斷情境已包含判斷者在內，價值是依判斷者的取捨，但在客觀事物上有其取捨的邏輯依據。依中和價值論看，價值是個人與環境間所發生的一種關係，即

是主客合一的表現。

　　其次，價值論的派別，常因哲學派別的不同而異。如快樂主義者（Hedonist）主張，一個行為能使人產生快樂和幸福才有價值，將「價值」與「快樂」二者視為同義。古代希臘的亞里士提普斯（Aristippus）、伊壁鳩魯（Epicurus, 341-270 B.C.）及英國近代的邊沁（Bentham, 1748-1832）、彌爾（J. S. Mill, 1806-1873）等人均是。主意志主義說（Voluntaristic Theory）的哲學家，則稱價值並非只是為了快樂的感覺，而在於滿足個人的欲望和目的。該說有折衷「快樂」和「實現欲望」的傾向，但二者可相互連接，彼此不會衝突。亞里斯多德、斯賓諾沙、奧地利完形論者之愛倫菲士（Ehrenfels）及實用主義者（Pragmatist）皆屬之。形式主義說（Formalistic Theory）則認為真正的價值，只能求之於「合理的意志」（Rational Will），凡是「忠於義務的實踐履行，才算是真實合理，才具有最高價值」。所以形式主義又被稱為理性主義或嚴肅說（Rationalism or Rigorism）。古代的犬儒學派、斯多噶學派及近代的康德、羅益士（Royce）皆是。

　　此外，天主教哲學家與唯心論者，在理論和主張上雖仍有差異，但對價值的看法，都重視它的永恆性及心靈的高級活動。如李頓（J. D. Redden）、雷安（F. A. Ryan）自天主教哲學的觀點論價值時稱：「推展民主主義，要以正當的教育，予以正確的詮釋，接受其四種自由的要素，予以表現出來，並加以履行。所以個人必須完全接受為道德、宗教所支配之一切真、善、美的教訓。這些標準乃由神聖默示宗教的權威性及確實性所提供的，而不是來自科學。」

　　另外，烏爾班（W. M. Urban）從唯心的觀點討論價值時說：「在我們唯心論者的字彙中，精神一字代表對價值、價值的存在、明瞭及評價我們本身之非感覺事物的承認。……這些價值的意義，在特性上是心靈較高的程度，當我使用精神這一名詞時，在心靈中就有價值的觀念。」他又說：「精神哲學涉及以價值理論為中心，我們有一個確實的感覺，就是精神哲學為價值理論所決定。」

　　新實在論者（Neo-realist）稱，價值就是興趣的客體，這一客體所產

生的興趣結果，就是價值評斷的對象，這種經過評斷以後的興趣結果，便成為我們的行為標準，他們將價值視為客體固有的本質。此派學者柏利（R. B. Perry）曾說：「價值是興趣的客體。」價值的判斷，是將它當興趣的客體加以判斷。價值判斷就是評價有關興趣的結果。在判斷價值之後，這種興趣結果便是它的指標，興趣的行為就是可以斷定的事。當我們意指某物具有價值的時候，可能會談到價值判斷的指標；存在於「價值客體」中所表現出來的曖昧情形，便因此而為之避免。這種價值客體，所意指者可能與價值相符合，或在「價值主體」的表現中，所意指的可能是這一有興趣的行動者。因此，稱和平具有價值，或說和平即是價值判斷的指標，「和平就是善」。

　　實驗主義者在價值理論上的主張，重視慾望的實現或滿足。凡是一個慾望獲得了滿足之後，主體便感覺快樂，所以在討論價值的時候，確實兼有快樂主義的若干特性。理性主義者及唯心論者，假設理性能認知永恆的價值，多致力於實體概念與道德的、宗教的終極價值的追求，最關心的是「精神生活」的維持。經驗主義者所主張的概念，認為「事實」最有意義，在思想與判斷中所涉及的價值，乃是所經驗到的獨立事實。認為情感的滿足和感覺占有相同的地位。價值為興趣及快樂所構成的，享受快樂和評估價值，事實上是同一件事。實驗主義者所謂價值，質言之，就是指我們生活中的慾望；慾望得到滿足，就是價值的完成。所以他們反對永恆的價值，反對和生活隔離而行為不能得到的價值。

　　總之，關於價值本質的討論，各派意見紛紜，不容易獲得一致的見解。根據上述所論，概要可分為三種不同的論點：一是柏拉圖主義、理性主義、理想主義、精神主義、人文主義、唯心論、觀念論及經院哲學等學派，都承認價值有永恆的本質、不變的性質，是人生最高的理想或目的。其二，如快樂主義、功利主義、經驗主義、意志主義、實驗主義、新實在主義等派別，則承認價值就是快樂的獲得、欲望的滿足，及目的的實現，認為價值沒有永恆的本質，不能離開我們的生活而獨立。卡爾（Joseph A. Kahl）在討論價值的時候，曾對傳統的觀點和現代的觀點加以比較，而稱傳統性的價值具有強迫性的力量，神聖而不可侵犯的，而且由於它沒有時

間性而更爲穩定。傳統社會的人，承認他自己一定受命定論的支配，接受世界上既存的一切，尊量各種權威，而將自己埋沒在群體中。現代的價值則有合理性和世俗性。允許選擇和試驗，推崇效率和變遷，強調個人的責任。卡爾的現代價值觀點，和經驗主義及實驗主義的論點大致相似，而和杜威的價值理論雷同的地方也多。其三爲形式主義的價值論，此派和快樂主義者持相論相反，主張價值只存在於意志之中，所以和意志主義說有相似之處。但是它和意志主義也有不同的地方，就是形式主義認爲只有合理的，和自己一致的意志態度才有眞正的價值，而不是一切欲望都有實現的價值。凡義之所在，努力以赴，爲其所宜爲，行其所當行，就是價值完成的活動。

　　上述三派價值論的觀點各有所偏，所持價值的衡量標準也各執一端。柏拉圖主義等以眞、善、美等永恆理想爲獨有的價值；快樂主義及實驗主意等以情感上的快樂，及欲望的實現爲獨有的價值；而形式說者只求之於合理的意志。確實地說，價值既有高低大小之分，就不是一種，而是多樣的。所以我們有崇高的理想目標，也有低級的物質慾望；有時要求情感上的滿足，有時也要求義務的實踐而去做事。又價值的根源就是人類的生活，不能離開生活而獨立。人類有物質生活，所以有若干生理的及物質的慾望以求滿足；我們有社會生活，所以有若干群體的共同目標以求達成；人類有精神生活，所以有若干高尚的理想及精神上的欲望以求獲致。在精神生活中包括理性、情感及意志三種生活，理性生活以求眞，情感生活除了求快樂的滿足，尙可昇華以從事美的追求。由此可知，價值的內容應兼包理想、幸福、欲望、快樂、義務及眞、善、美多種因素，融合而成而構成價值的體系。

二、價值的分類

　　有關價值的分類，學者們的論點也各不相同，茲依據前人的主張，略述於下：

㈠內在價值與外在價值

　　所謂「內在價值」（Intrinsic Values），又稱爲本質價值，乃是依據事

物本身內在的性質而評斷它的價值，如美麗、知識、友誼、品行等都叫做內在價值。內在價值又稱爲「自主價值」（Autonomous Values），這種價值判斷，本於內心的明察，不受外力的限制，它的價值標準又可分爲絕對的和相對的兩種。所謂「絕對標準」，乃指它的評價標準，不受時間的限制，都會爲人所共同承認，或由內心明察所產生，變成不必爭辯的眞理或實在。外在的價值（Extrinsic Values），又稱爲「外緣價值」或「工具價值」（Instrumental Values），如我們以筆寫字、以刀割物、憑桌讀書、以錢購物等，都是工具價值的實例。

㈡永恆價值與短暫價值

所謂永恆價值（Permanent Values），就是始終不變的價值，如哲學、科學上的眞理，藝術上的美，道德上的善，及宗教上的聖皆是。另有若干價值，它本身具有暫時性的性質，稱作「暫時價值」（Transient Values），如健康、娛樂、財富等就是。

㈢普遍價值與特殊價值

普遍價值（Universal Values）又稱爲「通用價值」（General Values），一種價值如果爲一切人所據有，或含有普遍的功用者，稱爲普遍價值，在性質上和永恆價值相同。一種價值如果爲一個人所獨占，或含有個別的重要性者，叫做「特殊價值」（Special Values）或「獨占價值」（Exclusive Values）。

㈣高級價值與低級價值

所有的價值可區分爲高級和低級兩種。但兩者之間的重要性不易區分。如果從不同的觀點來看，有時前者的重要性反而較後者爲低。如健康、實物是低級價值（Lower Values）；眞、善、美、聖爲高級價值（Higher Values），但是良好的健康品質比知識眞理重要，實物營養也比理想追求來得重要。

此外，艾華樂德（W. G. Everett）曾將價值細分爲下列八類：

1. 經濟的價值（Economic Values）；
2. 身體的價值（Bodily Values）；
3. 娛樂的價值（Values of Recreation）；

4. 社團的價值（Values of Association）；

5. 品格的價值（Character Values）；

6. 審美的價值（Aesthetic Values）；

7. 理智的價值（Intellectual Values）；

8. 宗教的價值（Religious Values）。

　　又布立邁在其所著《宗教哲學》中，對各種價值提出更爲詳盡的分類如下：

㈠純工具的價值（Purely Instrumental Values）

1. 自然的價值（Natural Values）：包括一切自然的力量而言。

2. 經濟的價值（Economic Values）：包括一切物質事物、歷程（力量）、人力或服務等。

㈡較低的本質價值（Lower Intrinsic Values）

1. 身體的價值（Bodily Values）：包括健康、良好的情緒、生活的喜悅及運動的成就等。

2. 娛樂的價值（Recreational Values）：包括自由活動、幽默及遊戲中所得到的滿足。

3. 工作的價值（Work Values）：指由工作中獲得喜悅而言。

㈢較高的本質價值（Higher Intrinsic Values）

1. 社會的價值（Social Values）：指在社會上所經驗的一切價值而言，特指由群力、合作及分享的意識中所經驗到的特殊價值。

2. 品格的價值（Character Values）：指在意識選擇方面何者爲對，何者最好，以及善意經驗的滿足等。但不包括道德的成分，因道德生活不只是善意的，且是意志對整個價值的組合。

3. 審美的價值（Aesthetic Values）：指審美的滿足價值，不僅包括美的價值，且含莊嚴、悲慘、戲謔的程度在內。

4. 理智的價值（Intellectual Values）：指愛眞理及尋求眞理的經驗而言。

5. 宗教的價值（Religious Values）：指人類對價值經驗的體驗時，而依賴於超越人力的一種態度，包括虔誠的情緒及崇拜的行爲。

　　有關價值的分類，綜合上述各說，可略分爲兩類：一爲「規範的價

值」（Normative Values），凡是真、善、美、聖等高尚理想皆屬之。這類
價值，就它固有的本質來說，可稱之為內在價值或本質價值；從它具有永
恆不變的本質上說，可稱作永恆價值；從它是一切人所追求的共同目標
上說，則叫做普通價值；從它的崇高莊嚴而為人類普遍的理想上說，可
叫做高級價值；就其自為目的，不是為外在的因素而行來說，可稱為非
工具的價值。如此看來，這些價值也就是艾華樂德等人所說的社會價值、
品格價值、審美價值、理智價值及宗教價值。二是「特殊價值」（Special
Values），就它在某地而達成某一外在的目的說，可叫做外在價值，如能
使當前社會繁榮的經濟政策，使社會安定的政治體制等是；又如以筆寫
字、以藥治病、以錢購物等，以發揮事物的工具效用，可稱為工具價值；
如果從價值的效力及時間的短暫，不能成為我們所永久擁有者，可叫做暫
時價值，如健康、娛樂、財富等即是；又因為這些價值多是自然的、生理
的、物質的，和崇高的理想不同，又可叫做低級的價值。如艾華樂德及布
立邁所謂的經濟價值、身體價值、娛樂價值、自然價值及工作價值等都
是。

第四節 價值論與教育價值

一、價值論與教育

在探討教育的價值判斷方面，可從價值論方面著手。教育促進人類的
知識，因為人類生活在不斷地經由運用理智和經驗，對於環境有所習熟，
而稍微了解環境的性質，曉得在什麼情形之下，就會有什麼事情出現。此
種知識是有規律性的，可以預測將來的。這就成為教育的雛形。它對人生
具重大的價值。我們活動中過著物質的生活，物質資料取之於自然，對自
然現象的變化及其利用，總要有所了解，就發生了一類關於自然的學問。
我們又過著社會的生活，人與人的關係有種種方式，對於種種社會現象的
變化，亦要有所了解，才能順利適應，因而發生了一類關於社會的學問。
知識即權力，我們對自然與社會有所認識，即有力量以控制自然，協調社

會。杜威以爲知識不過是人類適應環境的工具。故知識具有工具的價值，知識要從屬於人生才能表現出價值。

但是人類也有好奇心，常要追問何故，當人類的智慧活動發展到相當程度的時候，理智的運用也須暫時離開人生功利的觀點，才能得到眞實的結果，純理的研究，不先問目的，而先求本性，不先問有什麼用處，而先問它到底是怎樣的。如在未有結果之前，便爲用所蔽，我們就有成見，而缺乏純眞的態度。因此理智本身有絕對的價值，並非全如實用主義者所想：「要有用才算是眞。」眞是本有價值、內在價值，本性如此，不必論當前有無用處，即使當前無用，也不失其眞。這種看法，是爲學問而學問，爲眞理求眞理的態度。世上不少學者，以知識爲有最高價值，認爲眞理的追求是絕對的。

這樣看來，知識的價值也表現了價值論上本有價值與工具價值的劃分，這是與知識的好奇起因與實用起因情形相應的。其實，知識之具有價值，是因爲確具本有的與工具的兩方面。我們直接具有知識的滿足愉快，此時的知識爲本有的內在的價值，它就是目的，我們不爲其他目的而去追求知識。但是，我們由知識而了解宇宙、洞察人生、解決問題。人們憑著運用知識，以解決生活上的困難，並提高生活的素質，則知識自然而然地具有工具的外在的價值。

人類知識的提升有賴教育，教育因而對人類生活貢獻甚大，今日文明進步，幾乎大部分是教育所賜，因此教育在推展文明進步，偏於工具價值；而以教育探究人生的全體，更具著本有價值。

在教育的歷程中，各種價值相互交織。在教學的行爲中所蘊含的價值，就是教師所希望達成的目標，這些價值會產生很有影響的結果。一般說來，一旦教師有所選擇，他們一定認爲是最重要的價值。反之，如果產生了不是他們所預期的結果，或是不重要的價值，教師將認爲是自己的努力不夠。教師在指導學生時，也應該考慮學校所應當培養的個人類型，這種類型至少包括若干共同的性質及能力。這一種模式就建立在一種價值體系上的基礎之上。當教師了解教學的歷程，就是引導學生從這一個情境到另一個情境的時候，他們所設計的結果，乃是基於他所視爲有價值的

情境之上。因此，關於教育目的的一切說明，就是表達各種不同的教育價值觀。

　　價值除了與目的有關之外，並和手段關係密切，各種價值也包含在實現選擇目的時所採取的手段之中。教師之對教材、教法、教室管理及評鑑方法的選擇，都含有重要的價值成分。手段的抉擇，有時需要權衡制宜，而所謂權宜，便是指對某些價值的偏愛而言。如果認為這種權宜並不是重要的價值，而認為目的之本身更有價值，則目的和手段之間，應該有較大的一致性，及應該選擇優於權宜的價值。在倫理學中的法則，包括著若干價值的說明，這些價值的說明，是規定行為和賦予義務的，屬於教育價值的範圍。教育政策和價值也會發生關係。政策的制訂，使學校教育有效地達成目標。教育價值雖有多種，但重要者除了理智價值之外，尚有道德價值和審美價值。

　　教育哲學家之所以要研究教育價值，自有他們的目的。美國教育哲學家布魯伯徹（John S. Brubacher）論教育價值時說：「在承認各種教育價值的存在，以及對在各種價值予以判斷之後，接下來的便是要建立一套價值體系，提供給教育家們，用以作為標準，以評估教育的實務和政策。」簡要地說，價值在教育上的功用很多，除指導教育目的，批評課程及教材，評估教學方法，衡量教育制度，評價訓導方式外，更重要的，是教師賴以指導學生的學習觀念及行為發展的準則。

二、教育的價值

　　教育價值，顧名思義，是在探索教育上有關價值活動的涵義、性質、類型及級次。哲學上價值理論的原理，可以作為教育價值的根本規準。

㈠教育價值的邏輯特性

　　教育價值，與一般價值論的分析一樣，仍可依其內在與外在、工具性與非工具性、實利與非實利，或普遍與特殊等明顯的性質類型來分析。因各類型間的差別是非常清楚而明顯的，所以，稱為教育價值類型的邏輯特性。

1. 內在的與外在的教育價值

一件教育活動，如「自為完成」的，亦即「自為目的」（end-in-itself），就是為教育而教育的活動，我們稱其為具有內在的教育價值；反之，如果為了教育活動本身以外的動機或目的而活動，這是追求教育的外在價值。當然外在價值，有時可並存或交互相續，只要其價值合於教育規準就可；不然就是反教育價值了。

2. 工具性的與非工具性的教育價值

非工具性的教育價值，就是為教育而教育，教育活動不是為了任何外在因素或價值才實行的，而是自為目的，可以說是一種內在的教育目的；至於工具性的教育價值，就是一種外在價值，教育是為了教育以外的一種或數種價值或目的而行，本身不是自為完成的，只有工具性的價值。

3. 實利的與非實利的教育價值

非實利的教育價值，就是為求知而求知，為藝術而藝術，為教育而教育的活動。一切教育活動是自為完成，「自為目的」的，顯然這是一種非工具性或內在的教育價值；相反地，實利的教育價值，就是為了某種人生的實際利益，而藉教育作為工具，來達到此目的的。無疑地，這種世俗的或功利的教育價值觀，是一種工具性的或外在的價值。

4. 普遍的與特殊的教育價值

就時間的長短、空間的大小、人數的多寡等因素衡量，如某種教育活動，其追求的價值，適用的時間愈長，空間愈大，人數愈多，則愈有普遍性的教育價值；反之，則愈為一種特殊的教育價值。假使有某種教育活動，其價值意蘊完全不受上述三個因素的制約，則必有絕對普遍的教育價值。通常教育上內在的、非工具性與非實利的價值，較屬於教育之本有的、絕對的，或普遍的價值；反之，則為教育之從屬的、相對的或特殊的價值，只有其特殊的或有限的適用時空與個人或人群。

總之，從純哲學的分析，或較合理的思辨，我們可以窺知上述教育價值基本特性的差別，當然這種對立的價值在實際教育活動中，仍是可以並存或互為相續的。

㈡教育價值的級次

根據上述哲學的分析，內在的、非工具性的、非實利性的及普遍性等類型的教育價值，應比外在性、工具性、實利性及特殊性等教育價值，來得較屬於教育之所以爲教育所不可缺的價值，或較高層次的價值；而前者也較不受時空人事等因素的左右，所以，較有超時空的適用性。例如說，爲辦教育而教育，總比爲辦學店而教育來得有普遍的適用性，與較高的價值；爲科學而科學，與爲藝術而藝術，總比爲戰爭而研究科學，與爲市場價值（格）而教畫作畫，來得適切。具體而言，教育設施在在關聯著施教者所持的評價態度與價值立場，重視內在本有價值者：

1. 教育重在發展受教育者的理性與意志，庶幾無愧於人之爲理性動物。
2. 課程偏重人文學科，暨三R：因爲前者是人類長時期智慧的結晶，後者是密切關於人生的基本能力。
3. 教學側重了解、記憶、背誦、討論、比較。
4. 注重道德訓練，品格陶冶。
5. 聘請教師重視人品。

然而，重視外在工具價值者，則：

1. 重視經驗，並鼓勵受教者合群合作，俾受教者在社會中生存順適。
2. 課程側重生活實用以及社會功能。
3. 教學注意設計問題，指導受教者予以批判剖析，以獲解決。
4. 道德行爲在實際情境中培訓之。
5. 聘請教師重視教學能力。

再從社會學，及文化人類學的觀點來看，則種種社會和文化的價值，都很重要，同樣爲健全的社會或文化之發展所不可缺。不過，如從實用主義之功利觀點來看，則「有效用者爲眞」（What works is true）。實用的科技比純理論的研究較有價值；而一般科技比人文藝術宗教等來得有人生實用的價值。如杜威及斯賓塞皆有此論調。

斯賓塞於其教育名著《教育論》之篇首論及「什麼知識最有價值？」他認爲知識的價值大致有下列層級之別：

1. 直接保己；

2. 間接保己；

3. 長育後嗣；

4. 公民責任；

5. 閒暇樂趣。

　　上列五種活動，其價值的高低，依其先後次序有個層級的結構（hierarchical structure），愈前者愈有價值；愈後者愈沒價值。是以，課程的編輯，如根據這個價值層級的結構，最有價值的教育活動，當然是人生健康與醫學有關的科學，其次才是與農工生產有關的各類科學；再其次爲有關生育、養育、教育後代之知識；接著是政治及社會活動有關的公民責任的知識與修養；最後才是有關閒暇樂趣的活動。總之，依斯氏之意，最有價值者當然是實用的科技，至於休閒娛樂有關之藝術活動，與謀生並無多大關係；所以教育價值的重點在前者，而不是在後者，即使美藝的教育，也應儘量以科學的方法來進行，才有教育價值。

　　不過，我們如從較綜合的教育學的觀點來看，上種五種價值活動，都是人生社會和文化活動所不可缺的，而應依社會和文化背景之差異，作倚重倚輕之調適，不能偏廢其中任何一項。

　　從教育價值論的角度來看，文化的繼承延續、保存適應與創新發展，都同樣重要，偏廢哪一端，就會導致不健全的價值判斷的後果。

　　最後，如從發展的觀點來看，教育價值的層級與哲學的邏輯次序有點不同。客觀的價值結構是一回事，能適應身心發展，作最大教育上的調適又是一回事。有價值沒價值，多少要考慮學生身心發展的適應問題，這與前述考慮社會和文化的適應一樣，同屬經驗因素的倚重倚輕的考慮。

　　總之，從教育哲學整合的價值規準來看，教育價值可以多元並存，並可作實際社會和文化，以及身心因素的調適，絕不可因上述經驗因素的介入，而完全背離價值判斷的原則。

第五節　綜述與評論

從前述各節了解了價值論和教育價值之後，我們可以得知教育具有多方面的價值，在個人方面講，教育是充實生活必需的知能和品德，並使天賦的才智獲得充分的發展，以謀自我的實現；在社會方面講，教育是陶冶未成熟的兒童和青年，使他們能成為社會的有用分子，並使他們能合作樂群，為改進社會而努力；在文化方面講，教育是在傳遞或傳播人類的經驗或文化，由上一代給下一代，或由一個地區到另一個地區，同時在傳遞或傳播中，經驗即因而改造，文化也由是而更新發揚。進一步說，現代教育的影響不僅限於接受教育的個人，及其生存的社會和文化，而且廣及於政治、經濟，乃至於國家民族、全世界人類。在政治方面講，教育是形成民主政治的一種條件，民主政治意識的滋長，和政治領導人才的培養，有賴教育的作用來完成；在經濟方面講，教育是適應經濟結構，促成經濟發展的必要條件；在國家民族方面講，教育是促進國家建設和延續民族生命的主要手段；在全世界人類方面講，教育是乃善全人類生活和促進世界和平的重要工具。

一、教育對個人的價值

㈠發展個人的潛能

良好的教育培養與訓練，能使人類天賦的普通能量，發展為特殊才能，以增進其適應環境和圖謀生存所必需的知能。現代社會的生活日益複雜，人類生存與生活所必要的知能益趨專門化，個人唯有接受專門的教育訓練，才能習得現代化社會生活所必備的知能。

㈡促進自我實現

人類獨特的優越之處，在於其有價值觀念，肯於追求理想價值的意志，期能達到自我實現。從教育的觀點而言，個人生而具有身體上、精神上各種發展的可能性，教育者為使這些可能性得到充分的發展，不但須發現受教者最大的可能是什麼，並且應採取最好的方法與供給最佳的情境，

引導其由「生物我」的自覺，滿足其個體生存的需要，提升至「社會我」的自治，滿足其社會生活的需要，終而止於「理想我」的完成，實現其理想生活的境界。因此，在自我追尋其理想實現的過程中，教育具有陶冶其情感、鍛鍊其意志、培養其理想的價值，使其在自律與自由中，促其潛能發展至最大的限度，以達到個人最高的造詣，完成最具創發性的成就。

二、教育對社會的價值

㈠指導社會變遷，促進社會進步

基於社會演化的律則，人類社會隨時在改變，社會結構不斷在變動，但這並不意味著社會就是進步；社會變遷必須導向人類幸福的途徑，才是進步。因此社會變遷需要指導，而教育正式指導社會變遷的方法。尤其是指導青少年適應社會生活方面，為使青年學生及國民順應社會變遷，運用教育的力量，以適應社會新結構與新文化，是教育重要的社會價值。

㈡維持社會化，增進社會流動

教育的外在價值，可以培育群性以期社會化。但現代學校教育的功用，並不止於此，還廣及人力的分配，促進「社會流動」，以適應社會結構的需要。在現在社會中，各階層之間的流動現象，日益頻繁，教育的成敗往往為個人向上或向下流動的決定因素；個人在教育過程中的表現及成就，即為決定個人未來在社會中擔任工作的角色。因此，教育除維持傳統教育的作用，促進受教者的社會化之外，還能達到社會人力的調整，因而教育具有促進「現代化」的價值。

三、教育對文化的價值

㈠傳遞或傳播文化

文化是人類維持生活和提高生活的成果，它經由歷代教育相傳，才能發揚光大，推動文化進步。因為教育是有計畫的文化使者，在傳遞過程中可以作選擇和增損，以適應變動社會與生活之需要。

㈡選擇並運用文化

文化遺產的傳遞與保存，應本去蕪存菁的原則，才能嘉惠下一代，

此者須賴文化的選擇與運用。就文化選擇而言，教育本身就是一種選擇作用。教育藉教材的編輯與選擇，擷取人類文化的菁華，提供適應生活環境的有效方法；並且利用有計畫的活動，將所選擇的知識、技能、習慣、態度與理想傳授學生，以為滿足生活的工具。就文化的運用而言，利用固有的文化型態，以解決新文化環境中的問題，稱之為適應；在舊有的文化型態中，運用聰明才智力求更新，並行之於新文化環境，為之創造。

㈢發揚並創造文化

　　教育雖是整個文化結構的一部分，確是整個文化過程的一種主要動力。文化本身有其綿延性和擴張性，後者乃以前者為基礎，其中須賴教育的作用，在文化傳遞的根基上發揚光大，在文化陶冶中創造更多新文化。據此而觀，教育利用固有的文化經驗，陶冶個人的心靈，啟發創造的智慧，促其在文化的更新上有建設性的成就，提倡有助社會進步的新觀念、新學說，發現有益人類幸福的新技術、新發明。

四、教育對政治的價值

㈠培養政治領導人才

　　政治是教育的延續，教育是政治的基礎，學校是培養政治領導人才的主要機構，學校教育中的社團活動，公民生活教育與訓練，都是培養政治領導人才的方略。世界各國培養政治領導人才的方法，雖各有不同，但經由學校教育為主要方式則一致。

㈡培養民主政治的意識形態

　　現代政治發展以實行民主政治為理想，而民主政治的推行，須以適當的經濟發展、合宜的社會結構、適度的教育水準與充分的領導才能等必要條件相陪襯，其中適度的教育水準，著重民主政治的意識形態之養成，則學校教育在培育民主理念，及訓練使用民權的基本能力，有其重要的工具價值。

五、教育對經濟的價值

㈠促成人力資源的發展

　　現代的社會是個教育性的社會，在此社會中，教育是一種培養人才的投資，社會發展邁向現代化過程中所需的能力，須透過適當的教育來培養，在一個經濟高度開發的現代化國家，其教育制度的型態，必與經濟的職業結構相配合，由各級各類的技術學校，來造就各種職業結構所需的人力。因此，教育具有開發人力資源、促進社會現代化的重要價值。

㈡促成經濟發展的起飛

　　現代的國家視經濟發展為建國的支柱之一，促進經濟成長與工業起飛是現代國家建設重要的一環，此者有賴教育程度不斷的提高，才能促進經濟發展邁向現代化的階段。基此，教育具有兩種調適的職能：1.教育應使一般國民的知識水準，提高到工業起飛的程度，並使其具有社會經濟所要求的技能；2.人才的培訓與技藝的訓練，要根據社會文化環境與經濟發展情勢的需要，作適度的計畫，使教育人力的發展與經濟的人力運用需求，保持平衡狀態。

六、教育對國家民族的價值

㈠維護國家獨立，促進國家建設

　　教育是立國建國所必需，就對外而言，為建立一個獨立自由的國家，謀求國際地位的平等，必須依靠民族精神教育，結合愛國心來鞏固民族的精神國防，以抵抗外來的侵略；就對內而言，為建設一個民治、民享的國家，謀求政治地位與社會經濟地位的平等，必須依靠民權法治精神與民生科學教育，訓練國民自治力與創造力，以建設民主法治的均富國家。

㈡促進民主繁昌，延續民族生命

　　復興民族，建設國家是教育的重大價值。我們要謀民族的生存、昌達，教育是一種主要的力量。中外教育史上，以教育達成復興民族、振興國家的實例甚多，其中以德國費希德的十四篇《告德意志國民書》，喚起民族魂，促成民族團結，以此來復興德國為著稱。

七、教育對世界人類的價值

㈠促進世界和平

今日的世界，是一個國際風雲遽變的強權世界，其政治危機，給予人類心理上莫大的威脅。儘管世界上國家在政治、經濟、軍事、科學技術等各方面，做了許多和平的努力，但現代世界的時代危機，政治風雲動盪不安的情勢，似未減除，對世界永久和平的助益不大。最澈底有效的促進世界和平之道，在於以教育來改造人心，發展人類的創造慾，遏制人類的占有慾，才能消除起因於滿足權力慾而引起的國際紛爭，也由此才能確保世界和平。現在世界各國教育，對於「國際的了解與容忍」這種態度的培養，都有一種積極的看法承認它對世界和平的價值。近年來國際間的教育會議，常以有關「促進東西方文化交流與增進國際間的了解與合作」為主題，其最大用意在於促進各民族間文化意識的溝通，去除不必要的偏見，增強對正義、法治、人權及基本自由的尊重，以期對促進世界有所貢獻。英國當代的大哲學家兼大教育思想家羅素，對「現代世界與和平教育」的努力，不宜餘力，他提倡「現代世界公民的教育」，旨在以教育的力量，達成促進世界和平的目的。這種教育的基本觀點，強調「培養推己及人、替人著想、同情心、信賴、和睦、夥伴精神（partnership）、合作、妥協、容忍、公平競爭、正義感等性格、態度的『新型的人』，帶著文化的責任感，各就其經濟、政治、教育的崗位上，發展科學技術，從事社會改造，促進『民有』、『民治』、『民享』的社會，並透過國際的了解、容忍、合作、博愛，為建立大同的世界而努力」。

㈡增進人類幸福

人類達到幸福的途徑當中，教育為最根本的途徑，因為經由教育力量，傳播知識，造成動力思想，引發動力行動，形成文化進步的結果，才達幸福的境界。由此而觀，教育是達成人類幸福的工具。但是近百年來人類文化的進步，由於科學上新發明的賜予，人類生活享受雖大大提高了，卻未真正增進人類的幸福。因為工業技術文明的突飛猛進，使國家間的關係之接觸面，亦隨著擴大，因而舊有的政治理論及社會制度，不能繼續適

應這個世界的新變遷。為此,當代教育的發展,為適應變遷的世界,給人類帶來「現代化」的幸福,應加強人類智慧的增進與啟通、意志的恢廓與砥礪、性情的陶冶與培育,藉以縮短社會變遷與心理適應的差距,並導其七情六慾於正途,使其由「現象世界」邁向「實體世界」,解除現代化社會帶給現代人「寂寥、懊喪、恐懼、失落、虛無、煩悶、憂愁、焦慮……」的存在感受,享受「清新、歡欣、愉快、美滿、充實、滿意、成功、快樂……」的幸福人生,這是教育對全體人類的重大價值。

問題與討論

一、價值論和本質論、目的說有何關係?

二、價值論有各種學說派別,你覺得哪一學派最符合你的觀點?並予以說明原因。

三、價值有各式各樣的分類,教育屬於哪一種價值?

四、如何才能構成教育的價值?

五、你認為教育的價值有哪些?

Part 3

教育的知識向度

前　言

　　在哲學中研究知識的本質、來源和功效的學問稱為知識論（Epistemology或Theory of Knowledge），它探討「真理是什麼？」和「我們如何認知？」等方面。由於知識論處理諸如「知識的可靠性」和「各種探尋真理方法之正確性」等問題，所以它和形上學一樣，在教育歷程中居於相當核心的地位。知識論要探究的問題，主要的有下列幾個層面：

一、宇宙的根本實體可以被認知嗎？亦即形上學的本體論中，不論本體是什麼，人類的知識能夠認識、明瞭到本體嗎？這是個邏輯上的問題，由它開始了知識論的探討，因為這個問題顯示了知識論和形上學間的密切關聯。站在極端的懷疑論（Skepticism）立場，聲稱人類的知識是不可能獲得對本體有所認識的，對真理的追尋注定是枉然的。這種想法由希臘詭辯學者高爾吉亞最早表達出來，他主張沒有任何東西存在，即使有，我們也無法認知它。這種極端的懷疑論使得一切理智的和一致的行為都變得不可能。廣義的懷疑論，經常對任何假設或結論加以問難，直到它們可以依從於嚴格的檢驗。與懷疑論密切相關的是「不可知論」（Agnosticism），它對於不知（ignorance），特別是有無實體存在或上帝存在與否的問題，認為係超越了人類現有的知識，而不是對任何證據確鑿的知識都做斷然的否定。

　　除了極端懷疑論者和不可知論者之外，大多數的人都聲稱實體可以被認知，然而一旦他們採取了這個立場，那麼他們就必須討論實體是透過什麼來源而被認知，也必須知道如何去檢證知識。

二、真理是相對的或絕對的？意即所有的真理都會因環境改變而改變嗎？可不可能今日為真，到了明日就變假了呢？對上述問題的答覆若為「是」，那麼真理是相對的。答覆為「否」的人，則認為真理是指那種終極與普遍真實的真理，不受時空的影響，真理是絕對的。

三、知識是主觀的還是客觀的？首先，有些人認為知識是由外界而嵌入我們心靈和神經系統的事物。其次，有些人確信我們在與世界交涉時，

我們自己加進了一些東西，所以我們必須爲知識的結構擔負部分的責任。第三種觀點認爲，我們是以「純主體」而認知，它是眞理的製造者，而非上述的領受者或參與者。不同的哲學派別對於眞理和知識的客觀性或主觀性問題都會採取上述的一種或兩種觀點。

四、有獨立於人類經驗的眞理嗎？這個問題對知識論來講是基本的，探討知識究竟是「先驗的」（*a priori*）還是「經驗的」（*a posteriori*）？所謂先驗的，是如某些思想家所聲稱的，由實體所構築而成的眞理，它獨立於人類認知之外，而且無論人類是否認知或接受它，它都是眞實存在的。這類的眞理被說成是先於人類的經驗而存在，並獨立於人類的知曉之外。先驗知識的一個例子是圓的圓周與直徑間的比率（圓周率 π），這種關係是圓的本質之一，是先於人類經驗的；從另一方面講，一個圓與另一個圓就不存在這種關係。一個圓可以大於另一個圓，兩者可以在相同或不同的平面，或是同屬於一個圓心。我們所獲知有關這兩個圓關係的知識，必須有人類的感官經驗來驗證。一切涉及到這兩圓的關係所得到的知識都是經驗的——它是由於人類的經驗，並依賴於人類的知曉與否。傳統哲學擁護先驗知識的優先性，他們宣稱這是因爲先驗知識被認爲代表了永固和不變的世界，這個世界沒有受到人類認知的汙染。現代哲學則倒轉了這個次序，而宣稱經驗知識的優先性，事實上，它們之中有些還否認有所謂的先驗知識。

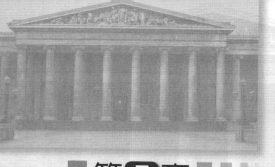

黃坤錦

第八章

心靈問題與教育

第一節　心靈問題的重要與發展

　　心靈問題一向為教育的根本問題，這是哲學家與教育家都彼此承認的。心靈問題為何是教育的根本問題？只要從認識論的觀點來探討，便能知道其關係。首先，因為知識的形成，有兩個最主要的條件：一個是能知的主體，一個是被知的對象或稱客體。被知的對象，乃是客觀世界的事物。所謂能知的主體，即是心；必須有能認知的心靈，人才能思維和識別，才能得到知識。不然，便沒有獲得知識的可能。所謂教育的歷程，就是指受教育者的學習歷程；而學習的歷程又與心靈問題息息相關，因此，心靈問題遂成為教育的根本問題。其次，要明白學習的歷程，必須先了解心靈的本質為何。荀子言：「心者，形之君也，而神明之主也。出令而無所受令；自禁也，自使也，自奪也，自取也，自行也，自止也。故口可劫而使墨（同默）云，形可劫而使詘申，心不可劫而使易意，是之則受，非之則辭。故曰心容其擇也，無禁必自見，其物也雜博，其精之至也不貳。」荀子以心為人身之主宰，發號施令，指揮五官百體，出令而無所受令，其然否拒納，皆屬自動而不可劫之使更易，故〈解蔽篇〉說：「人何以知道？曰：『心』。」然而荀子以心為認知的主體，只說明心的作用，並沒有涉及心的本質。心到底是什麼？必須先解答這個問題，否則學習歷程的性質便很不容易明瞭。也許有人認為心的研究，屬於心理學的職能，科學的心理學現已脫離哲學而獨立，心的問題，自宜由科學的心理學用實證的方法去解決，而不應在此時仍納入哲學的範圍。這種見解，雖然不錯，但我們在討論教育哲學時，仍不得不涉及一些心靈哲學的理論，實有其不得已的原因。這些原因包括：1.科學心理學創立，不過是近百年的事，在此之前，關於心靈問題的研究，一向是哲學的領域，所用的方法也是哲學的方法；2.科學的心理學雖已成立，並且也有不少的成就，但對於心的問題所得的知識，凌亂無緒，心的根本性質如何，尚沒有滿意的解答。因此，教育的研究，由於需要的迫切，在科學的心理學未能滿意地解答心是什麼以前，不得不依據哲學上各種心靈的學說，來綜合心理學所得

的零亂知識，而得一假定的臆說，以爲教育理論與實施的指引。

　　西洋哲學史上最早討論的心靈學說是心靈實體說。此派學說認爲人在身體之外，還有一個靈魂；靈魂是無形的，存在於身體之內，卻爲身體的主宰，人一切的心理作用，如知情意等，都是靈魂的作用。靈魂固然可以影響身體，但它本身卻是一種實體（substance），是精神的。這種視心靈爲實體的見解，一直在心靈哲學方面居於支配的地位，並且對於教育的理論與實施，不論是形式上或實質上，都有重大的影響。後來由於這種幕後主宰的心靈作用，在理論上發生許多困難，於是遂發生另一種對於心靈的新見解。這種見解認爲心靈並非一個實體，不過是心理作用的集合名詞。依照這種見解，心靈即等於心理狀態，即等於意識，在這種綿延不斷的意識之流而外，別無所謂心的存在。持這種見解的，便是所謂心理狀態說。心理狀態說雖然排除了心靈實體的觀念，但是意識終究是主觀的，不能直接觀察；把心理作用看做意識作用，仍脫不了唯靈的色彩，仍不能使心理學的研究，植基於科學之上。因此唯物主義更進一步否認意識的存在，認爲心理作用，乃是一種腦的機能或伴隨身體程序而發生的現象；甚至更將心靈程序化約爲刺激與反應的連接，認爲心理作用可交替反應加以控制，這便是所謂行爲主義（Behaviorism）。二十世紀，科學的心理學有很大的進步；其中與教育有關的心靈學說，主要有實驗主義（Experimentalism）與完形心理學（Gestalt Psychology）。實驗主義把心視爲生物自然的系統之中，而不把心視爲超自然的存在。但實驗主義和行爲主義有其不同之處，認爲心靈作用不全爲機械反應，而是有預知或理解的能力，因此認爲有目的之行爲是心靈作用的特徵。完形學派則另創其說，特別注重全體與組織的場域完整，對心靈作用的說明，不取行爲主義派、原子論與聯合論的理論，而特別強調知覺場域、全體意義和統一觀察的論點，有其自創一格的學理。

第二節 心靈學說的派別

從心靈學說的重要與發展，可知與教育理論及實施有密切關係的學說，有下述幾派：一、心靈實體說，二、心理狀態說，三、唯物主義的心靈論，四、實驗主義的心靈論，五、完形派的心靈論。茲分述於下：

一、心靈實體說（Theory of Soul Substance）

此說對心靈的觀點，認為人在身體之外，還有一個靈魂。靈魂是一個非物質的實體，是一切生命、思想與動力的來源，可以影響並支配身體，可謂唯靈論的代表。這種視心靈為實體的見解，可以古希臘哲學家柏拉圖為代表。柏拉圖以靈魂為一非物質或存在，身體有若拘囚靈魂的牢獄，靈魂的本性，存在於永恆的觀念世界中，為生活與知識的源泉、運動的動力。靈魂賦有內在的神靈本質，能直接窺見觀念及崇高價值的世界。柏氏之後，亞里斯多德亦主張心靈實體之說，認為靈魂乃身體的真正形式，為其實在性與完全；靈魂之於身體，猶視覺之於目，關係密切不可分。不僅如此，亞氏又以靈魂為一種生力原理，為運動與生長的源泉、思想與理性之所本。同時亞氏為目的論者，主張靈魂為身體的目的與完全，身體為目的而存在，在目的中求實現，乃中世紀經院哲學靈魂不滅與身心二元論之所本。這種以心靈為實體的見解，一直到近代末期，仍盛行不衰。近代理性主義大師笛卡兒（René Descartes, 1596-1650）分心靈與物質為兩種截然不同的本體；物質的屬性（attribute）為延展（extension），心靈的屬性為思想（thinking）；心靈為唯一、單純不可分的本體，動而非靜，有目的，但無空間性，人類欲望、感情、判斷、意志等等，皆由稱為心靈的作用。

二、心理狀態說（Theory of Mental Status）

心靈實體說經常引起理論上的困難，因為在意識的各種作用之背後，還假定了一個心靈實體的存在。要免除這種困難的辦法，最簡捷的辦法，

便是丟開這種實體，即以這些意識的作用即為心靈的本體。心靈並不是靈魂，乃是假定的靈魂的各種作用，乃是我們自覺的內心生活的種種狀態。這種心理狀態，發端於經驗主義者休謨（David Hume, 1711-1776）。休謨認為關於實體的假定，是無根據的。一切知識，都源於經驗，而經驗則是我們內心所有的印象（impression）。印象不能證明外界事物有各種的本質存在。同樣心靈亦非本體，只是一束許多不同的知覺（a boundle of perceptions），即經驗匯合的總體，其中印象、觀念構成一永恆不絕之流。因此，所謂心靈，其實就是一種心理狀態，只存在於這種前後相續的意識流之中，此外，別無在這些意識流之外，另有所謂實體。

心理狀態說既否定心靈是一種實體，因此主張心靈在初生時空無所有，心靈乃是由後天許多經驗依據先後次序的原理與公例所組織而形成的。這些經驗，係由感覺、反省會合成觀念（idea）而來，故觀念乃是構成心靈的原子。休謨關於經驗的匯積，尚有觀念聯合的原則（Principles of the Association of Ideas）：1.類似（Resemblance）：例如見畫形而知其原物；2.連接（Contiguity）：例如由甲而及於乙；3.因果（Cause and Effect）：例如因創傷而受苦痛。這種主張心靈成於觀念（原子）聯合的理論，稱為觀念聯合論或心靈原子論，對於教育的理論與實施，自然不同於心靈實體的主張，而其影響也大大不同。

三、唯物主義（Materalism）的心靈論

西方許多學者採唯物論，其心靈觀點與心靈實體論完全相反；唯物論堅決認為除了物質以外，無所謂心靈的存在，我們意識中的一切心理作用，其實只是物質的功能。古代唯物論者關於心靈本質的學說，就已流行，近代唯物主義的發展迅速，影響也很大。霍布斯（J. Hobbes, 1588-1679）首以「運動」解釋一切，謂萬物皆生於運動，即感覺與思想觀念，亦是我們身體之內在的各種運動。其後虎克（R. Hooke, 1635-1703）以記憶為腦髓中一切觀念之物質的儲藏；依虎克的計算，一個人在其一生所生產的觀念總數，可達兩百萬以上，並謂保證可以用顯微鏡照出腦髓中有無數小孔，足以容納這些觀念。又陶蘭（J. Toland, 1670-1721）以思想為腦

的機能，均受生理學影響的結果。十八世紀有拉美特利（La Mettrie, 1709-1751），著《機械人》（*L'homme Machine*）一書，完全用物理的原因，解釋人的思想。十九世紀若干日爾曼哲學家，或謂思想爲大腦的分泌，或以心靈爲腦的機能作用；而赫胥黎（T. H. Huxley, 1825-1895）更認爲心靈不是自然程序中獨立的因素，乃是指一些現象，伴隨神經系統中一切程轉而運行變化，如影之隨行，稱爲伴隨現象論（Epiphenomenalism），以上所述可見生物學對於唯物主義心靈論的影響，至爲密切。

二十世紀唯物主義的心靈論，發展到行爲主義，已達登峰造極的地步。行爲主義，有二項基本主張：1.在方法上以客觀的行爲作爲研究對象，而丟開心理事實的主觀方面；2.對於心靈的唯物主義的解釋，承認意識的無意義，甚至否認意識的存在。這派的理論，以俄國心理學家巴夫洛夫（Pavlov, 1849-1936）的交替反應（conditional response），和美國華德生（J. Watson, 1878-1958）的以「行爲」代替「意識」爲主要代表。

四、實驗主義（Experimentalism）的心靈論

實驗主義是實用主義（Pragmatism）的後繼，其思想淵源爲達爾文的進化論和英國的經驗主義，以杜威爲主要代表人物。實驗主義的心靈論，介於唯靈和唯物之間，一方面從生物學的考察入手，把意識看做適應環境的一種工具，其立場接近於唯物主義；另一方面則承認思想的特殊性，沒有將行爲完全視其爲機械的反射作用，而解釋爲物理化學的現象，其立場又與唯靈的觀點相近。杜威把人看做一個生物，把人的經驗看做生物應付環境的種種行動。生物從環境有所感受（undergoing），同時也有所施爲（doing），這種感受和施爲的交互關係，便構成所謂經驗。這種經驗，乃是人與其他生物之所同；但人類所需應付的環境遠較爲複雜，不能完全憑生物的感受與施爲的自然作用來應付，人類除感受與施爲而外，還須對於這種作用有所意識，還要明白施受之間的因果關係，並須根據這些因果關係對於施受的作用加以控制，然後才可以生存。人類的神經組織與心靈，乃是在這樣的生物演進歷程中，爲適應複雜的環境而發生的。杜威並將自然界的施受作用分爲三個等級：第一個是無生物級，在這個等級裡，

他以原因與結果（Cause and Effect）來表明事物的交互作用，因為因果關係只是機械的連結；第二級是有機物級，在這個等級裡，他用刺激與反應（Stimulus and Response）來表明生物與環境的關係，因為刺激與反應已經不是純因果之間的必然連結，生物本身已有少許自行決定的力量摻雜其間；第三級是心靈級，在這一級裡，人類憑藉心靈預定行為的目的，採擇適當的手段以求目的之實現，整個行為系統，乃是以預懸的目的作為組織的原則，交互作用稱為手段與效應（Means and Consequence），人類可以而且應該達到這一等級。

實驗主義一方面把心靈歸於自然的系統以內，看做是自然的演進的結果；另一方面又肯定心靈所表現的智慧，是人類行為的特殊性，不將其歸約為刺激與反應的機械連結，可說兼採唯靈與唯物觀點之長而捨其短。此外，實驗主義常以「適應的行為」來說明個體的創造性活動，這種創造的活動，即心靈所表現的智慧，故實驗主義者又稱心靈為「創造的智慧」（Creative Intelligence）。心靈既是有機體適應環境而發生，因此心靈便是自然的產物而非實體，心靈實體說學理上的困境以及身心二元論的對立，在實驗主義的觀點中自然消失。

五、完形派（Gestalt Theory）的心靈論

唯物論和行為主義摒絕主觀的意識，只側重客觀的觀察，以刺激與反應所生的動物性的行為，作為探討的材料，與之持完全相反觀點的，在二十世紀初以來，有柏林學派（Berlin School）所倡導的完形心理學（或稱格式塔心理學）。完形心理學導源於翁德（W. Wundt, 1832-1920）及其弟子寇爾白（O. Külpe,1862-1915）。寇氏講學於武茲堡大學（Univ. of Wurzburg），謂心靈與身體賦性不同，不能由身體方面之一切動作，以推測心靈的活動，因而揭櫫「無形象的思維」（Imageless Thought）的理論。心理學以個人之全部內心經驗為對象，如感覺感情等表現，乃內心意識與統覺等的外表反應，稱為寇爾白學說（Külpe Doctrine），其所用的方法是內省的，其後寇爾白弟子魏泰默（M. Wertheimer）於1912年，公布其實驗「運動之觀察」研究報告，為完形心理學理論的起源。當時參與觀察

工作的，尚有柯勒（W. Kohler）與考夫卡（K. Koffka）二人；後來三人同入柏林大學心理研究所工作，成爲此派學者的研究中心，因而被稱爲柏林學派。柯勒與考夫卡曾以猩猩做實驗發現高等動物的行爲，不僅只是盲目的嘗試錯誤（trial and errors），也不是特殊刺激與反應間的機械連結，而是在困難情境中對於全體有一洞然的了解，因而能做突然的或幡然醒悟的適應；這種行爲的要素，稱之爲「領悟」或「頓悟」（insight）。領悟或頓悟顯然不是機械的行爲，而是智慧的表現或心靈的作用，是人類高級心智的產物。

第三節　心靈學說與教育理論

從第二節得知有各種不同的心靈學說，而不同的心靈學說，會導致不同的教育理論，是必然的。因爲教育的本質、目的、方法、訓育措施等，都深受心靈的性質所決定。茲分述各派心靈學說的教育理論於下：

一、心靈實體說的教育理論

此派學說認爲心靈係實體，是無形的、非物質的、主宰知識的，在教育上其直接的影響是官能心理學（Faculty Psychology）的建立，而間接方面是形式訓練說（Formal Discipline）的盛行。按心靈實體說，心靈這個實體，因其作用的不同，具有各種不同的能力，如記憶、推理、想像、判斷等；並且這些能力，可藉訓練而增強其力量。持這種見解的心理學，稱爲官能心理學；在教育上應用這種理論，對於各種心能加以訓練，是爲形式訓練說。究竟官能心理學與建立在官能心理學的假定基礎之上的形式訓練說，在教育理論與實施上發生什麼樣的影響呢？第一是教育的目的方面，一般認爲教育在灌輸知識，照形式訓練說的見解，訓練吸收知識的官能較灌輸知識更爲重要，因爲官能如因訓練而加強了，則任何知識都易於吸收；且人生受教育的時間甚短，不能將所有的知識均灌輸給學生，唯有訓練吸收知識的能力，才是最根本的一勞永逸的辦法。因此，在教育的目的上，持此種觀點的學者與教育家，主張「形式目的」（Formal Aim）而不

主張「實質目的」（Content Aim），即在課程方面，注重教材的訓練性，而不注重教材的實用性，凡認為能訓練官能的學科，不論其是否實用，均特別著重，在課程中占優越的地位。第二是教育價值方面，由於在目的上重視形式的而不重視實質的目的，在課程方面重教材的訓練性而不重其實用性，因此在教育價值方面，理論性的與文化陶冶的通才教育，逐被認為較應用性的與職業陶冶的專才教育為重要。基於此種觀點，在教育的理論方面逐有普通教育與專門教育的對立；且由於重視理智的與勞心的教育結果，以致應用的與勞力的教育較被輕視，進而在社會上形成勞心與勞力階級的區分，前者是治人階級，後者屬被人治的階級。第三是教育方法方面，官能心理學主張訓練官能，形式訓練說著重教材的訓練性，因此在教育方法上，記憶、背誦、抽象的思考等方法，逐獲廣泛應用，而觀察、實驗、由做中學等方法，則被完全忽視；既不適合學生的興趣與能力，學生所求得的也只是死的知識、書本的知識，而非個人的經驗，或人生的知識。

　　綜上所述，基於心靈實體說的官能心理學與形式訓練說，在教育理論上與實施方面所產生的影響，不論從教育目的，或教育價值與方法，均有其時代意義和見解，在我國當前教育而言，可謂深受影響，其利弊得失，頗值探究。

二、心理狀態說的教育理論

　　心理狀態說是針對心靈實體說的缺失而希求彌補或改進的學說；而將這種心靈概念所產生的觀念聯合論或心理原子論應用到教育方面，則為赫爾巴特。心理狀態的觀點應用到教育方面，在教育的理論與實施上，發生幾種重要的影響：第一是教育觀念的改變，依照心靈實體的形式訓練說的理論，教育的功能在訓練官能，教育的目的乃屬於形式的目的；但持心理狀態觀點的觀念聯合論或心靈原子論，卻認為心靈不是實體，因此心根本無所謂官能，而有待於觀念的聯合。心靈既有賴於觀念的聯合，那麼教育的功能便不在於訓練官能，而在於提示適當的觀念來建設這個心靈，以充實其內容，連帶教育的目的也是實質的而非形式的。第二是重視課程內

容，因爲教育的目的在於心靈的建設，而建設心靈的原料，乃是各種事物的表象（represents），因此，提示外界事物以發生表象的課程，特別是直觀的材料，便居於首要的地位；且於何種教材發生何種表象，何種表象組成何種心靈，其間有密切的關係，故對課程的內容，極爲重視。第三是教學方法的講求，依據心理狀態說的理論，心靈是由各種表象的聯合而成的，其本身對於這些表象並無固定的組織與排列原則，而有賴於課程的組織與提示的程序，因此，課程的組織與提示的程序，在教育方面遂居於首要的地位。因爲課程的組織與提示的程序，實即決定了心靈的組織與程序。赫爾巴特認爲舊的表象一經組成心靈的一部分，對於新的表象的接受，便有制約的作用，所以新的表象的提示，須與舊表象相融合，使能新舊相類化。故而教材的排列與提示，須注意這種新舊表象的類化原則，赫爾巴特便是根據其理論而建立五段教學法。

綜上可知心理狀態說在教育理論上與實施方面所發生的影響，可說與心靈實體說迥然不同；其中尤以課程內容的重視與教學方法的講求，與前一種理論相比較，可說是有明顯的進步。除此而外，依照心理狀態說的概念，心靈的結構及其作用，均受一定法則的支配，經由心理學的研究，使得教師了解學生的心靈，而爲科學的教育學奠下基礎，使教育學的性質，由形上學的哲學傾向，走向科學的、心理學的傾向。

三、唯物主義心靈論的教育理論

唯物主義的心靈學說，與心靈實體說和心理狀態說比較起來，是澈底相反的，因此，在教育理論上與實施方面的影響，也就完全不同。在教育理論方面，依據唯物主義的心靈論，心靈只是神經系統的機能，教育的作用，乃在於控制並支配這個神經系統，使刺激與反應間建立一種感應連結，並經由練習使這種神經系統的連結，增強其力量，而成爲習慣，這即是教育。這種觀點本已極機械與唯物，而行爲主義派，更以交替刺激代替原始刺激，要以交替刺激引起交替反應，俾產生預期的行爲，則人便與動物及機器無異。故從行爲學派的觀點來看，教育乃是行爲養成的歷程，即以新行爲方式代替舊行爲方式；於是教育兒童與訓練動物，甚至操作機器

完全一樣，沒有什麼分別。儘管具有此種概念的哲學家與教育家，對於教育的效能抱有極高的信念，主張「教育萬能」，認為可以隨心所欲，將兒童訓練成為任何預期的個人，但相對的人的尊嚴與價值卻降低了。不僅如此，採取此種觀點尚有其他不良的後果：第一是對於人類理智教育的忽略；第二是道德教育的消滅。因為心靈作用既然是刺激與反應間機械的連結，那麼所謂的普遍觀念或絕對標準的灌輸與理想的培養，皆毫無意義，而人類對於自己的行為，也一點沒有參照普遍觀念或道德理想加以支配的可能；因而學生可以對於自己的行為不負任何的責任，而將之推歸於外在環境的物理現象使然。

唯物主義的心靈論將心靈的作用建立在生理的基礎上，因此教師對於學生學習的生理條件必須注意。「健康的精神寓於健康的身體」這句名言，唯有採取唯物的觀點，把精神看做身體的功能，才格外深切有意義。因為唯物主義既視心靈為身體的機能，那麼要機能運作順利、有效，必須注意表現這種機能的身體，猶如要機器工作有效率，必先有一部完好的機器一樣，「工欲善其事，必先利其器」，這乃是必然的結論。唯物主義者不但主張教育應注意身體的健康，並且對於教育的設施還採取物質的方法。因為人的一切心靈作用，既均以物質的身體為基礎，那麼用物質的方法改變身體的組織，進而便可改變心靈的作用。十八世紀就有以食物改變氣質的方案，現代教育的設施，增加兒童的營養，矯治學生身心的缺陷，俾教育能發揮其高度的效能，正是唯物的心靈論可以影響教育之處。我國中小學教育，一向忽視體育和生理衛生、健康教育，唯物論的主張正可提供一個警示。

四、實驗主義心靈論的教育理論

實驗主義的心靈觀點，對於教育所發生的第一種重要的影響，是教育意義的改變。實驗主義者認為人類的行為有其特殊性，因此把教育首先看做啟發智慧的歷程；這與唯物主義視教育為養成習慣的歷程是不同的。所謂啟發智慧即訓練思想，使受教育在需要應用思想的特殊的具體情境中，能自行解決問題。經由此種歷程，受教育者不但明瞭行為（包括習慣）的

意義，並且能依據這種個體與環境之間施受作用的交互關係，以預懸目的並選擇手段。凡此種種，均足以證明教育應是智慧啟發的歷程，而不僅是刺激與反應間（S-R）的機械的連結而已，在刺激與反應之間，個體具有選擇和調適的功能（S-O-R）。

實驗主義其心靈論，在教育上第二種重要的影響，爲注重經驗的自動性。實驗主義者將人看做一個生物，就生物對於環境的刺激與反應間的關係而論，生物的一切經驗，已經不是完全被動的感受而有主動的施爲；這與觀念聯合論及唯物心靈論的只闡明心靈的被動性不同。實驗主義者既然承認心靈作用的主動性，所以在教育上所注重的不是讓兒童被動地接受知識，而是安排各種不同的環境，使兒童在其中發展其有目的的活動。現代教育中的活動學校及教學上的自動原則，都是此種觀點的具體反映。

實驗主義之心靈學說，對於教育的第三種重要影響，是重建道德責任的觀念，以及恢復道德教育的意義。由於實驗主義者肯定人類的行爲是智慧的行爲，爲自己選擇的目的所決定，而非機械的反應，因此人類對於行爲的結果，自然應該擔負道德的責任，並且這種責任的輕重，係憑著行爲中智慧成分的多少來決定。實驗主義者既然重建了道德的責任，當然連帶地恢復道德教育的意義。因爲道德的責任與行爲的智慧成分成正比，因此實驗主義的道德教育，著重智慧的訓練，使行爲不爲盲目的慾望與衝動所決定，而受指導於智慧。這種自我目的的選擇、手段或方法的採取、結果的預測以及行爲實現後的考察與批判，相當注重智慧在道德教育中所扮演的功能，足以顯示實驗主義心靈論在教育上的貢獻。

五、完形派心靈論的教育理論

完形派心靈論的主張，與實驗主義相同之處，在於認爲心靈不是一種超自然的能力，心靈作用乃是人類生活中的一種事實。因之完形派心靈論的教育理論，亦與實驗主義者大同小異。就完形派的心靈論在教育理論與實施方面所發生的影響而言，第一是學習性質的改變。完形派的心靈論者認爲學習就是發展，而不僅是神經系統的連結或交替刺激引起的交替反應。動物（包括人）是利用其智慧與理解力，對學習的情境能頓然有所領

悟，因而學習成功的；而非盲目的嘗試錯誤或機械的反應。人類與動物在其智慧能力所及的學習情境中，自然能夠發生頓悟的反應。因為學習者對於此等情境已能整體了解而洞察其關鍵所在，故能對之作突然的適應。由此遂導致完形派心靈論對於學習論所產生的第二種重要影響，即重視學習情境的統整性。在柏林學派之前，奧地利學派（Austrian School）已倡「全體大於部分之總和」（Whole is more than the sum of its parts）之說；但柏林學派對於奧地利學派感覺與知覺有別的理論，不表贊同。柏林學派主張感覺全體統一與統一觀察的理論，以感覺場（Sensory Field）代替「個別孤立的感覺」（Isolated Sensation），全體決定各部分，並非只由各部組成而已。完形派此種整體與組織的概念，應用到學習理論上來便是重視學習情境的統整性，使學習者學習的情境有一綜合的了解，便自然能領悟其中的訣竅，而對之作突然的適應。完形派的心靈論對於學習理論的第三種影響，乃是學習方法的應用。此派學者主張學習者對於學習的材料做完整的學習，要較零碎的與分割的學習易於成功。這種觀點，便是基於其整體組織的概念。完形派又主張學習者的學習，除所學習的情境或材料應用在其智慧能力所及之外，必須有情緒的準備，即有一種冷靜的客觀態度，在學習過程當中，要求學生細心探索、運用思考，而非盲目的衝動，或做不必要的嘗試，帶來犧牲太大的錯誤。

（註：本章參閱伍振鷟主編：《教育哲學》，第二篇第三章，伍振鷟：心靈問題與教育，師大書苑出版，1996年9月）

問題與討論

一、心靈問題何以是教育的根本問題之一，其影響於教育者如何？

二、實驗主義的心靈學說，調和折衷唯靈論與唯物論，其內容大要為何？特點何在？

三、試以各派心靈學說的教育理論提出對當今教育的評論。

黃坤錦

第九章

知識判別與教育

第一節　經驗主義與理性主義的對立

一、經驗主義的知識論

　　經驗主義（Empiricism）認為人類知識起源於經驗（experience）而非理性（reason）。經驗來自於兩方面：一為感覺（sensation），指由眼、耳、鼻、皮膚等各種外感官（external sense）接觸外界事物而得到經驗。二為反省，係透過知覺、記憶、推理、想像等內感官（internal sense）作用組成的經驗。

　　古希臘的哲人學派（Sophists），可說是西方最早的經驗主義知識論者。這些早期懷疑主義（Skepticism）的人，認為各種事物的真相如同各人所見，很難有所謂客觀的是非標準。此派代表人物普羅太哥拉斯就曾經說過：「人為萬物的尺度」，每個人都有他自己對真理的看法，因此，除了個人的感覺和反省之外，無所謂客觀的真理。這種觀點不認為有絕對真理或知識的存在，在當時是一種反傳統、反權威，而且對社會規範具有破壞性的論調。然而在知識論上而言，哲人學派卻有其貢獻，因為他們指出我們對任何一項主張，除非能確切證明沒有謬誤或例外，否則就不能宣稱這主張是真理而要求人人遵行。

　　其後，伊壁鳩魯主張感覺主義，認為人類所有的知識皆來自個人與外在世界的接觸，即使所謂心靈也是此等外界的接觸所構成。因此，每個人各自的感覺經驗都是真的，每個人各自的感受就是批判事物的準則。

　　經驗主義的知識論經過中世紀的沉寂，到十七世紀英國經驗主義興起時又現光芒。洛克是經驗主義主要代表人物。在他《人類悟性論》（*An Essay Concerning Human Understanding*）中宣稱，人心最初猶如白板（empty tablet），並無理性主義所謂先天觀念的存在，一切知識都來自感覺和反省所得的經驗。不是先有觀念才有經驗，而是經驗的成果才產生觀念，而且先由簡單的觀念（simple ideas）演變為複雜的觀念（complex ideas），再逐漸演進而產生各種知識。

　　按照洛克的主張，簡單觀念有些係由一種感官獲得，如色、香、味

等；有些則由兩種以上的感官合作而成，如空間概念、形狀大小、動態與靜態等；有些觀念則由反省而得，如記憶、思維、想像等。又有一些觀念是感覺和反省兩者共同產生，如快樂、痛苦、善惡等。

外在事物經由人體感官就會產生觀念的能力，洛克稱之為「性質」。性質有兩種：「原始性質」（primary qualities）屬於物體本身，如體積、形狀、組織構造、運動等只是一些能力；由這些原始性質而使人產生感覺者，稱為次級性質（secondary qualities），如色、香、味等。

複雜觀念可分為三類：第一是模式的觀念（ideas of modes），這種觀念不依其自身而存在，而為「本質」（Substance）的附屬物，如三角形或謀殺的觀念；第二是本質的觀念（ideas of substance），主要包括一些勢力（power），如上帝之觀念就是其一；第三是關係的觀念（ideas of relations），是經由比較兩種以上的觀念而得到的。

觀念的分類之外，洛克還將知識依其精確性分成三個層次。最低層是感覺的知識（sensitive knowledge），係由感官的直接接觸而得；其次是推論的知識（demonstrative knowledge），由演繹而得，如數學的證明；最高者為直覺的知識（intuitive knowledge），是經由比較兩種以上的觀念而認識其相關異同而得到。此外，經驗論的休謨相信所有的觀念來自感官所得的印象（impression）或內在的感覺，至於感官經驗以外是否還有本質世界——例如上帝、靈魂、本體等的存在，因為無法經由感官的認知，因而無法得知，休謨指出人類了解的範圍極為有限，因此懷疑是對知識應有的必要態度。休謨不僅是經驗主義，認為知識起源於經驗而且僅限於現象界，同時也是懷疑主義與不可知論的重要代表人物。

休謨將一切感覺的經驗分為兩類：印象與觀念。前者為感官的知覺，後者為想像或記憶的知覺。由於人類沒有所謂先天觀念的存在，所以任何簡單的觀念必須有一相對的印象，如紅色的觀念必與紅色的印象相配合，複雜的觀念則由簡單的觀念組成。為著證明各種抽象觀念係起始於感覺經驗，休謨在其《人性論》（*A Treatise of Human Nature*, 1739）與《人類悟性的探討》（*An Inquiry Concerning Human Understanding*, 1748）兩書中不厭其詳，析論空間、時間、存在與因果關係等觀念，指出它們不過是各種

簡單觀念的結合與排序。

二、經驗主義對教育的影響

經驗主義的知識論視知識為經驗的產物，因而特別強調教育的效能，容易推演到極至而變成「教育萬能論」，把學生視為一張白板或黏土，教師可以任意填補內容或塑造形式，注重環境的功能。

教學方法方面，經驗主義基於感覺唯實論，著重直觀教學和感官訓練的價值與方法，對於幼稚教育理論有重大的貢獻。很多兒童本位的教育家，如盧梭、裴斯塔洛齊、福祿貝爾、蒙特梭利等都看重實物的和感覺教學法；例如蒙特梭利說：「在一種實驗教育學的方法中，感覺教育無疑甚為重要。這種感覺教育為了有效，必須是一種練習，再沒有比科學化設計的教材教具，更能加強這種練習，避免兒童無益的摸索。」又說：「感覺教育所以重要，是因為感官發展在高級智能活動之先，且為其引導。」因此，這些經驗主義的教育家乃設計各式各樣的感覺動作教具來輔助教學。

經驗主義知識論的教育家由於注重感覺經驗的吸收，很容易走上自然主義教育的途徑，強調身體官能的自然發展，如盧梭所說：「你們要練習技術，必先得到所用的器具；倘使你要得到此種器具的好處，必先得到使用它的力量；練習思考力，必須應用作為智力器具的四肢及感覺器官；要得到這些器具的最高效益，就要先發展運用這些器具的體力。若說理性的發展和身體沒有關係，那是完全錯誤的。要使心智的活動靈活，必先要有強健的身體。」工欲善其事，必先利其器，經驗主義會注重體育、遊戲，學生與環境的接觸，例如：旅行、實作、演練等教學方法。

三、理性主義的知識論

理性主義（Rationalism）認為知識來自於理性（reason），人類具有理性是天賦的（innate），上天賦予人理性，正是人和其他生物最大不同的地方，理性是知識的基礎。

理性主義的知識論在古代希臘的柏拉圖和亞里斯多德時便相當完整地提出。柏拉圖指出凡屬真實的存在，一定是普遍的、永恆的，它只存在於

觀念世界之中，而不在於現象世界之內。

因爲觀念是絕對的實在，所以現象界的萬物都是觀念的摹本或擬態。這觀念世界才是知識要研究或探討的對象；要認識觀念世界，端賴理性而非感覺，因爲感官所得的印象只是觀念的外在顯現，而非觀念的本體。

亞里斯多德也主張知識的對象在於普遍性的觀念，可是觀念並非孤立或高懸於感覺世界之外，而是存在於感覺事物之內。感官只能覺知一種個別的素材，如手感受到冷熱、眼見形狀，但只有理性才能綜括出完整的觀念。知識是普遍的，我們靠理性從特殊的個別現象以認識普遍性的眞理。理性主義經由十七世紀笛卡兒、斯賓諾沙和萊布尼茲等人的發揚而盛行於世，而且至今影響深遠。

笛卡兒主張一切知識猶如數學一樣，由一個簡單而自明的觀念，演繹推論成各種理念。所以知識的基礎在於先天有自明的觀念，而非攝取外界的感覺經驗而成。笛卡兒提出「我思故我在」（*Cogito ergo sum*. 英譯 *I think, therefore I am.*）的名言，意即當我只有在運用天賦的理性在進行思想的時候，才充分意識到自己的存在，我才是以一個人的資格存在。我們可以懷疑一切事物，卻不能懷疑自身的存在，因爲懷疑就是一種思想活動，而任何思想活動的存在必有思想者的存在爲基礎。據此推論，笛卡兒形成其知識論，並經由不斷地推論而肯定上帝的存在，再由肯定上帝的存在，回證人具有上帝所賦的理性。

斯賓諾沙倡導單元論（Monism），認爲心理的認知與物理的現象原是一體的兩面。一切事物皆來自上帝的本質，爲自因的存在，所有眞理形成一種融貫而統協的整體，知識的目的就在認識這個世界的單一性與完整性。知識的過程可分爲三個層次：最高者爲直覺，其次爲推理，最下爲感覺經驗。所以觀念也可以分直覺觀念（intuitive ideas）、充分觀念（adequate ideas）及混雜觀念（confused ideas）。

萊布尼茲的知識論主要將其眞理分爲兩種：其一稱爲必然眞理（necessary truths）或理性眞理（truth of reason），是永恆而普遍的；另一種爲偶然眞理（contingent truths）或事實眞理（truth of fact），是經驗的、個別的，是依賴上帝的選擇而存在於世界。不過，無論哪一種觀念，皆是

先天的，這乃是據其明顯性而做的區別。先天的觀念雖有賴外界經驗的引起才能發展，卻是自立自成，不假外求就已經存在的。

四、理性主義對教育的影響

　　理性主義的知識論應用到教育上頗早且深，而且特別重視理論而輕視實用技藝。知識既是由理性的思考得來，那麼課程中最重要的是能夠啟迪心智，進而變化氣質的學問。理性主義者一方面特別注意到知識與道德的關聯，且認為這種道德文章無假外求，是靠窮理養性來獲得。張載所說：「見聞之知，乃物交物而知，非德性所知；德行所知，不萌於見聞。」又孟子所說：「萬物皆備於我，反身而誠，樂莫大焉」都代表這種觀點。另一方面，理性主義者往往劃分博雅教育與技藝教育，隱然有「勞心者治人，勞力者治於人」的觀念，重視理論性的探究、文雅性的培育，而忽視技能性的訓練、實用性的操作。

　　教學方法上，理性主義者注重理性的啟發和領悟的作用。張載一再強調：「學貴心悟」，程顥也說過：「學要在自得，古人教人，唯指其然，故曰舉一隅不以三隅反，則不復也。」都是此意。然而，理性主義知識論很容易流於形式訓練說（Theory of Formal Discipline），對於教材的學習，不在吸收其本身的實際內容，而主要在於藉此教材（如古代拉丁文增強學生的記憶力或想像力）磨練智慧、陶冶理性。理性主義知識論主張運用傳統的問答教學法。因為正如蘇格拉底所主張的，教師透過這種問答教學方法的運用，可將學生的理性引導出來，如同助產士接生時一樣的情形，謂之詰問式教學法或產婆式教學法。

　　綜上可知，經驗主義與理性主義在知識論上各執一端，影響教育上的學說與觀點更完全不同。在這兩種學派之外，仍有不少調和與折衷的理論。其中批判主義與實驗主義是傳統上最常見兩個學說。

第二節　經驗主義與理性主義的調和

一、批判主義的知識論

　　哲學史上將經驗主義和理性主義在知識論上許多對立的觀點予以調和並提出新義的，康德（Immanuel Kant, 1724-1804）是相當著名的，其學說通常稱爲批判主義（Criticalsim）。

　　以知識論作爲中心，康德提出下列問題而加以批判：什麼是知識？認知如何發生？知識的範圍如何？知識有無限度？等等。在探討知識之後，康德進而探究形上學、道德學及美學，並寫成三書：(1)《純粹理性批判》（*Critique of Pure Reason*）──在於探討理性的認知能力，以及探究其在知識方面的極限問題；(2)《實踐理性批判》（*Critique of Practical Reason*）──依據純粹理性探討道德問題；(3)《判斷力之批判》（*Critique of Judgment*）──探討審美及目的之批判。這三書中又以《純粹理性批判》爲立論之基礎，足以顯示知識論在康德哲學中的重要性。

　　在康德看來，知識的構成有兩個不可偏廢的條件，一爲先天的理性，二爲外在的材料。先天的理性是一種純粹的理念範疇，係人所本具；外在的材料則透過感官，來自外界，也就是感覺經驗的內容；後天的經驗材料要能夠融納入先天的理性範疇中，才能構成知識。因此，知識是感性（sensibility）與悟性（understanding）共同產生的。感性提供悟性以知識的材料，亦即直覺（intuition）；悟性則進行批判的活動以產生概念。所謂悟性，是基於純粹的理性概念，稱爲範疇（categories），它具有安排知識材料的統一功能。範疇有分量、性質、關係與型態四類，完全是先驗的。在另一方面，時間與空間爲感性的兩種原始形式，是先天的，屬於理性的範疇，而非主觀的認知對象，所以才有人類對於時間和空間共同的觀念。

　　因爲知識的形成，後天經驗與先天範疇不可或缺，所以人類的知識止於現象界而不可能到達本體界。理性的功能只是指導悟性向某種目的進行，安排知識的構成，而非自身爲諸事物的概念，所以理性僅具指導原

則（regulative principle）而非構成原則（constitutive principle）。人類的知識有其疆界，無法超過經驗的領域。因而康德說：「沒有內容的思想是空泛的，沒有概念的直覺是盲目的」（Thoughts without content are empty, intuitions without concepts are blind），意思是只有理性形式，若無經驗內容來充實，理性形式只是空虛的架子；反之，如果只有經驗的內容，而沒有先驗範疇的整理組織，將會渾沌一片，不能構成任何形象，如同盲人一樣。康德這種折衷經驗論與理性論的中庸觀點，在知識論上有很大的調和作用。

康德的批判主義知識論影響於教育學理方面很多，可用孔子在論語上的一句話來概括：「學而不思則罔，思而不學則殆。」只有感覺材料的蒐集而無理性形式的融納，那只是一堆凌亂瑣碎而且不明確的資料，談不上有真知灼見；反之，如果一味冥思窮理，而忽視實際經驗的參證，在這種閉門造車的情況下所得到的結果，常常是與事實不相符合的個人偏見或一廂情願而已。

不僅如此，批判主義的教育論調和了懷疑主義和獨斷主義兩種極端思想。教育的內容一方面是現象界的自然科學和社會科學知識，是可實際證驗的；另一方面則是本體界的人文藝術和倫理道德，是難以科學驗證的，但卻是人生價值，而人生價值是實踐理性的基本要求，更為教育學的重要部分。就教育方法而言，教育以啟發獨立思考的批判精神為主，所以不應未經思索就獨斷地注入，也應避免無理地懷疑一切；不妄信權威、教條、傳統，也不輕易否定規範、倫常、真理，宜兼採歸納與演繹兩種基本思維方式，運用各種教學方法，並視教材內容和學生個別差異，靈活應用。

二、實驗主義的知識論

教育哲學家杜威的實驗主義雖然常被視為經驗主義的一個支派，然而在知識論上，杜威認為理性與感覺均有其貢獻，表現著調和經驗主義與理性主義的折衷色彩，而且有其新的解釋和見地。

杜威對於「經驗」有新的認識與了解。經驗主義以為心靈只是被動的接受，感覺印象便是經驗。杜威不認為這是經驗，也不認為在這樣的經驗

之中，可以產生知識。他從生物學的觀點，認爲經驗是生物與環境的交互作用。在這種交互作用之中，不但環境改變生物，生物也改變環境。經驗便是這種施受兼具的作用。在這種作用之中，生物爲求支配環境以滿足其需欲，而發生求知的必要，以求改造現實，知的作用在經驗中因而發生。知的結果，也在經驗裡應用，知識成爲改造經驗的工具。由此可見，知識乃是應用的工具，用以解決生活上的困難。個人與外界的交互行動最初是「行而不知」，未能充分意識其意義，後來問題發生，知的功能遂起，因此就知識的起源而言，知識原具有實用性或工具性；就知識的發展過程而言，則知識又具有實驗性，由行中求知，逐漸減少盲目的嘗試錯誤，發揮理性的推測和判斷。

實驗主義認爲在認識作用中，經驗的材料是從個體與外界的交互作用中發生，它們本身既屬於感覺，也屬於觀念，而且是原來所經驗的材料的重新組織，所以既不只屬於傳統所稱的理性也不是純粹的感覺材料而已。換言之，杜威認爲觀念的組織效能是和理性主義一致的，可是他並不將此效能只看做心靈先驗的能力，而將它看成適應的產物。在杜威看來，經驗主義與理性主義分別只重視到知識構成中感覺材料與功能觀念，都只側重一端，其實兩者是同時並存的，而且相互需要的。

實驗主義的知識論在教育學上有很重要的影響，杜威的名言「由做中學」（Learning by Doing），已經成爲許多教育家的口頭禪，杜威認爲經驗是活動的產物，「行以求知」是最好的學習方式。「教育就是繼續不斷地重組經驗，要使經驗的意義格外增加，使個人主宰在後來經驗的能力格外增加。」所以，活動本身就是經驗改造的歷程，健全的教育應該是活動的教育，生活的教育。

在教育方法上，實驗主義特別強調兩方面：第一是要學校生活與兒童實際經驗密切地配合。由於重視活動的價值，杜威特別強調兒童的學習活動應與其實際生活相關，才能產生效果；第二是要調和興趣主義和訓練主義，杜威指出「興趣和努力」是有目的之活動中相互關聯的兩面，有意義的興趣，必包括努力的活動；而眞正的努力，必有興趣的誘因，所以良好的教育既非糖衣式的興趣主義也非訓練式的努力主義，而是有目的之學習

活動，兼具興趣與努力。

第三節　邏輯實證主義

一、邏輯實證主義的知識論

　　邏輯實證主義（Logical Positivism）的基本主張，在於反形上學而重視科學知識的檢證，深受孔德所倡導的實證主義的影響。因此，邏輯實證主義是繼續孔德的傳統，可以說是實證主義的延續。但是邏輯實證主義又異於孔德的哲學，因爲它強調對於語言的邏輯分析方法。他們用此方法來批判形上學的命題，認爲形上學不僅違反經驗，還違反邏輯。他們所以被稱爲邏輯實證主義者，便是因爲他們強調要運用邏輯分析方法。

　　什麼是邏輯的分析方法。邏輯實證主義者所分析的對象，乃是若干科學和哲學的命題。這等命題是用語言來表達的。一句話內含有一個或數個名詞。每個名詞代表一個概念。邏輯分析先從概念開始，然後始於全句。邏輯實證主義者認爲所有形而上的問題都是無意義的（meaningless）。其認爲形上學之所以無意義，是因爲形上學問題中的名詞沒有意義，或是因爲名詞雖有意義而構成的全句沒有意義。主張名詞或概念的具有意義是在於它有確定的用法；在於它在一句之中的存在，可以使這一句的意義，能從實際經驗中證實。

　　邏輯實證主義，主張以「檢證性的原則」（Principle of Verification）來衡量一切完整的語句，而一切完整的語句，必須在可以證實其爲眞時，始成爲有意義的命題。證實，可以是直接的，也可以是間接的。即使不是一切語句都可以直接證明，但至少必須用間接證明。

　　邏輯實證主義者根據這種實證原則來檢討形上學，認爲形上學的語句是無從在經驗中證實的。因此邏輯實證主義者便判決：形上學的語句，既非分析的又非可以在經驗中證實的，只是空言廢話，毫無意義，應該勾銷。邏輯實證論的代表人維根斯坦（Wittgenstein, 1889-1951）在其《邏輯哲學論說》中，認爲知識的判別，要歷經三個領域。第一個領域——世界

領域或事實領域，第二個領域——思想領域或命題領域，第三個領域——神祕的領域。下表為其總結構和說明：

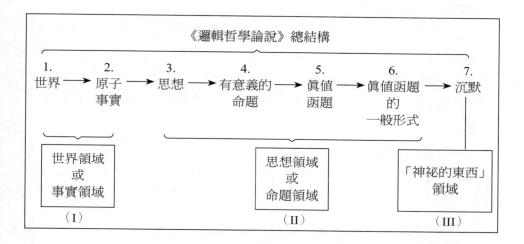

㈠世界領域或事實領域

維根斯坦認為：「世界就是所有的原有事實，世界是事實的總和。一個事實可以變化或不變化，而一切其他事實仍舊照樣不變。那變化的東西，即事實——這是原子事實的存在。一切存在的原子事實的總和就是世界，而各個原子事實是彼此獨立不倚的。從任何一個原子事實的存在或不存在，都不能推論出另一個原子事實的存在或不存在。總和起來的實在就是世界。原子事實是一群簡單物體的一項組合。」

維根斯坦將世界領域或事實領域分析成三個層次。第一層次，是宏觀的，世界被看成是事實的總和；第二層次，是中觀的，每一事實又可分析為一系列之原子事實，代表著每一事物在一定時間空間內之狀態；第三層次，是微觀的，每一個原子事實，係被當作是一群簡單物體的組合。

依維根斯坦而言，原子事實或簡單物體，只要我們掌握了它們之間的關係，也就能掌握世界，認知世界。維根斯坦這種將世界的本質看成是原子的觀點，不同於古代希臘人德謨克利特（Democritus）的原子論，德氏的原子論著重在探究原子內在的構成，原子被視為一種「內容」來探究，而維根斯坦邏輯原子的世界觀，重視的是外在事實，著眼於原子間「關

係」的探討，他特別強調事物之間邏輯思維的必然性，事物本身的性質係屬於形上學的範疇，因而排除在外，非人類知識所能及。

(二)思想領域或命題領域

維根斯坦認為原子事實是可以用語言描述的。因為語言與原子事實有關係存在。因為人會用象徵性的符號來描繪世界上的事情，就好像畫家用線條、顏色構成一幅畫一樣；用語言進行思想或說話，就是對事實做邏輯的描述。透過語言而表現出的各種命題，都是闡明事實的邏輯分析與表達。

闡明事實的分析與表達有兩個主要的作用。其一是作為語言和世界，或命題和事實之間的聯繫；其二是分析表達命題的性質。人類藉著分析與表達可以將世界領域與命題領域聯繫起來。

層次　　對應頂	世界事實	語言	兩者關係
宏觀層次	世界是事實的總和	語言是命題的總和	正確的思想的總和是世界的總體描述
中觀層次	某項事實是一些原子事實的存在狀態	某項命題是一些基本命題的邏輯函數	命題是有意義的描述
微觀層次	一個事實是簡單物體的組合	一個基本命題是數個名詞彼此相關連貫的排列	一個基本命題正確描述一個事實的存在

在維根斯坦看來，語言和世界分別屬於兩個不同的領域，世界是許多事實的總和，事實之中最簡單也是最終極的，就是所謂的原子事實。語言是命題的總和而存在。人類用語言描述世界上的事情，這個事實說明兩個領域是可以聯繫起來的。當我們要描述事實時，只有借助於語言才能進行。因此，我們的描述或思想既與事實發生關係，又與語言發生關係。描述或思想與事實以及語言之間存在著直接關係；人類依靠語言的描述或表達與事實世界發生關係。

了解語言、命題的重要性之後，維根斯坦接下來就展開對命題意義

之界定與檢證，「他發展了有名的命題真值函數。有意義的命題必須符合邏輯語法的規則，這些邏輯語法是由簡單事實構成，要符合事實世界的邏輯關係。例如：表示『點』的字與表示『顏色』的字如紅、黃、藍等結合在一起，在邏輯上是有關係的。表示『聲音』的字與『高、低』結合在一起是符合邏輯法則的。因此，維根斯坦說：視野中的一個點必定有顏色，可以說它由『顏色空間』圍繞著；音調必定有一定高度，諸如此類；空間、時間和顏色都是對象的形式。『這個點是紅的』或者『這種聲音是響的』──在這兩個命題中，名詞的結合被視為符合邏輯句法的規則，它們的邏輯性質顯示出點或聲音的邏輯內在性質。可是，『點』和『響的』或者『聲音』和『紅的』就根本不能連結在一起。如果說『這個點是響的』或者『這種聲音是紅的』，這就是誤用了語言。這樣似是而非的命題根本對於事實無所描述。因為『點』的邏輯性質決定了它不能有聲響，『音調』也不能存在於『顏色空間』之中，那些字連結一起不是有規則的，而是偶然的。在這裡，維根斯坦是把物質及其運動的物理特性和其他的自然特性歸結為邏輯特性。」[1]

(三)神祕的領域

　　維根斯坦以原子事實和邏輯關係的觀點來敘述世界。人類運用語言來描述符合事實的邏輯關係。哲學的目標是要對這些邏輯關係加以澄清，使我們能認識這個世界。但是，人類的知識或理性能否真正認識整個世界，則歷來有不少哲學家持存疑或否定的看法，例如康德以人類理性的能力來界定人所能認識的極限。邏輯實證主義者雖然並不去限制人類的理性，但是他們以語言的使用準則來界定何者能夠闡明，何者不能闡明。對於不能用語言闡明的部分，即無法以檢證及意義做分析、判斷和描述的部分，例如宗教等，都應排除在嚴格的哲學或人類的知識之外。所有本體論、宇宙論的形上學以及靈魂、信仰、宗教之類的論證，就人類現有的知識根本無從判斷其真假，因而不是有意義的命題，對我們不能分析、判斷和描述

---

[1]　參引自簡成熙譯著，《教育哲學——理論、實務與文選》，第八章歐陸思潮與教育，第一節，維根斯坦與教育分析哲學。頁192-193，復文圖書出版社，1991年6月初版。

的，我們必須保持沉默，這才是對知識的眞誠、對宇宙的謙誠。

二、邏輯實證主義對教育的影響

邏輯實證主義否定了哲學的內容，只承認它的分析的批判作用，可算是在哲學界起了革命。這種革命不僅影響了哲學本身，也影響了自然科學和社會科學以及科學的應用方面。教育與哲學具有密切的關係，因此邏輯實證主義對於教育的影響可說相當重大。

邏輯實證主義者首先改變了哲學與教育的關係。在過去，從柏拉圖一直到現代討論到教育的哲學家都是從他們的哲學，演繹出教育的理論和實施。他們的宇宙論、人生觀和倫理學，決定了教育的目的和課程。可是邏輯實證主義根本否認形上學和價值哲學有任何認知的意義，把它們逐出哲學以外，照他們的看法，教育的理論和實施，自不能從此等無意義的哲學命題演繹而生。因此講理論的教育學，以及各種教育實施，都應當離哲學而獨立，而從經驗科學和教育實際經驗建立理論實施的規範。

哲學既不能爲教育理論和實施建立基礎，它對於教育，有什麼貢獻呢？照實證主義的看法，哲學只是一種活動，一種分析的批判的活動。它對於教育的貢獻，係在於分析和批判方面。哲學家和教育家應用這種方法對於教育的概念、命題和系統理論，作語言的邏輯的分析，形成一種運動，在教育理論和實施方面發生了極大的影響，他們的貢獻是在澄清教育的語言方面，和判明教育命題的性質以及檢核其邏輯的有效性方面。原來教育與其他純粹科學和應用科學相同，所用的語言，不免含有模糊或混淆的意義。如其在雙方討論教育問題時，對於某一名詞，各用其不同的意義，則討論必無結果。此種情形在教育討論時是常有的。教育分析家第一步的著手功夫，便是對於教育常用的名詞如「教育」「教」、「學」、「知識」、「課程」、「需要」、「適應」、「成熟」等等作定義和觀念分析的功夫，使人得到明確的了解，然後方可做相互的討論和適當的處理。

總之，邏輯實證主義對於教育的貢獻不在於以實質的哲學命題作教育的基礎，而是以哲學方法——邏輯的語言分析方法——來爲教育作批判，

澄清一切教育命題語意的含混和邏輯的謬誤，使教育者對於一切教育理論和實施重做思考而獲得正確的結論。其結果是教育學科之一的教育哲學改變了它的性質。教育哲學如以邏輯實證主義者的看法，假使還要以傳統的哲學命題作教育的基礎，這種教育哲學已無存在的餘地，因爲這些命題自身即無意義，如何能作教育的基礎？可是邏輯實證主義者還承認哲學有邏輯分析的、批判的作用，所以教育哲學如要存在，只能實行哲學的剩餘功能，即是將邏輯分析的批判方法應用於教育的理論和實施。如果教育哲學，還要兼敘過去傳統哲學家的教育理論，這只能作爲歷史的敘述，而不能有任何規範的作用。

　　邏輯實證主義對於教育提供了一種尖銳犀利的批判方法，具有很深的影響，已如上述。可是它也有另一種影響，對於教育有很大的破壞作用，便是由於它將價值哲學如倫理學等也和形上學一樣，歸入無意義之列，使大部分的教育理論和實施失去根據。向來認爲教育是一種規範活動，一切規範（norms）必先設定一種價值系統。舉例說：教育實施，必先以目的爲規範，而目的則根據一種價值的認定而規定。譬如說：「教育以發展完備人格爲目的」。這個目的的規定必先肯定人格的價值，其後要再肯定的是，在教育實施中此種人格價值比其他任何價值爲高始可訂爲教育目的。但是這種價值的判斷，依邏輯實證論，乃是不能憑經驗證實的，乃是無意義的。因此教育目的，失去了它的哲學基礎。不但如此，一切教育實施，皆以教育目的爲最高規範的，皆以教育目的爲衡量價值的準繩的。如課程與教材，如教學方法，如學校行政與組織，其實施皆離不開價值判斷（如選甲教材而不選乙教材），而判斷則以目的爲規範，教育目的既然失去依據，那麼一切實施將成爲漫無標準了。影響尤其嚴重的是道德教育。道德教育必須根據討論是非善惡的倫理學，而倫理學的命題在邏輯實證者眼中，只是感情偏好的表示，並無認知的意義。那麼學校日常訓導學生什麼應該做，什麼不應該做，皆變成無意義的廢話了。邏輯實證主義使得教育設施和道德教育失去規範，豈不是構成整個教育的危機嗎？但是邏輯實證論者的後來論調，並不如此嚴格。他們所以強調價值判斷的無認知意義，主要是使我們了解此等判斷非邏輯的必然，使人認清其性質，不要不

加思索便作為天經地義。

　　邏輯實證主義取消了傳統哲學的實質，只保留了它的批判的功能，而對於批判的功能，則供給了一種犀利的武器，即是語言的邏輯批判方法，使整個哲學改觀，實是一種革命的工作。它借重形式邏輯，似乎近於理性主義，但除了分析命題而外，關於綜合命題的真妄，還要取決於經驗。邏輯實證主義又名邏輯經驗主義（Logical Empiricism），其偏向於經驗主義，毫無疑義。但不同於傳統的經驗主義者，它還發展了一種語言邏輯的分析方法。它的反形上學和取法自然科學，要從實驗中證實有關外界的綜合命題，似乎和實驗主義相同，但是它對於「經驗」和「檢證原則」有精闢的發揮，它對於自然科學的概念和方法復有進一步的批判。因此邏輯實證主義，在哲學方面雖然「破」多於「立」，但是它有獨特的地位和影響。

　　邏輯實證主義對於教育的一大貢獻，乃是應用了分析的批判方法，可以釐清教育語言的含混，使得教育問題的討論不致因語言誤解而浪費時間。這種分析的批判方法，又使得從事教育者對於一切教育理論，分別何者是根據事實的，何者是主張者的偏見，何者是根本無從證實的形上學的命題。這樣分別清楚，便可對於一切理論還其本來面目而予以適當的評斷。在過去和現在教育方面流行許多口號、標語和譬喻，不免造成思想上的混亂。邏輯實證主義一一釐清它們的意義和根據，使教育思想的陰霾一掃而空，這實是它的一大貢獻。它在教育實施方面，對於兒童與青年的智育，注重培養分析的、批判的求知方法，也注重形式學科如理則學、數學。關於語文的訓練也要注重語文所代表的意義，並作適當的使用。它對於教育的經驗科學基礎，特別重視，使教育科學化和合理化，這都是它的貢獻。

　　邏輯實證主義的取消形上學和價值論，在純粹哲學裡也許無實際的困難，可是在教育方面最後勢必觸及「物質」、「生命」、「宇宙」、「身心關係」、「人在宇宙間的地位」、「善」、「惡」、「美」、「醜」等等形上學和價值論的問題。這些問題至少在目前，科學還不能作滿意的解決，而在實施教育時對於此等問題又無可避免。若不求助於形上學及價

值哲學，教育將無從實施。在這一方面，我們不能從邏輯實證主義者得何種積極的指示，這實在是一種缺憾。正如對於哲學，邏輯實證主義對於教育，也是「破」多於「立」。

第四節　觀念分析學派

一、觀念分析學派的知識論

　　觀念分析學派繼承邏輯實證論，為分析哲學的主要學派，因而「分析哲學」又稱為「語言分析哲學」或「觀念分析哲學」。由此可知，分析哲學所要分析的，就是「語言」和「概念」兩大對象，所以語言分析及概念分析是分析哲學中重要的課題。觀念分析學派的基本主張在於人們必須正確使用文字以表達概念，使觀念或概念清晰，對事情有正確的了解。其哲學觀點主要為：

1. 哲學的難題是語言混淆所造成的困惑。
2. 哲學的問題應集中於定義的清晰明確。
3. 哲學的功能限於純粹的描述性。
4. 字義的解釋仰賴於「用法的真正情況」與使用的「語言結構」。

　　基於這些哲學觀點，觀念分析學派對於知識的判別有如下的基本主張：

㈠語言分析

　　語言分析所主張的是清晰明確的敘述，而且必須要求範圍，否則就無法進行分析。而晚期的分析哲學家的一些思想模式，可歸納成兩個要點：

1. 「不要追問意義而要追問用途」：並不是每一句話代表一個物體或實體，人們所要追問的是藉由這一句話去做什麼。
2. 「每一句陳述句都有自己的邏輯」：語言有各種任務及層次，不要將不同邏輯的類型的語言混用。

㈡概念分析

　　一個能思考的人必定有概念，概念的重要性在建立「論證」

（argument）時特別顯著。所謂建構論證，就是不但要提出理由以支持或反對某種主張，而且也要評斷論證，也就是判定自己所提的理由是對或錯。因此論證之前必須先作概念的分析，而概念的分析是要講求方法的，因此必須做到：

1. 檢驗用來表達概念的字：明確地知道其字義和用法。
2. 尋求了解事實的眞相：當字義和用法不明確，無法令人滿意時，必須由字義轉向內容，尋求了解事實的眞相。

經由這種分析告訴人們：相同的字在不同的情況可能有不同的含意，而不同的字在相同的情況下也可能有相同的意義。

㈢語言分析與概念分析之關聯

語言和概念的關係，最直接的就是觀念的表達需要透過語言，所以語言的表達必須是正確的，否則就無法將概念顯示出來。分析哲學家認爲許多哲學中的概念和論證，其表達常常令人產生誤解，原因有二：

1. 日常語言正確而清晰地表達：日常語言是人們平常使用的語言，某些分析學家認爲日常語言無法清晰地表達，做到哲學中正確的要求。
2. 哲學家對日常語言使用錯誤：有一部分分析學家認爲日常語言已經夠清晰，但哲學家使用錯誤。因爲語言的通常用法一定有意義，否則不會保存下來，所以語言所表達的概念可爲人們所信賴。

觀念分析學派認爲過去的哲學思想或人類知識之所以有這麼多的論爭、學派，是因爲我們人類對最根本的表達思想概念的「語言」使用不精和「定義」曖昧不明，造成誤解和混淆，以致彼此討論的問題，在內容和範圍上不一，各說各話。所以觀念分析學派摒棄從前哲學家所熱烈討論的宇宙論、本體論、道德論等等傳統議題，而決心要從最根本的觀念分析上探討，作爲知識判別的基準。

觀念分析，旨在以科學驗證的方式，來釐清我們日常語言或專門術語所表達的各種思想。觀念分析學派的思想特徵如下：

1. 哲學的新革命

觀念分析學派主張哲學的功用在於邏輯的分析；認爲哲學的方法，在於運用邏輯的推理與判斷；哲學的任務，在於論證的思考，以建立一清晰

明確的思想體系，作為知識探討與判別的根本原理。因此，真正的哲學，在於分析、驗證與批判，而不是空泛的玄思，哲學甚至不在於產生新知，而重視將現有的各種觀念予以澄清。卡那普（R. Carnap）認為，「邏輯分析的功用，在於分析所有的知識，所有科學與日常生活的語言或概念，以便弄清它們之間的關聯。」無論是觀念的分析，或語言的分析，都是努力於清理觀念上與思想上的濃霧，分辨問題的關鍵疑點所在。這種將哲學的功能置於澄清和驗證人類既有的知識，而不是要去開創某些新知識的看法，和以往傳統的哲學觀點，有根本的不同，是一種革命性的觀點。

2. 意義的檢證性

　　觀念分析學派為要澄清和驗證人類現有的知識，以語意澄清和邏輯分析的方法為基礎，對事實的意義，依檢證原則，進行分析和驗證，無認知意義，就無理論上的意義。事實意義的實證規準，與實用主義以及操作主義的關係，至為密切。比如說，「這是一顆鑽石」這語句，有無意義，可經操作來驗證，我們可以用物理或化學的方法，來驗證那顆東西是否真正為鑽石。但是規範性的語句，道德、宗教、美學等的用語，例如說「鑽石是最美的」，便不是經驗能實證的，純為情感的表現，或個人的主觀信念，因而很難檢證它的真實性。因此，一切有意義的陳述，都應有清晰明確和邏輯關係的表達，而且這種陳述必須依據經驗的可檢證性，用語言或文字作精確的表達。

3. 知識的形式

　　觀念分析學派為分析和驗證知識的真偽，以及有無意義，認為人類的知識，有「設證」和「論證」之別。知識上據此設證與論證，以分別各種知識的「形式」。觀念分析學派的任務，就在明白地顯示給我們設證與論證所建立的知識的不同形式，與不同層次的意義。觀念分析學派並非要毀滅認知意義以外之各種知識層次，如形上學、神學、倫理學、美學等，其精義是在於賦予適當的知識形式。因此，藝術、道德、上帝等不應被討論，因為那純為設證，基於個人的信仰與好惡，而無法論證的。

　　觀念分析學派對傳統哲學認識論的抗拒：傳統哲學認識論的探討方式，一向是理性主義與經驗主義的對立，加上近代哲學如批判主義、實驗

主義、社會學派、心理學派等折衷的學說。笛卡兒的理性主義，認爲經由理性的演繹和推理，便能獲得知識。理性是不辨自明的公理，是構成知識的根本。洛克的經驗主義，強調依賴感覺經驗以獲得知識，經驗是外在感官與內在反省的產物，是構成知識的根本。康德的批判主義，認爲知識係感性與悟性的共同產物，先天的形式與後天的經驗是構成知識不可偏廢的兩個要素。杜威的實驗主義，認爲經驗的改造和運用，就是知識。

　　觀念分析學派對於這些認識論的傳統理論，認爲它們係提出「知識的本質是什麼？」的問題，這當然是知識論的重要問題，但並不是我們人類當今眞正在知識上產生困惑的問題，當今知識論上的困惑是一些沒有確切表達的問題。這些問題促成哲學上存在著許許多多的各種論述，傳統哲學爭訟不休的許多問題，其實是彼此所用的名詞定義不清，所陳述的語意不明的問題。因此，哲學的當今要務，是要先把我們平常所使用的名詞定義，語句陳述，作清楚明確的分析，然後用精確的語言文字來敘述。

二、觀念分析學派對教育的影響

　　觀念分析學派的皮德思（Richard Peters, 1919-2011）從兩方面來分析教育，一是教育的性質，一是教育的規準，使教育的概念益加確切。

㈠教育的性質

　　皮德思認爲教育有三個性質。第一，教育或教學，是一種「工作—成效」的性質。有些字詞只有工作的意義，例如「唸書」。學生在唸一本書，必定隱含著張嘴唸讀的動作，至於有沒有讀懂則不重要，讀不懂該書，也算在唸書，所以「唸書」是工作字。另外，有些字詞只有成效的意義，例如「頓悟」。學生頓悟一項原理是眞的有一項原理被領悟，而頓悟可能是一刹那的事，沒有頓悟的過程。在頓悟之前，除了一刹那的靈光一閃之外，學生不須做出任何動作。所以「頓悟」是成效字。然而教育，則同時兼具工作及成效。沒有進行可以被稱爲教育活動的，不能算是教育；進行了許多活動之後，學生根本沒受到任何影響，也不算是教育。

　　第二個性質是，教育的歷程是多樣的。教育不像賽跑或打籃球那麼單純，賽跑或打籃球其動作很清楚，旁觀的人一眼就看出。但是教育就不

是那麼單純，不是馬上可以看出的。因為教學和教育的方式或型態是多樣的，包括演講、問答、示範、發表、欣賞，以及參觀、田野調查、演練實習、旅行等，都是教學的方式。一群人在旅行，我們很難分辨那是教學工作，或者是純休閒的旅遊。分辨一項活動是否為教育，須根據下述教育的規準而定。

　　第三個性質是，教育是一種啟發。這是教育的必要條件。教學或教育，是一項精心設計的活動，教師必須先深入了解學生，然後準備教材，研究教學的方法，事後予以考評和輔導。教育不是隨心所欲或漫無章法的工作。而且，為達到啟發，老師必須引領學生到新的知識、情意和技能等領域，給學生新的激勵和境界。

(二)教育的規準

　　皮德思認為教育有三個規準：合價值性、合認知性、合自願性。合認知性，是教材的規準，合自願性是教法的規準，而合價值性則是教材和教法的規準。

1. 合價值性（Worthwhileness）

　　價值，有些是主觀的，不同的時代和不同的地區會有不同的價值觀，在古代人看來有價值的，現代人看來則不一定有價值。例如我國以往受人稱頌的二十四孝的事跡，以今天的觀點而言，有些顯然不合時宜，又如以往男主外女主內的價值觀，也未必為現代人接受。在不同地區，阿拉伯沙漠地區人的價值觀和大洋洲島嶼地區的人，在許多方面是明顯不同的。因此在選擇教材和教法時，便有相當不同的價值觀，必須符合當時當地的價值觀。

　　然而，有些價值是人類共通的，是客觀的，為全人類所共同分享的，例如追求自由、平等、人生幸福等等。以原子或核子的知識為例，可以用來製造武器，毀滅人類，也可用於發電以造福人類，在用於發電以造福人群時，才合價值性，才值得教學，所以教育價值性的分辨必須負起很大的責任。而且，並不是只要有價值的教材、合認知性的教材，就可以不顧教法地教。教學方法也要分辨是否符合價值性。例如數學的教材雖然具有價值性，但在教學方法時使用獎勵和懲罰，當學生答對了，給一塊糖果，答

錯了，給予電擊。給糖果和給電擊，即使在方法上有效，在價值上卻未必是良好的。

2. 合認知性（Cognitiveness）

教材的內容，必須使學生得到廣博而又精深的知識。如果將知識大略分為自然科技、社會科學、人文藝術和宗教神學四部分，以及整合這四部分之間的學識，因此教材必須以這四大部分的知識為基礎，才能使學習者對於人類的知識有正確的認識，和全盤的了解。

固然各種事物都有其不同程度的知識性，如下棋、鍊金術、看風水等，但比起數學、化學、地理學、地質學而來，前者的認知性顯然沒有後者的學理性和系統性。教育既是精心規劃的活動和設計，便應該以後者為主，因而前者不宜列為學生的教材。

3. 合自願性（Voluntariness）

教學方法須合自願性，因為即使教材方面既具價值性又具認知性，但學生根本無意願來學習，則教材再好也是枉然白費。因此學生的興趣、意願、主動、積極是教學方法方面必須符合的規準。更重要的是，教師要如何才能激發學生的學習興趣、意願，使學生能主動積極地學習，便是優良教法的分辨規準。

(三)教育觀念的分析：知識的判別

觀念分析學派，最注重名詞的定義、內涵或範圍等概念，要求概念一定要清晰明確。有不少名詞，其意義與教育或教學有某種程度的關係，觀念分析學派主張要正確地了解教育的概念，才能正確地了解教育的問題，或知識判別的準則。

與教育或教學有關的名詞，約有下列數個：教導（instruction）、灌輸（indoctrination）、宣傳（propaganda）、洗腦（brainwash）和訓練（train）。其相關情形表列如下：

教材 ＼ 教法	認知領域		技能領域	
	不合認知性 不合價值性	合認知性 合價值性	合認知性 合價值性	不合認知性 不合價值性
合自願性 合價值性	宣傳 教材壞 教法尚可	教導 教材好 教法好	訓練 教材好 教法好	慫恿 教材壞 教法尚可
不合自願性 不合價值性	洗腦 教材壞 教法壞	灌輸 教材好 教法不佳	磨練 教材好 教法不佳	催眠 教材壞 教法壞

　　由上表知教材的性質，可分成認知與技能兩個領域。每一個領域又分成兩個向度：一為教材的規準，即橫向的價值性與認知性；另一為教法的規準，即縱向的價值性與自願性。

1. 認知領域的教學

　　認知的教材又分知識與信念。知識與信念的分界，一般說來，知識比較具有普遍的客觀性，而信念則比較強調個人的主觀性。因此，自然科技、社會科學等，可說屬於知識；而人文藝術和宗教屬於信念。

　　知識性最強的是自然科技，其次是社會科學；知識性較弱而信念性較強的是人文藝術，知識性最弱而信念性最強的是宗教神學。

　　以上四類教材，不論是屬於知識或信念，都合認知性，因為它們都可以提供論證；也都合價值性，因而是教育上的好教材。

　　這四類教材，如果教師教這些知識與信念時，隨時準備提供論據，或者學生發問時，能隨時予以說明，才是合自願性的活動，才是「教導」。若不提供論據，不證明也不證實，只是要求學生死背記憶，就是不合自願性的活動，便是「灌輸」。所以教導在教材上是好的，在教法上也是好的。至於灌輸，是教材好，但其教法則為不合自願性的活動。

　　有許多信念是個人主觀的，無法做科學的或哲學的論證，它們既不合認知性，也不合價值性。其無法論證，是因為它們是純粹個人的主觀，甚至是不成系統的，例如個人主觀偏見甚至政黨意識形態等。屬於教材不好，所以它們應該被排除於教育之外。

　　對於無法論證的信念，傳遞方法上也可以分成較好的（合自願性的）和較壞的（不合自願性）兩類。較好的是「宣傳」，宣傳就好像是作廣告一樣，告訴我們要這樣想，要我們接受他的想法。在被宣傳的情況下，被宣傳者還保有某種程度的拒絕。但若用「欺騙」或「洗腦」的方法，則被欺騙者很難拒絕，因為欺騙的方法可以用偽善的方式出現。而洗腦則完全使人失去自主和判斷的能力，更遠離「教導」的意義。

2. 技能領域的教學

　　技能的學習，本身也有認知的成分，而且也有不合價值性的技能學習，如偷竊技能的傳遞。合價值性方面的技能，教師如能事先提供學習的目標和理由，使該項技能被學生接受為學習目標；其次分析認知的成分，使學生知道如何把它學好；然後示範，使學生能透過模仿的方式；最後要求學生練習。在練習中還要求文雅、美感的動作，在實踐上還注意到環境的適切和道德的要求。以上才是合自願性的技能教學，這種技能方面的教學，叫做「訓練」。我們常聽說：「教師的養成訓練」，也常聽說「教師的養成教育」，其意義是不同的。前者是言及當一位教師的技能方面，後者還包含認知方面。在教育學程的課程裡，每位學生都要修習26學分，其中有教育實習2學分。這2學分以教學技能之學習為主，比較屬於教師的養成「訓練」，其他各科如教育哲學、教育社會學、教育心理學等等，較屬於教師養成「教育」的必備知識。

　　綜合上述可知，觀念分析學派對於教育，尤其是知識判別方面，頗具功效：

1. 皮德思和其同僚指出，教育哲學的角色不在於發展新的意義（ism）或意識形態（ideology），而是幫助我們更進一步了解現存觀念之意義。經由此種澄清，學生、父母、教師、行政人員乃至社會均蒙受其益，教育的過程也會透過不斷澄清，而變得更有意義。分析哲學家們認為許多教育的問題其實是語言的問題。只要我們解決語言了問題，我們就能對許多教育問題做更好的處理。

2. 觀念分析學派的教育哲學家們認為許多教育的陳述是沒有意義的。認為訴諸情緒性的模糊口號充斥，反而混淆了有意義、精確的術語。很不幸

地，教育也被很多不精確的陳述與口號搞混了。分析學家們的努力知道正是要將這些語言、概念與目的加以澄清。分析的教育哲學，不僅僅是澄清教育工作者所使用的語言，也澄清教育工作者的一些概念，以及應用這些概念的過程、基本前提、目標等，亦即對知識的判別提出澄清的功能。

3. 觀念分析學派不作規範陳述，不告訴老師或學生應該或不應該如何。也不針對教育活動作價值判斷，不會告訴學生，你應該讀書、你應該思考、你應該學習之類的話。而要關注讀書、思考、學習到底是什麼意思，既不規範教育活動，也不作任何價值判斷。一言以蔽之，分析哲學希望透過分析而澄清事物，要求對知識作精確的分析和判別。

4. 觀念分析學者發展了一套模式，幫助吾人澄清概念與組織概念。他們所發展的一些理論模式有助於老師們處理一些特殊問題，即從事活動前，先建構一個理論模式，運用此一模式，將有助於渾沌概念的釐清與教育專業的提升。

　　然而，觀念分析學派對於教育也有其缺點和負面的影響：

1. 最廣泛的批評是過度窄化它自己，這使得它無法滿足當代複雜社會、生活與教育的需求。分析哲學，只重視概念的澄清與精確，而遠離我們周遭生活上的各種實際的、迫切的問題，因此被認為分析哲學根本就規避了一些哲學上最基礎的問題。

2. 分析哲學混淆了教育的目的與方法。關於語言澄清和用字精確的研究，一般都視之為哲學技術，過分深入的話，會使哲學家成淪為一高度技術者，哲學精確的代價可能是哲學智慧的喪失，將使教育方法重於目的，最後不知為何而分析，不知為何而教育。

3. 分析哲學排斥傳統哲學任何訴諸「先驗」的假定。但在另一方面，他們又堅持任何有關事實的描述都必須是科學的語言，而這些命題的驗證也必須透過觀察。

4. 就分析哲學身來看，它不是完全的。許多分析哲學家們企圖從傳統哲學關注的視野走出，但是他們也無法更有效地說明自己的立場。所以，哲學角色的四個立場：綜合、思辯、規範與分析，必須加以整合。任何一

種立場企圖代表整個哲學，都會歪曲了人類對這些基本問題的解答。

第五節 綜述與評論

一、知識的來源

人類知識的來源，在知識論中有許多說法，成爲知識判別的重要前提，針對本章各學說主義對知識的來源，歸納綜述如下：

(一)感覺（Sense）

認爲知識乃經由感覺而獲得，人們藉著視、聽、嗅、觸、嚐而形成對周遭世界的認識。這種感覺的知識被建構成人類的經驗，每個人都能在春光明媚的日子走向戶外，觀賞景致的幽美、聆聽鳥兒的鳴唱、感受日光的烘暖、聞嗅花朵的馨香，他們「認識」到這是春天，因爲從感覺所接受到的訊息是如此，這個知識是按觀察到的資料所構成的。人類的感覺認知是直接而又具有個別性的，並且在許多方面是我們大部分知識的基礎。

感覺資料的呈現是無法否認的，多數二十世紀的人們都認爲它有呈顯「實體」的價值而接受它。但天眞地接受這種處理知識的方式，有著潛在的危險，那就是我們的感覺已被證實是不完全和不可靠的，例如：大多數的人都看過，當一根棍子的一端插入水中時，它看起來是彎曲的；但拿出水面在空氣中檢視時，棍子顯然是直的。證明由視覺而來的知識經常是不可靠的。此外，有些聲波和光波是超出人類薄弱的知覺能力。人類雖然發明了科學儀器以便擴伸自己的感覺範圍，但這些儀器的可靠性無法確定，因爲我們並不曉得人類的心智在記錄、詮釋和扭曲感覺性知覺所產生的全部影響。簡而言之，感覺知識是建立在一切假定上，這些假定乃是我們必須信任感覺機械論的可靠性。實徵知識之所以優越，是因爲對於感覺經驗的複驗（replication）和公開檢查是開放的。

(二)理性（Reason）

理性是指人類具有推論、思想或邏輯的能力，因而是知識的核心要素。持這種看法的被視爲理性主義（Rationalism）。理性主義強調人的思

想能力和心靈對知識的貢獻，認爲光憑感覺並無法爲我們提供普遍有效的判斷，判斷必須對人與人之間都是相同一致的。由我們感官所獲得的感覺和經驗只是知識的素樸材料而已，感覺資料在成爲知識之前必須經過心靈加以組織，使成爲有意義的系統。

(三)權威（Authority）

　　權威的知識之所以被接受爲眞，是由於它來自於專家或長時期地被認可爲傳統。在教室中，大多數訊息的來源都是權威，如教科書、教師或參考書籍等。

　　權威作爲一種知識的來源，有它的價值，但也有其危險。假如每個人自己直接、第一手地經驗，否則便不願意接受任何知識，這麼一來，每樣知識都得自己從頭開始思考或經驗。接受權威的知識通常可以節省時間，並促進社會和科學的進步。另一方面，這種形式的知識，其有效性是建立在所植基的假設是正確的，倘若權威的知識築基於錯誤的假設，那麼這種知識將必然遭到扭曲。

(四)直觀（Intuition）

　　對知識的直接領悟力，而非靠理性推論或經驗的感官知覺，稱爲「直觀」。在論述到直觀的文字中，常類似於這樣的表達：「確信當下的感覺」或「觸及到確信的想像力」。直觀發生於意識的底層，它通常令人感到像「猛然地靈光一閃」。許多人在完成數學難題時都有這種經驗。直觀也許是最爲個人式的認知，它是對知識的直接領悟，並伴隨著一種確切的強烈感覺，這種確切是一個人發現了他所尋找的。直觀在各種不同的地方被說成是宗教和世俗知識的一種來源。

　　直觀的弱點或危險在於，它在單獨使用時不像是一種獲得知識的安全方法，除非受其他認知方法的控制或檢驗，否則很容易出錯，並且可能導致荒謬的主張。然而直觀知識與眾不同的優越處，在於它能夠跳脫出人類經驗的限制。

(五)天啟（Revelation）

　　天啟的知識在宗教的領域中是最爲重要的，它有別於其他的知識來源，而是預設有個超越、超自然的實體闖入了自然的規律中。天啟是上帝

神聖意志的信息，信徒們對天啟的看法是，這種型態的知識具有特異的優越處，它源自於全知的上帝，是無法藉由其他知識論的方法去獲得的。由這種來源所獲致的真理，被確信是絕對而未受汙染。另一方面，人們通常認為對天啟的曲解是發生於人類的詮釋過程中，有些人認為天啟知識的主要優越處，在於它必須靠信仰才能接受，並且不被經驗所證明或否證。

其實，人類知識的來源有其互補性。沒有一種知識來源可以提供人類所有的知識，各種來源可以視為具有互補關係而非對立狀態。然而，實際的情形是大部分的思想家都選擇其中的一種來源，將它視為比其他來源更為根本，然後就以這種最根本的來源為基礎，用來評估其他獲得知識的方法。例如在現代世界中，經驗的知識通常被認為是最基本的來源，多數人們都認為，所謂「知識」若是與科學理論不一致，那麼它就是可疑的。對照之下，西方社會在中世紀時視理性和天啟為兩種主要的知識來源，其他知識來源要受到理性和天啟的檢測。

二、知識的檢證

在人類有紀錄的歷史中，可以很明顯地看到一度被接受為真的信念，旋即又被發現為假。我們怎麼才可以說某些信念為真而其餘為假呢？有什麼判斷標準可用呢？我們究竟能否斷言已經發現了真理了呢？大多數的人都同意傳統、本能和激情不能作為真理的標準，甚至大眾的普遍認同也是值得懷疑的，因為人類可能具有相同的天生缺點。哲學家們主要相信三種真理的標準——符合論（Correspondence Theory）、融貫論（Coherence Theory）和效用論（Utility Theory），茲說明如下：

㈠符合論

符合論主張觀念與外物一致，或我們的概念真能代表外界的情境，便是真的認識。實在論者相信有一個外在的世界存在，故他們所謂真理，是指人的觀念與外在的世界符合或相應，並且以認識是否與「外在的實在」相符或相映，為判斷真假的標準。符合論是以符合「事實」為判斷基準的一種真理標準。依照這種理論，真理是對客觀實體的忠實反映。譬如，「教室裡有隻獅子」這個陳述可以經由實徵的探查來驗證。倘若一個判斷

符應於事實，則爲眞；若沒有，則爲假。這種眞理的檢證標準爲科學工作者所執持。

符合論的批評者提出了三個主要的反對理由，首先他們問：「我們如何能拿我們的觀念和實體加以比較呢？因爲我們所知道的只是個人自己的經驗，無法跨越我們自身的經驗之外，因此我們能以本身的觀念去與實體的純眞狀態作比較嗎？」其次批評者提出，符合論似乎也普遍地假設了我們的感覺資料是清晰和正確的。第三，批評者指出這個理論是不完全的，因爲我們有些觀念在外在世界並沒有具體的存在可供對應或比較，倫理、邏輯和數學的許多心智運作都在這個範疇之中。

(二)融貫論

融貫論主張，眞假是以眞理全部系統爲標準，一個觀念或判斷眞假，並不因它與所謂實在相符合，而是因它與我們所擁有的知識總體相協調。眞的判斷是以眞理全部系統爲準，看它在全系統中有無位置，有是眞，無是假。這種理論將其信任寄託在個人所以判斷的一致與和諧。依照這個標準，當一個判斷與其他早被接受爲眞的判斷相一致，則爲眞。眞理融貫論的擁護者指出，一個陳述被認定爲眞或假的基礎，經常取決於它是否與那些已斷定爲眞者和諧一致。這種眞理觀的檢證標準通常由那些從事抽象觀念和發揚主智主義（intellectualism）的人所相信，而與符合論者以觀念必須符合外界的實在的物質層面的看法相對立。

融貫就是系統的一致，按字義說，coherence是「團結」的意思。融貫這個標準，不只是一個命題的自身一致，而且能達到一切經驗的總觀，就是總觀一切判斷，使成爲一貫而團結的整體。如果一個判斷本身一致，又能和我們的一切判斷整個融貫起來，便是眞的判斷。眞理的有效標準是一個有最高融貫力的系統，所謂最高度，是說把關於全體經驗的一切用最融貫的方法包括起來。但是融貫論受到現代實在論者及實用主義者的有力批評。實用主義者說，我們若不知眞實的全部系統，便不能應用「融貫」這個標準，而我們平時並未全據系統大全以判斷，所以這個標準便是空的，至少不是我們日常生活所能應用的。又者，融貫論者常言絕對，而實用主義者反對有絕對，認爲知識系統乃是多數而非唯一，是相對而非絕對，字

宙之大，知識範圍之廣，不可以純一系統包括之，各種系統自有其意義。

(三)效用論

效用論是實用主義的真理論。主張一個信念之是否獲得證實，全看它能否完成滿意的作用，凡適合我們的目標而生效用的就是真。許多切身的問題，非純理所能解決，但又非求一解決不可，便試行訴諸意志。有一信仰，試為實行，而有效驗的，在實際上發生功效的，就是真實的。真理乃從經驗中得來，但經驗都屬有限而非絕對，所以沒有一個信念可稱為絕對的真實。真理是相對的，每個信念都可要求為真理，我們每日創造真理，正如我們每日創造實在一樣。真理不是一個靜止的東西，而是一個動的進程。

實用主義又稱為工具主義，杜威認為：我們的知識與思想，乃是一種工具和方法，由此可以解決問題。智慧的作用是籌畫將來，如何應付環境，取得滿意的效果。杜威是從生物適應環境的活動，認為我們對某種環境用某種的行為方法以求適應，環境變遷，我們就得運用思想，重新適應。

效用論認為真理，不是如符合論所說，由於與先前的事實相符合；也不是有如融貫論所說，由於與其他觀念相融貫；而是由於與行動的結果相符合，既然觀念所賴以證明為真者，不是觀念發生以前的事件，而是它發生以後的結果，所以一切知識成為前瞻的，而非後顧的；真理成為假定的、暫時的，而非絕對的、固定的，因為它常要受將來的知識和未經預料的事實來修正。

許多現代哲學家聲稱並沒有靜態或絕對的真理這種東西，實用主義者反對符合論，因為他們相信人們所知曉的只是自己本身的經驗；他們也駁斥融貫論，因為它是形式的和純理論的，在廣大宇宙中，我們無法得悉任何有關「實體」、「本質」和「終極實體」。效用論者視真理的標準為它的實用性、可用性和滿意的效果性。在杜威和詹姆斯（William James, 1842-1910）的想法裡，真理就是行動的效果。效用論的真理標準，也受到許多批評：1.真理有用，有用的未必為真，不要犯了邏輯上換位的錯誤。2.效用論充滿人文主義的精神，主張能夠完成目的，滿足欲望，發展

生命的觀念都是真的，其重視生命的全體，有足稱道之處。但要知道，滿足我們要求未必真。因為我們有的欲望是不能滿足的。3.效用論富有實驗的精神。其所以實驗，是希求效果，這種效果是具體的、特殊的、個別的，不是普遍的，因此，便與用感官經驗為真理標準之說有相同的缺點。4.效用論含有以生物適應環境來解釋人類知識發展的涵義，此雖有部分道理，但不免有範圍狹隘之譏。5.效用論者所謂創造真理說，亦有商討餘地，我們不能把「人可改造事物」與「人可改造真理」混為一談。

　　傳統主義者反對這種真理的標準，因為它導致相對主義，將產生這個對你而言是真理但對我而言卻不是真理的情形。而且，在人類有限的經驗範圍中，想要對構成宇宙本質的外在實體加以檢測，則「行動」可能是虛妄不實的。

　　綜上可知，知識論就如形上學一樣，立基於人類的思想和行為上。由於教育在處理知識問題，因此知識論是教育信念和教育實踐的首要決定因素。知識論在許多方面對教育造成直接的影響，譬如對各種知識來源的假設，必然會反映在課程的選擇和安排上。例如相信自然主義並持守科學是知識的首要來源的一般公立學校，其課程目標和課程內容無疑將有別於相信天啟為知識主要來源的宗教學校。關於知識的判別以及如何由個人而傳遞到另一個人這種知識論的假設，也會影響到教學方法的理論和教師在教育情境中的功能。教育工作者必須先了解自己的知識論假定，才能有效地具體運用在教學上。

問題與討論

一、經驗主義和理性主義對知識判別的立場，各有何優缺點？

二、試比較批評主義和實驗主義在調和知識論上的觀點與傾向。

三、邏輯實證主義對於知識判別有何貢獻及缺失？

四、觀念分析學派對知識判別的觀點，對教育有何影響？

黃坤錦

第十章

知識結構與教育

第一節 認知發展論

一、認知發展論的認知結構

皮亞傑認知發展的觀念系統，是以「發展」的角度，剖析認知活動如何發生以及爲什麼會發生的學說。這個學說的本質，確認「個體的行爲，就是對自然環境與社會環境適應的表現，認知的行動就是個體對知覺環境組織及其適應的動作。」在這個意義上，個體的認知組織與適應，就成爲「一個單純內在機能的兩個互以補缺的過程。組織是這個內在機能產生循環作用的內在面，而適應就是它的外在面。」所謂組織是指個體有一種內在的傾向，統整各種不同的歷程，使成爲一個和諧的系統；所謂適應是指個體有一種外在的傾向，能與他所處的生活環境，或自然環境，或社會環境，或文化環境發生交互作用的關係。

爲要說明智慧組織的最初基本原理，皮亞傑提出「基模」（Schema）一詞。它是與心理發展相平行的適應與變化的結構。這個心理的結構，是用來處理和認同傳進來的刺激，嬰孩一出生，就有認知的基模，隨著個體的發展，基模也不斷地成長，從感覺動作，亦即從簡單的反射活動所形成的反射基模（a reflective schema），發展爲使用各種象徵符號的準備操作基模（a preoperational schema）；處理較複雜的時間、空間、數量與質量問題，以及簡單的邏輯思考的具體運思基模（a concrete operational schema）；從事科學思考，精確推理的形式操作基模（a formal operational schema），而接近成人認知的基模。在這個基模成長的過程中，由兒童感覺動作的基模，發展爲成人認知的基模，負責改變的過程，就是同化（assimilation）和調適（accomodation）的調節作用。

所謂同化，是指個體融貫外來因素到內在的認知結構，而成爲一種新的結構，這是個體統合新感覺材料或刺激素，而形成的行爲模式（patterns of behavior）的認知過程。所謂調適，是指個體改變內在的認知結構，以順應外在的情境，這是個體締結新基模，或改組舊基模的認知過程。一種新知識的獲得，就是個體同化與調適的交替作用的均衡，也是舊基模改造

的完成，或新基模習得的完成。個體的發展，從出生到成人的各階段，認知的成長，都是以這種方式進行著，兒童不斷地從生存的環境中吸收認知的經驗，組織在認知結構或系統之內，成為一種新的認知結構，以獲得一種暫時性的平衡狀態。但是，此種平衡不時因新問題、新情境的出現而破壞，接著又由於新知識的獲得而恢復。這種認知結構連續地改造與平衡的歷程，就是兒童認知發展的過程。

皮亞傑的認知發展論，主要在依據心理發展的序階，分析知識結構的重組過程，同時探討時間、空間、因果、推理等諸概念的形成，以及智慧在不同身心發展階段所表現的特質，與表明人類認知能力與知識組成的發展程序。皮亞傑在其《認知發展論》一書中指出：「認知發展論的要旨，試圖在知識發展的根基上，特別是根據兒童所憑藉的觀念與操作的心理起源，來解釋知識，尤其是科學知識。探究這些觀念與操作，能夠闡明一種相當高程度的知識發展與結構。」

從以上所述，認知發展論的要義，可以將認知發展的範圍，分為個別研究（individual approach）和集合研究（collective approach）二方面予以論述：

(一)就認知發展論的個別研究而言

探討個人知識發生的過程和結構情形，亦即認知操作的個體發生與形成。皮亞傑的認知發展論，注重個體內在發展的知識結構，認為「認知操作」是在時間上認知發展的一種功能，以及與其他心理操作有關的認知現象。為此，皮氏運用經驗的方法和邏輯的方法來探究，亦即藉「心理發展法」與「邏輯操作」來描述其學說。皮亞傑發現兒童知識發展的歷程，與一個不變的模式前後相銜接著。在這個模式式上，有三個類型：感覺動作的「組結構」（Group Structure）、具體操作的「組合結構」（Grouping Structures）、脈絡相連的「形式結構」（Combined Group and Formal Structures）。根據這個結構，可以分別四個認知發展的主要時期：感覺動作期、操作前期、具體操作期、形式操作期。

(二)就認知發展論的集合研究而言

探討人類群體知識的發展和結構，一方面具有歷史的成分，著重縱剖

面的分析；另一方面具有比較的要素，著重橫剖面的分析。前者旨在將發展的模式，應用於科學思想史上，比如「力的概念」的歷史分析；後者旨在研究不同類別的科學知識的相互影響，有如下兩方面：

1. 特殊科學領域的認識基礎之探討，這就是所謂「內在認識論」。概略地說，這種內在認識論所論列的中心要旨，主要在對於不同科學的基礎與方法，作批判性的分析。知識是論式改造主義（Reductionism）、反論式改造主義（Antireductionism）和建構主義（Constructivism）等三方面的導向，依次的學科是科學、物理學和生物學。

2. 不同科學領域相互關係之分析，亦即對每門科學主觀之間的相互關係作分析說明，這就是所謂「起源認識論」。約略地說，這種起源認識論的主要意義，就是對不同學科之間相互關係的探討，其結果產生所謂科學的概念，皮氏據此提出科學知識組織的模式；進一步地說：這種起源認識論探討的重心，集中於一般認識論趨向的研究，無論是先驗主義、經驗主義，或皮氏持「發展觀點」新創的「辯證建構主義」（Dialectical Constructivism），都試圖藉強調主客體及其二者交互作用所擔任的角色，來說明主客體之間的認知關係。

　　從以上對認知發展論基本觀念的分析可知：皮氏在認知發展學說方面，提出他自己的研究要項，並放置於標準實驗，賦以特殊的見地，旨在突破傳統哲學中認識論的探究方式，趨向於知識如何發展和結構的新途徑。

　　皮亞傑的認知發展學說，打破傳統哲學中認識論的探究方式，也撇開理性主義與經驗主義的理論對立，而從兒童認知功能的發展，剖析知識的形成，把歷來議論紛紜的知識問題，從哲學的假定與猜想中提出，放置自然生活與生物科學的架構中研討。這種的知識論，把認知發展的作用，看做智慧適應的功能，確為精闢獨特的理論；傳統知識論理性與經驗的偏執見解，在此「適應」（Adaptation）的觀點下，得以融會貫通，在某種意義上，確可解決知識論上多年聚訟不休的一些問題；而且在許多方面也能修正或補充批判主義、實驗主義、社會學派等知識論在理論上的不足，使現代教育哲學發展的基礎，邁向「認知探討」的新途徑。

二、知識結構的內容

皮亞傑在西元1966年完成《結構主義》（*Structuralism*）一書，從此書可探窺皮氏對於知識結構思想之全貌。此外，綜合皮亞傑在數學、心理學、物理學、邏輯、語言學及其他社會學科中對結構的見解，可歸納出其知識結構主義包括三個要旨：整體概念（wholeness）、轉換概念（transformation）和自我調整概念（self-regulation）。茲分述如下：

㈠整體概念

結構係由多種元素結合而成，一個結構中的元素受法則的支配，此法則係以整體來界定，此一整體不容分解，且具有所統屬的各元素的特性，但元素特性的總和並不等於整體的特性。

結構有某種程度的封閉性，一個結構一方面有自己固有的邊界，自成一個整體；但是並不妨礙這個結構以子結構的地位加入更大範圍的結構去成為一個分子。但是在大範圍的結構裡，原結構的邊界並不因此而消滅，它自己的規律仍然沒有發生變化而保存著，但在這大範圍的結構裡，它得到意義上的豐富。另方面，這個結構自身內部，也可以有自身的子結構，它的子結構和這個結構本身的關係，正如這個結構對於大範圍的結構關係一樣。

整體概念因而應用到課程組織的內容與方式。因為知識是認知之內容面，具有邏輯組織與心理發展的意義，而構成一個整體。知識的組織層次必須與學習者認知結構的發展程度相呼應，才能兼具心理的意義。換言之，課程內容應按感覺動作期、具體操作期、形式操作期的發展模式而組織，學習者才能產生同化與調適的歷程。其次，雖為一整體組織，但因其基本取向與發展程度並不一致而有不同範疇，這些範疇與心理組織也是密切相關的。根據轉換的概念，兒童在精通任一知識時，皆經歷感覺動作、具體操作與形式操作三個階段，然而不同範疇的知識內容在同一發展階段內，其組織的複雜程度卻不一致。準此原則，課程內容的時間與步調的安排，除了在促進與配合認知發展的垂直轉換外，還要顧及轉換的統整與協調，亦即課程內容的安排應同時顧及階段間的差異與同一結構的內在相

關性。

(二)轉換概念

轉換概念在知識結構主義當中，是非常重要的問題，因爲結構是一種轉換系統，這種系統並不只是元素的集合而已，而是包含了法則，而結構因轉換法則的相互利用，而能保存下來，或更豐富。

轉換屬於動態性質，不同的認知發展階段或層次，有對應的結構組。結構本身應具有穩定性，但事實上有時可能缺乏此性質；靜態的結構由於具有剛性，而顯示穩定性，但是動態的結構缺乏剛性，爲顯示其穩定性，須自行調節，以維持平衡。試以中央冷氣系統來說，在該系統某部分水的流動，總爲其他部分水的流動所補償，由於此種補償性的調節作用，整體的系統得以維持平衡，是爲動態而非靜態的，因之，反映於整體認知結構中的特性，應是轉換性與自我調節而言。

轉換是暫時性的，也可能是非暫時性的，這要看轉換的內容而定，例如要建立數學、邏輯的法則是非暫時性的，而解決所遇的個別問題時，所轉換的結構則是暫時性的。

轉換概念可以應用在課程組織中的學習歷程。皮亞傑認爲操作是所有結構發展的基礎，學習的產生則依附於學生本身的行動。其涵義是在課程組織的引導下，學生應該親自作業，自己創造結構。學習並非知識的傳遞，而是知識的發現。因此，僅提供教材並不能保證學習，兒童必須透過內在自發的活動與參與，對教材的意義產生同化與調適，方能導致認知的發生。

學習歷程以活動爲主的第二重要意義在強調邏輯能力的發展。同化需要發現學習，然學生應該超越適應的第一層次，產生調適的反應。因此，課程宜引導學生探索已知與未知，以刺激創造能力，並充分開展潛能。

(三)自我調整概念

結構的被發現，有時候是很快的，有時後來才被發現，但無論如何，結構是已經形成了一種存在模式，有歷史的軌跡或功能的軌跡可尋，但結構並非是一成不變的，它必須自我調節。調整時，它的各部分會起變化，但變化的方式一定不會妨礙結構。比如說，整體的加減，會得到另一個

數，但不是結構之外的數字。就如皮亞傑所言：「轉換時所增加之物固著在結構中，卻從未超過這個系統。除了增加元素外並保存其本身法則。」

轉換時，結構具有封閉性，把小結構容在大結構中，而小結構被視為次結構（substructure），次結構並未失去本身的領域（boundaries），亦即大結構並不會侵吞次結構。

自我轉換可透過各種不同的程序（procedures）或過程（processes）而完成，而且可依據其複雜性來排等級。在最高層次的自我轉換是依據完美的、明確的規則的應用。

認知過程中必有失調現象，為使失調現象消失，必須要平衡，而平衡的基本動力則來自於自我調整。認知結構與新經驗之間要有適當差距才能導致平衡的破壞，引起兒童認知的衝突、增加興趣、助長學習。太陳舊或太陌生的教材，兒童既缺乏興趣，便談不上同化新經驗，或改變已有的結構，教學效果自屬有限。

三、認知發展論與教育

從皮亞傑認知發展的基本概念，檢討教育哲學上的根本問題看來，認知發展的趨向，已成為現代教育哲學研究的一大特色。為要闡明認知發展的教育理論與事實存在之根據，探究此等理論所依據的哲學根本原則，須確定認知發展學說與教育的關係，以便在認知發展的架構上，解釋整個教育歷程的意義與價值，批判整個教育活動的理論與實施。皮亞傑認知發展的理論菁華，乃聲明知能發展的結構歷程。在此歷程中，心理發展與認知結構是不能分離的。發展始於一種活動，終於另一種結構；每一種結構的形成或重組，就是一個發展層次的完成，同時又為另一個發展層次的開始。認知發展的分期，具有階層關係（hierarchy relation）的連貫性存在，前一階段或層次的完成，為後一階段或層次發展的必要條件。基此，教育活動的實施，每一發展的階段，應有相當的教育重點以相配合，才能促進兒童認知能力和道德判斷的健全發展。有關皮亞傑知能發展的分期，概略可以分為感覺動作期、操作前期、具體操作期及形式操作期等四個時期。一個兒童的認知發展，雖必定歷經上述四個時期，但是它的發展速

率，並非一成不變的，由某一步程（step）發展到另一步程，由某一層次（level）發展到另一層次，由某一階段（stage）發展到另一階段，其遷移可藉經驗的注入，以及思考的啟迪，而加速向前推進，這就有賴於教育的引導與陶冶，尤其是優良的教育。因此，從教育實施的立場看，教學工作要收到效果，必求學童的認知結構與學習材料的適當配合，才能使經驗有效重組。同時皮亞傑的發現，有益於教育的組織，俾能同時兼顧到邏輯化與心理化原則，使教學工作更簡易有效。

根據上述認知發展學說與教育基本關係的分析，參考皮亞傑的主要著作，及一些專家學們對皮亞傑學說在教育上應用的研究心得，歸納整理，類推其教育的學說。這是一種試探性的推定，旨在以「認知發展」的哲學觀點，灌注於教育的園地。茲擇其大要，略述於下：

(一)就教育的意義來說

教育是認知發展的陶冶歷程。「陶冶」與「發展」是相輔相成的一物之兩面。所謂陶冶，是指主觀體驗與客觀了解的過程：「所謂發展，是指相同的功能配合生理的成熟，與外界交互作用，使兒童的認知活動，由幼稚到成熟期所經歷的過程。」陶冶與發展二者之間的關聯，需要藉著智慧的組織與適應來完成，它們必須協調本身內在結構與外在情境而至平衡的結果來表現。在這個意義上，教育經由「同化」與「調適」，因而達到平衡的人格類化的認知活動，旨在促進自我實現，以及達成社會適應的目的。

(二)就教育的目的來說

認知發展的教育目標，不在於灌輸知識，而在培養兒童的發展能力。皮亞傑說：「教育的首要目的，在於培養能夠創新事物，而不是僅僅只能重複既有事物的人。換句話說，教育的目標，就是要培養具有創造性，富有想像力，而有發明能力的人。教育的第二目的，在於培育能批評、能驗證，而不只是完全接受人家意見的心智。」

(三)就教育的內容來說

皮亞傑視知能發展為一種結構化的歷程，主張認知結構是循一定系列而發展。為此，課程的內容，要適切地配合學習心理發展的階程。課程

的順序，應按照兒童心靈上認知變化的狀態來設計。因此，皮亞傑知能發展的原理，成爲許多課程設計家如何選擇及編製教育階梯（educational ladder）中每一階段課程內容的依據。

㈣就教育的方法來說

教學的要義，在於了解知識結構的歷程，使教材的結構與學習者的認知結構相吻合；教師的主要任務，在於「設計適當的環境，讓兒童自己去發現、吸收並發展成一種新的結構」。至於在實際應用的方式上，可採用兩種革新的教學法──發現式教學法（discovery approach）和編序教學法（programmed instruction）──這兩種方法，切合兒童心理發展的層次，配合他們的特殊興趣與需要。

㈤就訓導的原理來說

皮亞傑認爲道德發展與知能發展同時並行。「道德判斷發展的基模，乃是個人生長與社會文化的函數，它一方面受個人認知能力發展的影響，一方面受成人的約制和同輩合作的影響。」依此原理，道德教育「應指導兒童認識較高層次的普遍道德原則，如公道、正義、誠實等概念，以批判較低層次的道德規則與行爲，使兒童發揮自律的道德判斷。」養成道德的行爲習慣，啟發道德的認知理性，涵養情感的優美情操，鍛鍊行善的堅強意志，達到「從心所欲，不踰矩」的崇高境界。

第二節　現象學

一、現象學的知識歷程

現象學（Phenomenology）由胡塞爾（Edmund Husserl, 1859-1938）最先發起，是透過他早期讀的數學，以及對心理學的研究，而總結在哲學的探討中，在哲學方面，則是有鑑於「近代哲學之父」笛卡兒的學說。胡塞爾認爲笛卡兒「我思故我在」的論點，的確是在「知識論」中，找到了「主體」的存在，而且是不能被懷疑的「主體」，這當然在「知識論」銜接「本體論」方面，有不可磨滅的貢獻。但可惜的是，笛卡兒在這方面過

於急躁，在找到認知主體後，並沒有設法停留在主體內，默觀主體的能力，以求得知識通往形上的通路；或者，至少在主體內尋找其所以為主體的理由。而是急急忙忙地從主體走出來，設法趨赴客體，以求得有關客體的知識。到後來，不但決裂了主體與客體，決裂了心和物。而更在主、客二元之外，還捧出了「上帝」，而在「本體論」中，成為心、物、神三元。胡塞爾的現象學，肯定笛卡兒的哲學起點，肯定「我思故我在」的主體成就，但卻不滿意笛卡兒對主體的缺乏耐心，更不滿意他從主體出走，去遷就客體行為。

胡塞爾現象學的另外一個動機，則是針對康德對知識的批判，認為康德對知識批判的方法仍然如經驗主義一般，把主體三分，把客體二分；形成主體在知識問題上，分成感性、悟性、理性，而且把感性、悟性的對象偏限到自然科學的觀察，但卻否定了可以通往「形上學」的理性的功能。而在另一方面，把客體分成：「現象」與「物自體」，而且認為「物自體」不能被認識。這麼一來，知識仍然無法成立；尤其是，通往形而上的知識亦無法成立。

胡塞爾承認客體可以二分，不過不是「本體」與「現象」的二分，而只是「所知」程度的區分：那就是「客體」和「對象」。客體是完全客觀的存在，對象則是主體在自己生活體驗中所知的客體。因而，客體是完全客觀的，而對象則有了幾許主觀的成分。

但是，對於主體，胡塞爾則認為是「統一」的、統一在「能知」之中。主體的能知，以及客體的所知，天生來就是由主客體不分的情況下存在著。而這種主、客未分之前的「本體論」境界，才是「知識論」討論主客合一的理論基礎。因為「現象就是本質」，這對認知主體認知能力的肯定，以及對客體被認知的可能性的許諾，都有極大的幫助。「現象學」也就因此被稱為「本質哲學」。也就是說，「現象學」所肯定的是：主體能夠認識客體，而這認識的理由和能力，都是由於在本體中，主、客原是一體不分的。而以往「知識論」探討的偏差，自笛卡兒開始的主、客二元，轉化為心、物二元時，就已種下了禍根，致使近代哲學無論理性主義，或是經驗主義，在知識問題上，甚至到康德以及德國「觀念論」的探討中，

都無法突破這二元的窠臼，而使得笛卡兒所找到、定而不移的主體，竟然是孤立的主體，竟然是沒有客體的主體。這樣，由笛卡兒二元論所發展出來的知識論，也就走不向本體論，也即是沒有存在的基礎。康德的批判很好，他說，笛卡兒的「我思故我在」，這「我在」也只是思想的存在，而不是本體的存在；也就是說，笛卡兒所找到並證實的主體，只是思想的主體，但是沒有辦法證實是存在的主體。

　　現象學要「回歸事物的本身」，意即回到存在的主體，回到這主體尚未「思想」以前，亦即是其未分主、客之前；主體和客體渾然不分的狀態時的事物「本然」。這「本然」是超乎主、客，超乎心、物二元，超乎「能知」與「所知」之分的。因而，這「本然」的統一性，甚至同一性，就是證明在後來落實的「知識論」中，不但如笛卡兒所證實的，主體存在，而且亦指證著客體亦存在；不但「心」存在，就是「物」也存在。本然是心物同時存在的本質，這種「本質哲學」的意義，發揮到極致，就是能使吾人在思想中，能「回歸事物本身」，而在這事物本身之中，認識物的本質，絕不只是知道物的現象而已。

　　「現象學」的另一層涵義是「意識哲學」。原來，胡塞爾以為，整個認知過程，都是人在「意識之流」中完成。而「意識之流」原是胡塞爾在研究心理學的心得，對知識論中客體問題的一元化，有極大的貢獻，同時亦有強有力的說服力量，胡塞爾所做的比方是德國福萊堡。凡是德國人，只要一聽見「福萊堡」（Freiburg）這個名字，都知道這個地理名詞；而且亦肯定自己「知道」；進一步，每一個人亦都會認同，的確有「福萊堡」這的地方，而這個地方完全客觀地存在著，無論人們是否知道它的存在。但是，問題在於：無論誰都強調自己「知道」福萊堡，可是，因為福萊堡這個地理名詞包含了太多的內容，無論從其歷史的演變來看，或是從地理的範圍來看，都有數不清的事件。因此。各人所「知」都會有重點的不同，亦有內容多寡的區別。相對於一個外國人，也許只是從世界地理中「知道」有這麼一個德國西南部的名城，也許有朋友去過福萊堡大學留過學，而知道有這麼一個城市。對於德國人來說，他們「知道」的當然比外國人多一點；對福萊堡城民，則「知道」的比其他德國人又更多。但是，

無論知道多少，亦無論知道多深，當人一提到「福萊堡」這個名詞時，每個「知道」福萊堡的人，都必然先想起某一時、空、定點的福萊堡，而不可能立即想起「福萊堡」的全部，或是肯定「福萊堡」的客觀存在。爲何如此呢？這也就是胡塞爾「現象學」利用心理學著力之點。人原是習慣性的動物，而習慣性的經驗總也不自覺地呈現在吾人知識的最初部分。凡是多少「知道」福萊堡的人，一聽見「福萊堡」這個名字，馬上就與自己的生活經驗連結起來，而在自己生活體驗中，尋找「福萊堡」。也就因此，每一位「知道」福萊堡的人，都先在自己的「生命之經驗」中找出「福萊堡」這東西。當然，這就形成幾乎有多少知道福萊堡的人，就有多少種「福萊堡」。因爲在生命體驗中，沒有兩個人是完全相同的。就好像一對雙胞胎兄弟，進入同一學校同一班，如果老師要他們寫作文：「我的媽媽」，雖然這兩位雙胞胎兄弟只有一個媽媽，但是，他倆的作文內容必然不一樣，因爲作文是作者的精神產品，而這產品必與作者精神吻合，是主觀的，不是完全客觀的。

　　胡塞爾稱這種與生命體驗不可分割所獲得的，用德文"Gegenstand"來表達（一般把"Gegenstand"譯成「對象」）；而把原來屬於客觀的「福萊堡」，用傳統的"Objekt"來代表（通常把"Objekt"譯成「客體」）。

　　這樣，在現象學的知識論或知識結構中，「客體」是二分的：一方面具有完全客觀的存在；另一方面又有主觀心理因素的加入。胡塞爾也承認，吾人是不可能完全認識客體的，因爲它的內容和範圍都可能非常大，大到吾人無法把握；但是，對象則是可以完全把握的，因爲它是我生命的一部分，是我生活體驗的一部分。進一步而言，這「對象」對我來說，就是「我的客體」，在上面的比方中，我所知道的福萊堡是「我的福萊堡」。不過，雖然是「我的福萊堡」，但畢竟是我的生活體驗，與客觀的「福萊堡」總有某些部分是契合的，不會是我憑空想像的，也不會是我的幻覺。「我的福萊堡」與客觀的「福萊堡」是相通的。

　　爲了保證「我的福萊堡」不要過分膨脹，不要把原來不知的部分強以爲知，因而有了數學名詞"epoche"的運用（"epoche"是「放入括弧，存而不論」之意）。胡塞爾以爲，在「知識論」中，應該嚴守「知之爲知之，

不知爲不知」的原則；在對象與客體的關係中，對象既是我對客體的生活體驗，這體驗當然可以一直增加；照上面的比方，對福萊堡的知識是可以不斷增加的，我甚至可以專門研究它的歷史，研究它的地理，更甚至可以搬到那裡去居住。這樣，先在開始時，我所知道的福萊堡可能極少，其他絕大部分都要放入括弧，存而不論；但一旦對它的知識增加，而且每增加一項，就可以除去一括弧，也就是說，逐漸地，對「福萊堡」的知識可以一天天地增加，直至接近客觀的「福萊堡」整體。

二、現象學的知識結構層次

經由上述，了解了胡塞爾知識論中對主體、客體的解析之後，胡塞爾「現象學」方法的進行，也就是他對知識結構的層次，一共分成三個階段：

㈠描述現象學（Descriptive Phenomenology）

描寫吾人意識，如何能從客體諸多存而不論的無知中，確認對象在自己生命體驗中的眞實性。吾人所意識到的，不是憑空的幻想，而是與我生命息息相關的，在描述現象學開始時，並沒有把「物」和「我」對立起來，而是在「我的生命體驗中」，根本沒有去區分「我與物」，此時，是主、客未分之際，亦是物、我不分之際。此期，意識尚沒有把物和我截然分開，雖然，在意識中的「物」已經是對象，而非全部的客體；但是，因有「生命的體驗」，主、客仍是不分的。

㈡超越現象學（Transcendental Phenomenology）

此期，意識在知識的途中，開始意識到自身作爲主體的存在，而且意識到物、我之間有很大的距離，甚至有鴻溝的存在。意識在此期所覺醒到的「我存在」，意味著「我」的獨立性，而世界上所有事物，都不是「我」，而都是「我」之外的存在物。這樣，主、客就分離了，物、我也對立的。

在超越現象學中，主、客的分離正表示知識構成階段中的困境，需要放入括弧，以存而不論的方式，類似於笛卡兒的懷疑方法，在沒有完全確定之前，不輕易相信「知識」的成立，不輕易說出主客的合一。而物、

我的對立，主要的是本體論上的基礎，直接影響到知識論的構成；因爲「我」一方面是知識的主體；另一方面又是存在的本體。我與物的對立，亦顯示出知識的奠立，需有物、我間的橋梁。在胡塞爾的現象學中，主體作爲「能知」，客體作爲「所知」，而主客合一的可能性，因而就落實到「知」之中；而意識以及生活經驗都是使這「知」成爲可能，以「知」來連結我與物，是物我合一的知識成果。

㈢構成現象學（Constitutive Phenomenology）

此期是把前期所存而不論的括弧，通通解消；因爲有了意識的作用，能夠把客體轉化成爲對象，而代替事物的本質，作爲知識的內容。而意識的「能思」，還是可以從笛卡兒的「我思」開始，不過，胡塞爾的「我思」，並非如笛卡兒一般，直接引導到「我在」，而是從「我思」開始，以「意識之流」的方式，思想所及，亦即是意識所及，在自身生命體驗中，把客體轉化成爲對象，而使之成爲「所思」。這樣，從「我思」出現兩種情況：一方面是反思，那就是笛卡兒式的反省，導引出「我思，故我在」，證明了知識主體定而不移的存在；而在另一方面則是知識構成的思想，也就是現象學方法的思想，從思想到達存在，從「我思」，所達到的是「物的存在」。

因而，現象學可以大膽地修改或增大笛卡兒的「我思故我在」，變成「我思，故世界存在」。

三、現象學與教育

現象學所處理問題基本上是哲學的知識問題，而它本身也是探究知識結構的好方法之一。所以，我們欲探討各種教育問題特別是知識問題，理應可以從現象學的方法去獲得一些解決。但是現象學作爲一種嚴格之學，恐怕非胡塞爾本人不能體會，現象學的直觀，對一般人而言，可能與「主觀」或者是「唯心」沒有兩樣，但不管怎麼說，現象學把人類直觀的意識提升至嚴格之學的論證仍值得每位教育工作者深思。柯提士與梅濟（B. Curtis & W. Mays）所編輯的《現象學與教育》（*Phenomenology and Education*），是少數探討現象學與教育的論述。柯提士在導言中指出現象

學對知識的構成有下列三個明顯的觀點：

1. 強調個人主體意識（subjective consciousness）的重要性。
2. 意識的理解是主動的，且賦予意義的（meaning-bestowing）。
3. 意識內有一些基本結構，我們可以透過「反省」，從這些意識內的基本結構中獲得一些直接知識。

意識是否能被意識以外的事物有效地呈現？社會可否呈現或決定信念？當我們欲了解不同經驗或背景的人時，是否可以找出有關於知識的某種必然實體與結構？現象學對於這些基本的教育問題都有探究的興趣。

現象學本身雖然沒有探討人的本質，但是胡塞爾的第一高足海德格卻以人的存在作為畢生探究之職。教師需如何去面對學生？不同的外形、社經地位、不同的性格、不同的成績表現，我們是否也可仿照胡塞爾的方法都把他這些特質先放入括弧，然後我們所知覺的就是最純粹所謂學生的本質。透過這種存而不論的方法，我們當老師的不會再以刻板的成見去面對學生，不會再以各種所謂客觀的標準來看待學生，從而也就更能公正的處理學生問題。

現象學在教學方法上有其貢獻，即鼓勵學生先試著放棄各種成見，把現有的各種知識暫時不用，甚至加以懷疑和檢討，嘗試能否找到最原初的意義或目的，此即對知識最本質的研討。然而，我們也必須指出現象學的方法，可能有很大的限制，因為教學重在新舊經驗之配合，教育更是文化之傳承，實在無法要學生把舊有的一切成果先存而不論，然後明心見性，直接達到知識的內容和本質。然而，現象學對於學生知識的構成，指出其嚴格、艱辛和漫長的歷程，「知識不是輕易而得的」，能使師生全體都作深刻的省思。

第三節 存在主義

一、存在主義的知識意涵

存在主義（Existentialism）的思想在體系上呈現著模糊和分歧，因

爲：「1.存在主義者之國籍與時代文化背景至爲不同；2.存在主義者強調在無意義與荒謬世界中成爲孤立、隔離、疏遠的個人，趨向個別化，難有一致的觀點；3.宗教信仰不同，如尼采、海德格與沙特是反神論，祈克果、雅士培與馬色爾是有神論；4.文體上常難易不一，例如尼采格言式的散文成爲所有哲學中作品最可閱讀之一，但祈克果文章之頑固形式及辯證方法，除非是最用心的讀者，否則都會感到迷惑不解。」1

祈克果（Søren Kierkegaard, 1813-1855）可以說是西方近代最早的存在主義者。祈克果生於丹麥，生長在一個外人以社會標準看來是理想的家庭，而祈克果自幼即知許多不足爲外人道的家醜，一家人在外人面前要表演一套，而自家當中卻顯露另一套。當時的歐洲是黑格爾觀念論盛行的時代，以及地理上一切都制度化的丹麥，因而深感個人在制度與系統的洪流之中，失去了存在的意義和價值，於是提出「個人存在」的要求和呼籲，強調個人的自由抉擇，主張「我擇故我在」、「存在先於本質」的觀念，他在其哲學日記中，指出人有三種存在的層次：一是生理感性，只求一己的滿足；二是倫理制度，想到他人的存在；三是宗教，人必須認同神的存在，是人最完美的存在。人對於神以及世界單靠理性知識是無法溝通的，必須靠信仰去達到，這就必須有強烈的情感。人要有這強烈的情感，不是靠理性的反省，而是靠人相信自己是神所創造的，就像神命令亞伯拉罕宰殺獨子當作祭品，有犧牲獨生愛子而順從的熱烈情感那樣，這已超越了個人願望與倫理規範而到信仰宗教的範疇。祈克果雖然是有神論而且崇拜上帝，但卻堅強地主張個人有選擇自己存在的自由。換言之，他強調自由抉擇的主觀個人，反對順從客觀與科學導向的世界，因此對知識論的觀點，主張真理的主觀性，主觀真理及個人所吸收體驗的真理，「一個對我爲真的真理」、「我可爲之生，爲之死的真理」，可知，祈克果認爲知識是來自個別的、主觀的體驗，這種看法，令我們想起古代希臘許多辯士派（Sophists）其實是存在主義的鼻祖。

1　葉學志著，《教育哲學》，頁85，存在主義知識論與教育，三民書局，1996年2月。

雅士培（Karl Jaspers, 1883-1969）生長於德國，自幼體弱多病，常感自己的孤獨、無助，是人群中的「例外」，因而立志習醫。其思想強調人的生存意義和目的在於「闡明存在」與「實現存在」，因為人必須先提出存在的意義，而後才可能實現存在。因此，人最先是使自己的存在具有明確的意義、價值，而不是洪流中的泥沙或群眾中的樣品；人的存在雖然無法離開世界，但可以超越世界，那就是追求「自由人」的存在。人發展自由是在時間中，其他的存在亦在時間中，但它們是沒有發展性，亦無歷史感受的，唯獨人的時間有歷史的感受，因此人的存在必須在時間中，而且在特殊情況裡，如戰亂、災害、疾病、失戀等會更加感受到自己的存在，這特殊情況在時間洪流中，是屬於非常態的片刻。如果能把握住此片刻，這特殊情況就能達成人存在的意義，正所謂「片刻等於永恆」。能夠善用片刻，就能得到時間，因而也能把握住永恆。至於如何把握片刻，則靠「交往」，即是和世界、他人、自己、神的交往。「世界」屬於物質的存在，需要自然科學。「他人」屬於群體的存在，需要社會科學。「自己」是個人的存在，需要人文藝術，「神」是宗教，應以信仰去體會。在存在各階層中，從物質的世界，到精神領域的「自己」，中間不一定是非連續的，可以跳躍；從殘缺不全的「自己」到達完美的「神」，也是不連續的，必須跳躍上升。而「跳躍」或「躍升」不一定是用理性的推論，而多半是用感情的投入或信仰的狂熱。「我自己」在這些階層中，無論從什麼起點，都可以找到這三種「存在」或「階層」的全體。哲學是要在理性之外，用更多的非理性來使存在明晰，非理性是我們每個人的「存在與生命」中的動力，激動我們，對我們的存在做引導和證實。「哲學是引領和證驗我們走自己的道路。」因為雅士培也是有神論，對於存在的意義，強調從物質的經驗世界，跳躍到精神領域的自由的「我自己」。因此其知識論的觀點，顯示知識是證驗的，他強調單靠理性不能體認到形上學，要體認存在的最高境界，有賴人的感性活動，也就是依靠非理性的情感和信仰，故存在主義排除理性在人類精神生活的領導地位，而強調非理性的合人性和必要性。

海德格（Martin Heidegger, 1889-1976）出生於德國，認為人的存在就

是「在世存有」和「共同存有」。所謂「在世存有」，即每一個人的存在都是在時空的限制內，人來到世上，也就是人存在的開始，並沒有經由自己的同意，因此是命定的，產生了焦慮，這是人首先遭遇的命運，也是促使人覺悟自己存在的命定和無奈，沒有自由選擇性。察覺到自己的存在包括所面臨的恐懼、恐怖意識、罪惡感、虛無與死亡的現實，如果要堅持著純真的個人，不應逃避這些現實，應有勇氣追問「究竟我是誰？」才能主動地計畫變成我自己未來的本質，以決定果斷的行動，求生命的自我超越，這便是存在先於本質。所謂「共同存有」，是指人生存在世上，不是單獨的存在，不是孤伶伶地被拋到世界上，而是共同被拋到世上，因而是有同伴的，因此人要盡責任，才能實現人的本質，要靠「仁愛」來滋養人際關係，故海德格對知識論的觀點是：知識的產生是由於對在世存有的認識，個人要為自己的知識負責，知識是否有效，端視其個人特別的價值觀念，以及和人際中所共存的價值。知識一方面是主觀的、個別的，在另一方面也有其客觀性和群體性。

　　沙特（Jean-Paul Sartre, 1905-1980）出生於法國，其思想是以小說和戲劇的方式呈現，對存在主義的學理用文學證驗，而且用文藝廣傳，更具效果。沙特二歲喪父，母改嫁。沙特自幼得知母親對繼父並無感情，但為了年幼的他，而百般討好奉承繼父，沙特遂深感自己是母親的拖累者，是人家的累贅，人的存在其實都是在拖累別人。

　　由於家庭的不幸以及二次大戰中被德軍所俘促使沙特認為人類的存在根本是虛無，因為人是未經自己的同意或選擇就被拋在世界裡。人能獲得任何存在的意義，則須靠自己的選擇，所以他說「存在先於本質」，就是說人出生於世上（存在），原無意義，要人自己作選擇，成為未來的本質，而後才有真正存在的意義。他是反神論，認為神已死了，人只有對自己選擇負責，人初生在這個世界，必然遭遇困境，這是我們先天的命運，然而，人後天有絕對的自由，自己發展生存的意義負責，甚至「自然」、「法律」、「科學」的意義也是由於人的創造，由於人能給予意義，例如給予自然意義，我們便可控制它，無論這種控制有多麼限制，如果說我們不能控制自然，是因為我們不了解它，不如說我們不能控制自然，是因為

我們不曾給予自然足夠的意義。這說明人負責任給予世界一切意義是爲了自己存在有意義。因此沙特的知識論，認爲追求知識只是爲了使自己的存在有意義，而知識是否有改變，則端視個人的價值觀念，其知識是主觀的、個別的，知識是個人願望或意志的達成工具。

　　馬色爾（Gabriel Marcel, 1889-1973）出生於法國，幼年母喪，父親再娶。馬色爾自小就感受到繼母對他並無眞感情，但繼母在父親面前，卻刻意裝扮得對馬色爾非常關愛，父親不在時即相當冷淡，使其深感自己是一個工具，是別人手中的一顆棋子。認爲人類的存在應該是「是」（Being），而不是「有」（Having），人生是「奧祕」而不是「問題」，因爲存在就是扮演好自己眞誠的角色，人本身就是本體的存在（Being），不是也不須由外在物來附加或添增（Having）。了解「是」必須靠內在的體驗，體驗的方法是「訂約」與「誠實」，所謂「訂約」就是人要規劃約好未來的自己是什麼，從內心中找到絕對的我、眞實的我，成爲內心永恆而絕對的省思對象。所謂「誠實」就是忠於自己，對自己存在的事實，不自欺、不虛僞，如此才可以尋得眞正我的存在。可知馬色爾的知識論，是靠內心體驗，是主觀的、個別的，即使體驗不到，也不是人生有「問題」，而是人生本來就很「奧祕」。

　　從上述五位存在主義者的介紹，可以得知其對知識的意涵，有下列共同的特徵：

1. 知識是實踐自我存在的體驗

　　存在主義者對知識的看法與理性主義、經驗主義及實驗主義均不同，認爲求知的目的不在於探索宇宙的眞理內涵，認知不在於了解外在事物的性質，知識不是解決生活問題的經驗改造，知識是實踐自我存在的體驗，知識的構成主要來自於個人對生活價值的體悟和選擇，尤其是心情上、情緒上的感受。

2. 知識的來源是內在的非理性的體驗

　　對於知識的來源，存在主義更與理性主義、經驗主義及實驗主義不同。理性主義認爲知識的來源主要是理性、是內在的，而存在主義者固然亦認爲知識的來源是內在的，但除理性外，尚有非理性，包括情感、感覺

都在體驗之內；經驗主義者認爲知識的來源爲外在經驗，而存在主義者則認爲知識的來源是內在體驗；實驗主義認爲知識的來源爲個人與環境的交互作用，既有內在智力，又有外在環境的力量，係兩種作用交互而生，但存在主義不承認外在環境的影響，認爲知識是否爲知識，純受個人內在價值觀念所決定，知識由實踐自己的存在而成爲知識，是純粹主觀的、個別的、形而上的，而非解決實際生活問題的工具。

3.知識是個別的主觀的

理性主義認爲知識是永恆的、普遍的、客觀的；存在主義認爲知識是個別的，此與經驗主義相同。存在主義與實驗主義一樣認爲知識是會變的，但實驗主義者主張知識會變，是因個人與環境的協調而產生改變。存在主義則是個人主體價值觀念的改變，不太受外在環境的左右。

4.知識是人主動攝取的

存在主義強調攝取知識是個人純基於存在的價值觀念，與理性主義及實驗主義一樣均認爲心靈是主動的，對於知識的攝取亦是主動的，而與唯物論和經驗主義認爲心靈是被動的接受，明顯地不同。

5.知識在於實踐存在

存在主義強調知識只是爲實踐個人的存在，使自己知道自己是什麼（being），而不是因爲有知識而使自己擁有什麼（having）。知識如何結構以及是否有效，取決於個人存在的價值觀念，知識只是尋求存在的體驗。因此與理性主義者所主張貫通眞理，經驗主義者所主張符合眞理，以及實驗主義者所主張運用眞理均不相同，知識在於使自己成爲自己。

二、存在主義的知識結構

由前述存在主義對知識的意涵，可以得知其對知識結構的觀點，大略如下：

㈠知識目的或性質

存在主義的知識目的重視培養個人能覺悟，爲創造自我的存在而負責，能以主觀、個別的體驗來選擇自己認爲最有意義的人生，求知或知識是實踐自我存在的必要歷程。

(二)知識的內容或結構

存在主義在教育的實施方面，最困難的是在課程與教材上。因為存在主義比較重視如何教，而較少重視教什麼。因此，探究存在主義的課程教材，必須從上述存在主義的學說及其對知識的意義與目的之分析中，加以整理分述如下：

1. 按照雅士培的看法，我們如要走進「實現存在」的領域，必須經由「人與世界」、「人與人」、「人與己」、「人與神」之間的交往方式來完成。因此，教育內容應有「自然科學」、「社會科學」、「人社藝術」、「宗教哲學」的課程或科目，藉以探討「物性」、「他人性」、「自我性」、「神性」的內涵，以便了解個人的存在與個人以外的存在。

2. 研究存在主義的哈佛教育研究所教授烏立盧（Robert Ulich）認為：「未來的學校，應該發展通識教育，從情緒中，找到其教材。」因此，課程教材應以「文學」與「藝術」為主，藉以發現自我，發展自我，創造自我，突破自我，向自我開拓。

3. 海德格的思想強調，要闡明存在的「共同存有」，必須以個人存在的體驗去了解，因此，應有「人生哲學」、「課程教材」、「環境與人」、「倫理學」等的內容，藉以喚醒個人的責任感，明白存在的意義。

4. 馬色爾的思想強調，個人真實主體的完成，是生活在與絕對我的誠實中，這在長期生活經驗中要求考驗，必須在生活經驗中不斷印證的，才能使人活得真實。因此，課程教材應施以生活教育，加強心理分析，對人性作深入的探討，以個人信仰的體驗，打破「社會意識」支配下自欺欺人的行為，為自身安排一個完美、充實、真實的人生，不是為他人、為社會的名利而活，為自己真誠實在的活著。

具體而言，存在主義在課程教材方面主張：

「1.重視人文學科：存在主義固然不重視教學內容而重視教學方法，但在各學科當中比較而言，重視人文學科，因為人文學科所包括的文學、歷史、哲學與藝術比其他學科在人性上與世界衝突上更為深入，有助於存在的實踐。例如歷史是歷史學家以自己的意見來解釋；而存在主義者則從

人類的掙扎以實現自由的觀點來解釋歷史，所以學習歷史可以激起其思想與感覺，成為自己的一部分。藝術學科可培養美的經驗，如音樂、戲劇、舞蹈、創造性寫作與影片等。藝術科目的學習，不在於模仿藝術作品，而在刺激個人藝術的創作與表達。哲學學科更是激發學生覺悟自己的自由與責任，有助於存在的實踐。人文學科涉及性、愛、恨、死、病、飢餓、災難等，使人類了解人生的全貌：包括高尚與敗壞，俗世與榮耀，失望與希望等等，使個人反省而對自己的人生作適當的抉擇。

2.重視有關整體人生意義與情感發展的教材：存在主義不是絕對反對修讀基本學科或自然學科，基本學科可幫助個別學生對其有關生活的決定，但這種基本學科的教學，不應與個人整體人生意義或情感的發展相脫離。至於自然科學，固然可以增進個人對自然界的了解，但其過於專精化、偏狹的知識，尤其偏於客觀的認知，往往會阻礙人內在價值觀念的整體發展，必須輔以人文學科，因為一切知識必須是有助於學生實踐存在的工具。」[2]

㈢求知方法或途徑

「1.重視間接輔導教學法：存在主義固然贊成蘇格拉底助產士的教學法，激發學生的智力，但更重要的是協助學生自己反省與創造，使知識成為學生實踐存在的一部分。因此存在主義教師的功能與理性主義強調啟發性、經驗主義傳授知識，以及實驗主義對問題情境提供諮詢均不相同。存在主義教師是協助學生在學習過程中趨向自我實現，支持學生的自由化與個人化。教學生不在學習多少，而在於學得對其個人有意義。換言之，教學重在間接輔導法，不是直接輔導法。

2.重視學生為中心的教學法：存在主義者強調個人的自由與責任，教學必須重視個別差異，以學生為本位，學生不必模仿教師，被動地接受其指導，教師必須把學生當作人，當作『目的』的存在來看待，存在主義教師只是提供學習方法，並非引導接受共同的真理。存在主義雖然與實驗主

2　同上，頁91-92。

義均以學生爲中心的教學法，但不盡相同，因爲實驗主義教師固然重視學生的興趣與需要，但其興趣與需要只是提供教學過程的重要參考，而非決定教學過程；而存在主義的興趣與需要卻是完全不受限制與改變，是決定性而非參考性的。

　　3.重視自我參與和表達的教學法：存在主義者強調教師不是灌輸知識或學生被動地接受教學，應讓學生自動學習與和自由表達，所以遊戲被視爲優良的教學方法。固然實驗主義亦重視遊戲，但其認爲遊戲是基於『由作中學』的原則，即在遊戲中學習經驗；而存在主義者認爲遊戲的目的是在能自由地表達自己，重點在於內在的表達，而非學習。」[3]

三、存在主義與教育

　　存在主義的學說和對知識的觀點，近年來影響教育頗大，有其優缺點，其教育的優點爲：

1. 存在主義重視人的存在、尊嚴與價值，充分代表人文主義教育的精神。存在主義者均關心人之前途、價值及尊嚴，所關心的是「主體的人」，而非封閉的自我，亦即「具體而活生生的人」。存在主義者認爲，傳統的理性主義過於強調理性本質而忽略了有血有肉的實際人的存在，理性的探討無助於面對生老病死、挽救天災人禍，所以把人類非意識的行動當作眞實的存在。存在主義者不解釋世界，而是解釋人類存在的意義，協助人去面對世界，強調人文主義即指接納古典之傳統，恢復現代人的尊嚴，最終之理想在承認每一個人的人性價值。

2. 在師生互動上，將學生視爲人、目的，而非工具與物，存在主義的師生關係，是"I and you"的關係，而不是"I and it"，沒有兩個學生是一樣的，每一個學生都有獨特的個性，可以主動的探索，不需要齊頭式的教學。教師是人師，而非經師，並不很重視認知的傳遞，也不掌握正確的答案，只是願意幫助學生探索可能答案的人。師生維持朋友關係，在互尊

3　同上，參酌頁92-93。

互重的環境下學習，人性的價值才得發揚，愛的教育才得以實施。

3. 在教育方法上，存在主義之教育對人性各方面的發展相當重視。主張教育非訓練，認爲技術、知識對存在的教育並無助益，側重個人自由的抉擇、個性的啟發、創造力的培養與個人真誠的表現。也就是發展個性與創造力，從實際行動中去發掘自我、鼓勵自由的表達和自律的責任感。

4. 在教育發展上，存在主義的教育對個性與群性均能兼顧。沙特強調：存在主義即是人文主義，其意義是指自我超越與自我投射而言。自我超越側重個人真誠的自我實現；自我投射則指關懷他人而言，注重個人與他人之關係，換言之，即是群性之陶冶。

　　然而，存在主義在教育上，也有不少的缺點：

1. 存在主義者並沒有建立其系統的教育思想，其哲學也非系統的哲學，更不是一種嚴格的哲學，各家的論述多爲思辨的、主觀的或玄思的，而少了分析的論證。因此，與其說存在主義是一種哲學，不如說是一種形而上的文學思想。

2. 存在主義過分提倡主觀性和情緒自由，使哲學思想有淪爲非理性，甚至反理性的危險。我們知道，所欲並不等於可欲，個人與社會的關係乃是互動的，人類的價值須根源於此互動之中，絕對的自由恐難被現代社會與文化所接受。

3. 存在主義過分強調人的存在乃是邁向死亡，過度誇張悲觀的人生，對學生身心的發展，可能有不良的影響。

4. 知識就其爲知識而言，應該是理性的產物，不然就只好成爲文藝作品，不管理智、不管客觀，而只側重個人的感受，作主觀的描述與表達。

5. 在自然界中，很多現象及特徵都是存在主義所描寫過的，假如沒有一個獨立的本體，這些現象是如何生成的呢？假如沒有物卻有物的作用，這又怎麼可能發生呢？因此，沒有主體來支持這些特徵是不可能的，一定有獨立體的存在，然後這些現象才得以表現出來。存在主義的教育在這方面的探討，相當缺乏。

6. 主體與客體在存在主義的教育意義和知識判別下，乃是兩個獨立的東西。不過事實上，許多的認識都是二元的，必須要有認識的，也要有被

認識的，雖然此兩者仍是分開的，但是它們並沒有單獨的存在。存在主義的教育，很難對此有所說明。

總之，存在主義反對將個人組織化，而期待個人能成為教育的中心，極力主張：1.我是一個抉擇的個體，在生命的過程中不能逃避抉擇；2.我是一個自由的個體，有完全的自由去設定我的生活目標；3.我是一個負責任的個體，當我抉擇了我應該過何種生活時，我必須為其負責。存在主義的教師角色有別於傳統教師，他並不重視認知的傳遞，也不握有所謂的「正確的答案」，他只不過是一位願意幫學生探索可能答案的人。老師是重視每一位學生獨特個性的發展。他深深體會到，沒有兩個學生是一樣的，所以不需要齊頭式的教育。師生的關係就是維持朋友之間的關係。

存在主義的課程觀是相當開放的，除了重視人文學科之外，認為只要是對個人有益的任何學科，都可作為課程的內容，自己不排斥，但也不預為安排設計。

存在主義的教學方法論並沒有任何的限制。他們反對課程、教材、教法的「制度化」。學生可以選擇他喜歡的學習方法。這些選擇學習的場所和方法，不限於傳統的學校，而是各類型的文教場所，甚至於商場、政界，以及個人事物的領域裡，都可尋求。

存在主義的教育承負責任，來喚醒每個人充分覺知其自我性，要追求這目的之教學法，必須擁有一些自我的可行知識，它又是什麼呢？當然，自我不是世界上一種靜態的本質或什麼之類的東西，自我也不僅是一種經驗社會中發生的事件。自我這個字，必須以一種深刻的探究加以了解——比方說，從希臘文的自我顯露——其自我的代表是「覺知」，因此，存在主義對於自我的的定義（如果有的話），一定是主體的覺知——亦即，對於自我的重大覺知，才使得存在的時刻成為可能，存在主義教師所要強化的，就是這種覺知，這是存在主義對知識判別的深義所在。

存在主義認為自由的小孩終究會成為負責任的小孩，自由本身才可以產生這種覺知，負責任的人才可能擁有真誠性，存在主義的教育家認為師生間的每次遭遇，都是由尊重和關切開始，他在創造自己的行動中，開始一種全新的創造，教師的任務，是要注意到這種主觀而更新的自我性，會

加速學生對自我的覺知。

第四節　建構主義

一、建構主義的知識觀點

　　建構主義（Constructivism）的知識論近二十年間受到教育界與心理學界相當的重視。尤其在教育與科學教育的領域中，引發帶動著研討建構主義的風潮。在科學教育尤其是教學教育方面，常認為建構主義的溯源在於心理學家皮亞傑或是近年倡導建構主義的布魯納（Jerome Bruner, 1915-2016）。然而事實上，建構主義是十九世紀末期迄今一個走向「人本」的知識論思潮，它跨越哲學、心理學、教育學等學術領域，其根源可以追溯到十八世紀康德的知識論。就近代而言，則深受現象學、存在主義、批判理論、詮釋學派等哲學思想的影響，更對現代哲學思想的形成和未來趨勢具有重大的關鍵力量。

　　建構主義的興起，是對「實證主義」（Positivism）所主張「以自然科學的實驗方法為知識的唯一驗證標準」的看法之反動。西方自十九世紀至二十世紀以來，受到自然科學快速發展的影響，實證主義興起，主張採用自然科學的歸納法，對人類的知識提出科學實證性的規範和準則。這種主張終極發展為知識論和方法論上的「科學主義」（Scientism）與「客觀主義」（Objectivism）的獨斷思想，認為只有透過自然科學實驗的實證研究方法，其所獲得的知識才是確切的知識，也只有這樣才符合科學的原則和規範。心理學、教育學等社會科學在努力發展成為獨立且嚴謹的科學中，不約而同地都採用實證主義的理念和方法，堅守科學化、客觀化的原則，強調實驗檢證的做法與量化的研究。行為學派的心理學便是這種驗證取向最明顯和極端的例子。在堅守科學化、客觀化的原則下，行為學派堅持採用實驗的研究方法，甚至認為「心靈」不宜作為研究的課題。實證主義的學說，係將知識論的重心置於知識的內容和知識驗證的方法，可說是一種「客體」的知識論，其獨斷的方法論觀點受到許多哲學門派的批評，

其中最重要的即為現象學、存在主義、批判理論、詮釋學派等。不同於實證主義，此等哲學思想的重心則置於認知的主體——人，可說是一種「主體」的知識論，或「人本」的知識論。

晚近正式使用建構主義一詞的學者，係從哲學方面的Goodman及Von Glasersfeld、從哲學和心理學方面的皮亞傑，以及從神經生理學和控制論方面的Von Foerster等人。此外，在社會心理學的領域則有所謂的「社會建構主義」（Social Constructionism）思想，主要是受到Berger及Luckman二人在1966年所發表的*The Social Construction of Reality: A Treatise in the Sociology of Knowledge*一書的影響，在知識社會學的結構下，正式提出社會建構的知識論主張。

由上可知，建構主義與社會建構主義的思想均受現象學、存在主義、批判理論等的影響，二者固然是個別發展出來的，其論述重點也有不同，但是「二者在本質上均是對實證主義獨斷的方法論思想的一種反動，同對其傾向『客觀主義』的知識論觀點提出質疑與批判。兩者的差異僅在於，建構主義將其論述中心置於作為認知主體的人，強調其在認知過程的主動性與建構性，將個體的人，置於知識論的主體地位。而社會建構主義所強調的主體地位則是人類認知與知識形成的社會性基礎。」[4]

質言之，建構主義的中心在於個體的人，側重的是較微觀的角度；相對地，社會建構主義所側重的則是較鉅觀的角度，以群體的人為其探討中心。「因此，Doise（1989）即建議將社會建構主義視為一個總體理論，而將建構主義視為一個個體理論，二者均可說是一種『人本』的知識論思想。其論述的中心均是反對實證主義的客觀思想，以及實證主義過於重視認知內容（客體），而相對地忽略認知主體的主動性與建構性的傾向。」[5]

建構主義是一種探討知識構成的知識論，它所探究的兩大問題是：認

---

[4]　朱則剛，〈建構主義知識論對教學與教學研究的意義〉，《教育研究雙月刊》，49期，1996年6月。

[5]　同註4。

知（knowing）以及知識（knowledge）：前者是動態的，後者是靜態的；前者屬歷程，後者係結果。認知所涉及的問題包括：知識如何產生、認知主體如何了解環境、知識如何成長或變化等。而知識所涉及的問題則包括：知識的結構為何、知識的真假如何判斷、知識與被認知的對象之間的關係為何等。

建構主義是近二十年來逐漸發展起來的，其重點在強調每個人認知學習歷程中的主動性和差異性，因而每個人所獲得的知識結果是具有個別性和適應性的。建構主義對知識構成的觀點，有三項主要原則：[6]

〔第一原則：主動原則〕

知識並非由認知主體被動地接受而來，而是由認知主體主動地建造而成。

〔第二原則：適應原則〕

認知的功能是適應性的，是用來組織經驗世界，不是用來發現本體性的事實。

〔第三原則：發展原則〕

知識的成長是透過同化、調適及反省性抽取等歷程逐漸發展而成，後續知識必須植基於先備知識且受限於先備知識。

以上三項原則，必須同時存在，因為，單純強調「主動原則」，雖然可以跳脫傳統知識論中經驗主義的「接受觀」（Received View），卻容易墜入理性主義的天生論（Innatism）以及觀念論（Idealism）的另一端陷阱，因而必須輔以「適應原則」，在先天與後天之間尋找互動；此外，若沒有「發展原則」，建構主義將仍然不夠彰顯知識結構的動態性，而且不足以說明知識成長與重建的歷程。因此，必須聯合這三項原則，才能使建構主義的意義完整。

知識論以及認知心理學對知識結構歷程的學說，大都相信，知識的建構並非一個絕對自由的歷程，而是一個既受束縛又具創造的歷程，不同的

6　詹志禹，〈認識與知識：建構論VS.接受觀〉，《教育研究雙月刊》，49期，1996年6月。

學說強調不一樣的束縛，但歸結起來有三部分：一、認知主體的先天機能（例如人的理性能力和生物本能）；二、認知主體所認識的環境；三、主體既有的知識結構與基礎。這三項束縛正好對應於上述建構主義的三項原則，由此可看出建構主義三項原則的同等必要性。

以往我們對知識的觀點，總會認為真正的知識必須和外在的自然界客觀事實相符合，因而總認為，知識與學習者的主觀感受無關，這種觀點所主張的傳統教學方法，強調學生被動地接受外在訊息而非主動參與個人的知識結構。有鑒於此，近年來發展出的建構主義，對上述傳統知識的觀點提出質疑，強調個人主動建構其知識的觀點，並且逐漸形成一股風潮，因而影響到課程的設計和對學生學習以及教師的看法。

在知識論上，只要對於知識、真理、認知等活動，強調認知主體的主動性、優先性和關鍵性，而否認本書前述的符合論（Correspondence Theory）的主張，可說皆與建構主義有相同的看法。

二、建構主義的知識結構

在西方哲學史上，建構主義的基本論點可以在許多哲學思想中，找到或多或少的淵源，如蘇格拉底的「詰問法」、柏拉圖的「辯證法」，以及在知識論上反對化約論（Reductionism）的康德，都可以視為建構主義的啟蒙者。對於知識的構成，康德強調感性的與料（the given）與理性的概念（concept）同等重要；雖然康德的「範疇論」有理性主義的傾向，但他同時指出個人具有知識演進的概念以及「物自身」（thing-itself）的不可知論，因此否認人類的知識活動必須符應或符合客觀世界的「真實」，認為科學知識只是一種「似真」（as if）。知識基本上乃是個人內在先天的機能對於外在與料的感受和組織，此項觀點受到建構主義視為先驅。

不同於上述康德的觀點，歐美傳統科學哲學的主流，認為科學的理論是建立在客觀的和理論無關的觀察之上，因此理論不能影響觀察，而觀察的結果經過歸納的步驟可以得到理論。「他們也認為科學家所使用的這套方法（歸納法）與學科的內容無關，是可以轉移的，而且和所使用的人無關，是絕對公正、客觀的，因而所得到的知識其客觀性也不容置疑。這種

方法，也正是科學知識有別於其他知識的特徵，若不是以這種方法得到的知識便不能納入『科學』之列；而且只有科學知識，因為它產生的過程是如此地『客觀』，才有資格被視為確定的知識，絕對的真理。此外，因為科學知識一旦確立，便可獲得『真理』的地位，所以科學知識的發展是命題的累積，過去知識與現在的知識，甚至與未來的知識永遠保持一致，互相不衝突或牴觸。在這樣的知識活動中，我們必須遵守一定的研究步驟，不作任何主觀的判斷，新理論的接受與否都要依據客觀的標準，而且與個人所觀察的世界毫不相干；這樣的特質正是自然科學課程中所稱許的『科學態度』。」[7]

但是許多晚近的哲學家，對上述傳統科學哲學的觀點從不同的角度加以批判和修正，認為知識是個人所建構出來的，認為感官所感受到的訊息，最主要的是決定於個人已有的知識、信念和理論，因此，觀察和理論是密切相關的。例如：Von Glasersfeld的建構主義主張如下：「一、知識並非經由感官或語言等訊息的傳遞而被動地接受，知識是由具有認知能力的個體主動構築而來。二、認知的功能是具有適應性的，猶如生物學上的適應，使個體的認知朝向適用於周遭的環境。認知的目的在於有利個體把親身經歷的事物加以組織，而不在於發現客觀存在的現實世界。」[8]

上述第一點認為人類知識並非被動地接受，而是由具有認知能力的個人所主動建構出來的。因此，觀念和思想是無法用文字來傳達給聽者，讓他由文句中解出意義來彼此溝通的。亦即，儘管我們多麼願意，我們也無法把觀念完整無缺地灌輸到學生的腦海裡，學生必須自己建構出對他而言究竟具有什麼意義的知識。所以，我們在嘗試與人溝通時，並非直接傳送意義，我們所表達的語言只能讓對方形成對他自己的意義。相同的話，對不同的人可能會引起不同的意義。傳統的科學哲學認為科學知識應代表或符應自然界的真實，但是建構主義則提出顯然不同的看法，因而特別強調第二點，認為認知是具有適應性的，其作用是把個人所經歷的事物加以組

7　　郭重吉，〈建構論：科學哲學的省思〉，《教育研究雙月刊》，49期，1996年6月。

8　　同註7。

織，而不是去發現客觀存在的現實世界。

　　因此，個人只是依據個人的經驗，建構出「適用或可行」的解釋，而非去發現自然界的真理。所謂「適用或可行」，是指個人由經驗所建構出的知識，可以在其所處的環境中達到他自己的目標；不適用的知識會導致有待解決的煩擾，這些煩擾可經由調整原有的知識來適應而予以消除。

　　建構主義並不否定外在世界的可認知性，但其革命性的觀點乃是：「知覺的問題不是來自感覺器官，而是從『腦』的立足點出發！亦即人是用腦去聽去看，而非用眼睛及耳朵。但腦不是一個開放性的『反射系統』（Reflex System），而是功能性的封閉系統，它只了解自己的『語言』，並且只與它自身的內部狀態周旋。因此『知覺』的本身就是意義賦予產生的過程，即是『建構與詮釋』（Construction and Interpretation），其關鍵在於神經傳達過程如何將外界的純物理刺激，根據電流特徵，『轉譯』為腦『所能』處理的資訊。由上述的描述顯示，腦基本上與外界本無直接的聯繫，腦是整個神經系統的部分而具有『自我參照的』（Self-referential）以及『自我解釋的』（Self-explicative）特性。」[9]

　　因此，建構主義的知識論乃是：由真理性（或真值）轉向「有用性」；由客觀描述轉向問題解決能力；由客觀性轉向主觀性。也因為如此，對於建構主義比較常見的批判大致上有下列兩點：

1. 建構主義忽略、漠視，甚至容易導致否定客觀存在的現實世界，打擊和瓦解我們對普遍真理的信念和人類基本的共同假定。
2. 建構主義只重視個人的經驗感受和個人的知識建構，忽視理性因素，容易導致知識與非知識的混淆，使人類知識的定義模糊不清。

三、建構主義與教育

　　許多科學家和哲學家深信客觀存在的自然界以及自然界具有普遍適用的規律性，而且對於在研究過程中要以客觀、理性、檢驗等的方式來探索

9　馮朝霖，〈建構主義之哲學觀點與啟示〉，《教育研究雙月刊》，49期，1996年6月。

自然界的奧妙，也同樣地深具信心，因此對於建構主義所強調的在認知過程中的主觀個人因素，以及知識是個人的建構，而未必反映自然的眞實等等主張，難以接受，因而對建構主義、懷疑，甚至排拒。

在知識論是否客觀相對於主觀、理性相對於非理性、絕對之於相對、現實之於反現實等相互對立的觀點，在教育哲學中一直是重要的問題，而且不同的觀點也正是贊同或批評建構主義的關鍵所在。主張不同的原因在於認知的過程中，對人（主體）與自然（客體）所扮演的角色，以及對兩者之間的關係的觀點，有各種不同的看法。

其實，知識是人與自然互動的產物，以及在認知過程中主體與客體的相輔相成，尤其是強調人的詮釋在知識結構上所扮演的角色和功能。

就人類的知識探索而言，認知主體的人和認知客體的外在世界是以相互對等的地位進行互動，都具有主動和被動的雙重、互補的特性，而人對於外在客體的認知，是發生在人的體會和外在世界提供的情況能夠匹配的情況下。在人對外在世界的認知過程中，不但人可以主體的身分扮演對外在世界（客體）主動建構的角色；同時，換個角度來看，外在世界也可以居於主導的地位，彰顯其刺激，促使人進行探索的誘因或力量，而且可以將人所能建構出來的結果加以限制或調整。

知識活動，是人的主體與客體的相互作用，雖然這一相互作用會使認識帶有主體性，但其直接目的是在得到對於客體的認識，使客體具有主觀性。然而，人的主體因素固然進入了知識活動的各個層面，但並非所有的主體因素都能長留久存，那些屬於個人情感、意志、感覺等等的差異，常常會被排除，而只有那些與歷史上、社會上相配合的知識背景、思維方式、才能「化入」共同的知識之中，而爲下一代人所傳承，成爲從事新的知識活動的基礎。

綜合上述可知，建構主義其知識構成的主張，對於教育的啟示及影響在於：

1. 主張學生學習及發展的主動性、自發性、發展性；不把學生視爲被動接受刺激與資訊而產生行爲或單純反應的機器。

2. 強調學生內在主體與環境外在客體（物質、社會、文化等的影響）互

動的依賴性，也就是學習的主客體「脈絡相依性」（Context Dependence），因此可以說是一種相對主義。

3. 強調認知或知識在其形成或建構過程中的「實用性」或「工具性」，而非絕對的眞實性、符合論或客觀性。

　　詳言之，建構主義知識論對教學的意義在於：建構主義主張學生的認知與學習是一種架構經驗與建構意義的過程。學習者並非完全由外在世界客體所來的刺激毫無選擇地傳送進入腦海之中。相反地，學生是依據其內在既有的經驗來與外在世界進行互動，而創造對外在世界的詮釋。簡言之，建構主義的這種主張，將知識論的重心由知識的客體——知識的外在供應者，轉向了知識的主體——學生。換言之，是由教師「教」爲主的觀點，轉向學生「學」爲主的理念。在這種主張中，教師的角色由以前的知識傳授者或仲裁者，轉變成爲學生學習的促進者和協助者。

　　這種教學理念的轉向，引發一些學者，如Ferguson提出「教學主義」（Instructivism）以對應建構主義的方法，以強調傳統教學理念與建構主義本質上的對立。認爲在傳統教學主義的觀點下，教學是知識的傳授與仲裁，含有知識由一人流向另一人的意義。而在建構主義的觀點下，教學是學習的促進與協助，含有學習者主動利用自己的背景知識與內在既有的經驗建構知識的意義。

　　總之，建構主義的教學強調學習者的主動性，強調學生主動參與的學習。強調「發現」（Discovery）或「問題解決」（Problem-solving）的學習活動，讓學生透過對問題或情境的思考、經由資料的蒐集和分析、設計解決的方案，以及討論分享等活動，主動積極地參與學習。此外，爲使學生能達到某種預設的學習成果，建構主義非常強調學生之間的互動，因而主張採用小組的合作學習方式。透過學生彼此之間對問題的討論、溝通等社會化的歷程，達到意義分享，建立比較客觀的學習成果。最重要的是，建構主義尊重學習者在學習結果上的個別差異，由成果導向或標準化、一致化的教學目的，轉而爲過程導向或個別化、主體化的教學目的。

問題與討論

一、試從皮亞傑認知發展論的觀點，評論理性主義和經驗主義。

二、胡塞爾現象學的知識結構層次，能如何應用到教育上？

三、從存在主義的觀點，評論我國當今教育改革的內涵與得失。

四、建構主義對我國目前教育有何啟示意義和功能限制？

五、你比較喜歡哪種知識論？嘗試綜合各種學說，提出你的知識論。

Part 4

教育的倫理向度

伍振鷟

第十一章

人性問題與教育

　　人性的眞相爲何，雖然至今尚未能完全揭露，但人性問題與教育有關，則爲不爭的事實，無人能否認人性問題與教育有極爲密切的關係。近人梁啟超曾說：「我國哲學史上發生最早而爭辯最烈的，就是人性問題；這個問題是一切教育，一切法治之總出發點。因爲有性善、性惡主張的歧義，教育方針當然不同，而一切社會組織、政治設施的根本觀念都隨之而移動。」[1]梁氏之意在說明無論教育或政治的基礎，皆建立在人性的觀點之上，人性的觀點不同，則一切社會的組織與政治設施均將隨之而改變。其實，梁氏的「人性問題是一切教育、一切政治之總出發點」的說法，雖專指中國的思想而言，然大致亦可適用於西方。中國古代政教不分，以此中國思想史上對於人性的研究，乃是以教化問題爲其動機；即爲了要證明教化之可能性起見，乃始逼出對於人性研究的重視。至於西方，古希臘先知即提出「何爲人？」的問題；其後大有貢獻的政治學者與教育學者，均注重人性問題的研究，如洛克與盧梭，其政治學說及教育學說都是根據其人性的觀點，二者是表裡一致的。不過，中國學者對於人性的研究，傳統上多從人性的本質去通觀，由人性論形成性理哲學，而西方學者對於人性的研究，偏重人性的表徵的分析，由人性論而形成心理科學。但不論如何，雙方皆以人性爲政治與教育的出發點，則幾乎是殊途同歸，而無二致。

　　爲期明瞭人性問題與教育二者之間的密切關係，以下首先討論中國與西方關於人性的涵義與界說。中文心生爲性，其涵義頗多：有以生釋性，如《孟子‧告子上》告子所說的「生之謂性」；有以天釋性，如《中庸》開宗明義便謂「天命之謂性」；有以自然釋性，如《荀子‧正名篇》「生之和所生，精合感應，不事而自然，謂之性。」亦有以質釋性，如董仲舒《春秋繁露》：「性者，質也。」及《孝經緯援神契》：「性者，性之質。」又有以知釋性，如《白虎通義》所謂：「性者，生也，此人所稟天之氣所以生者也。」以理釋性，如程伊川說：「性即是理也，所謂理性是

1　引見黃建中，《教育哲學》（臺北：教育部，1960），頁33。

也。」以形氣精神釋性，如荀悅《申鑒‧雜言下》：「生之謂性也，形神是也。」及賈誼《新書‧道德說》：「性者，道德造物，物有形而道德之神專而爲一氣；性、神氣之所會也。」以血氣心知釋性，如《小戴禮記‧樂記》：「夫民有血氣心知之性，而哀樂喜怒之常，應感起物而動，然後心術形焉。」以理氣混合釋性，如張橫渠說：「合虛與氣，有性之名；合綜與知覺，有心之名。」此外尚有以心之理釋性，如朱熹認爲「性便是心之所有之理」；或以生之理釋性，如朱熹又說：「生之理謂性。」以上十一種解釋，如加以綜合，可歸納爲：「人性者，人生而自然具於血氣心知之質與理也。」

　　西方「性」與「自然」同爲一字——nature，存在萬物中的自然，叫做物性，存在於人類中的自然，稱爲人性（human nature）。亞里斯多德在其《政治學》（Politics）中說：「各存在體在其完全狀態下而爲本然者，即是該存在體所有的自性，無論其爲人爲馬，或爲屋宇也。」但亞氏又強調「人爲理性的動物」。斯多噶派（Stoics）認爲理性即自然，是人人所同異的，遂由「自然理性」引申出「自然法則」的觀念。羅馬時期的西塞羅認爲理性乃自然所賦予任何人者；又說：「自然法則在主觀方面即是人生而植於心靈的至上理性。」後來「自然法則」又衍生「自然權利」的觀念，所謂生存、自由、平等，皆被認爲是人類的基本權利。由於人類有生存的權利，而求自由、求平等亦來自人的本能，以此可以說人權基於人性。斯賓諾沙認爲關於「人性的最基本事實」，乃是「人都有自求生存的衝動」。康德則認爲人一方面有感性及自然衝動，另一方面卻有理性與自由意志，衝動爲人性中最物質的成分，而意志則可說是人性中最精神的成分。蒙特梭利以爲「人生而有自由活動的能力，自由活動即是人類的本性」。派克（F. W. Parker, 1837-1902）認爲「兒童的本性，實即自然權力的結晶」。麥獨高（W. McDougall, 1871-1938）在他的社會心理學導論中，稱人類的本能爲「自然的傾向」。桑代克在他的《教育心理學》著作中，稱人類本性爲「原始的傾向」；所謂「原始的本能」，包含反射、本能及生命具有的資能（inborn capacities），都以神經原的組織與功用爲基礎。依其解釋，人類本性似介於生理與心理之間。綜括以上各家所說，人

性的定義可以說是：「人性者，人類生理上、心理上先天生而固有之自然的原始傾向也。」

以上所討論的，是中西關於人生觀念所交的界說。但人性問題究竟在哪些方面與教育相關？經古今中外的哲學家教育家的檢討，人性問題影響於教育者，大致不越出人性的本質與人性的改變兩方面。所謂人性的本質，包括人性的異同、智愚及善惡諸問題。有關人性的智愚問題，關係於智育與教學較多，本書他處[2]另有討論，此不贅述。談到人性異同的問題，人類本性究竟相同呢？抑或相異呢？這個問題對於政治與教育，都有深遠而重大的影響。就教育而論，有些教育學者認為人性無時間與空間之限隔，是無時無地不同的；因此主張教育的實施，應對一切時與一切地的一切人皆同。有些教育學者認為個人非獨隨其時與地之各種環境而不同，並且依其天生的各種特性及資能而有異；故而主張教育設施應隨時隨地而異，並應隨各個人而不同。其實，人性不是完全相同，但也不是完全相異：一般地說，大概人類所具有的通性是相同的，一群人或一個人所獨有的特性是相異的。本質同者容或數量相異，程度異者也許種類相同。人的通性可能永恆相同，而不致根求改變；人的特性無論如何演變歧異，總不能完全遠離通性而變成人類以外的新種。人性異同問題討論到這裡，便涉及人性的改變問題，詳見下述。由於人性的善惡問題，關係於訓導或德育較大。究竟一切人的本性都是善的呢？抑或都是惡的呢？或者都是亦善亦惡而善惡相混？又或都是非善非惡而善惡兩無呢？或者有些人的本性是善而有些人的本性為惡？抑或有些人的本性是無善無惡而可善可惡？關於人性善惡問題，俟下再詳；這裡先不分辨智愚與善惡的差異。如前所述，人性的智愚與善惡，一關涉智育，而一關涉德育，二者分野釐然，不宜混為一談。然歷來討論人性問題的學者，往往將二者混而為一。孟子道性善，認為仁義禮智為性的善端，且常常仁智並舉，已認智為善，即智愚與善惡無別。蘇格拉底主張「知行合一」、「知德一致」，亦智愚與善惡不

2　參閱本書第三篇教育的知識向度之第九章知識判斷與教育，頁145。

分，合而爲一。其他如王充、荀悅與韓愈等主張性有上、中、下三者，都以智愚與善性等量齊觀，而無區別。其實智者知善，所行未必皆善，而愚者不知善，所行未必都爲惡；往往愚夫愚婦日行善而不知，而聰明人以智欺愚，智適足以濟惡。可見知德並非完全一致而知行亦非完全合一。智愚乃數量上的差異，可量度而不同等；善惡乃價值上的差異，可評估而不同類；二者宜分辨明白而不宜混淆。

其次，談到人性改變問題。人性能否改變？如何改變？及其改變有無限度？這些都是與教育有關的根本問題。因爲如果人性根本不能改變，則教育便無可能；若是人性可以無限制地改變，則教育豈不成爲萬能？事實絕非如此。「人性絕對不能絲毫改變」，或「人性絕對可以完全改變」兩個極端的主張，不僅爲科學甚至常識所不許；而人性有改變的可能與限度，要爲一般學者所公認。有些學者認爲人性改變的可能，有固定限度，逾此限度則無可能。有些學者認爲人性改變，其限度即使存在，卻並不固定；以此改變人類本性乃是很樂觀的。這兩種關於人性的改變可能性的見解，並無牴觸，不過所謂限度有固定與不固定之別而已。杜威於1938年曾發表〈人性會改變嗎？〉（Does Human Nature Change）一文，說：「人性若是不可改變的，則世無教育其事，所有一切教育努力，終歸失敗。教育涵義就是改變人類本性，形成本性以外所有思想、情感、慾望、信仰的種種新方式。……當人性科學發展到物性科學一樣，關於人性如何最有效地改變的問題將居首位；所問者不是能不能變，而是在一定條件下如何改變。此終爲最廣義的教育問題。」杜威從人性能否改變問題，談到人性如何改變的問題，認爲人性的表徵可變，而其元素不能變，其改變是有限的；最有效的改變必依一定的條件，其限度也是有限的。至於什麼是人性所以改變的條件與限度，則未加說明。桑代克在其《教育心理學》概論中亦說：「第一須知，離開了教育，人性是怎樣的；第二須知，人性的改變依照什麼公律？教育心理學的職務，就在給人心那樣的知識，使我們能在智慧、品德、才技上，發現人的本性，以及他所以改造、所以學習的公律。」原來是怎麼樣的人性，即事實本能的人性，而變成應該怎樣的人性，似即理想上當然的人性；人性所依以改變的公律，似即人性最有效地

改變的一定條件。但不管條件如何，人性的改變可能有其一定的限度，應無疑義。至於杜威所謂的人性所以改變的條件與方法，以及桑代克所謂的公律，究竟是什麼？則尚有待心理學者的進一步研究並據以提出解答。

從人性的本質與人性的改變兩方面來檢討人性問題與教育之間的關係，已略如前述；茲進而分別討論：一、人性學說的派別，二、人性學說與教育理論。

第一節 人性學說的派別

歷來中外關於人性的論說，派別甚多，可說均持之有故而言之成理，而能成為一家之言。大較言之，中國人性學說的派別，約有以下五說：一、性善說；二、性惡說；三、性三品說；四、性善惡混說；五、性無善無惡說。西方人性學說的派別，據康德〈論人性根本的惡〉（On the Radical Evil in Human Nature）一文所分，有四種不同的觀點：

一、人性惡的觀點 ⎫
　　　　　　　　　⎬ 嚴格主義派
二、人性善的觀點 ⎭
三、人性亦善亦惡的觀點──混合派 ⎫
　　　　　　　　　　　　　　　⎬ 融通主義派
四、人性非善非惡的觀點──淡漠派 ⎭

上述中西人性學說的派別與觀點，若加以此較，可以發現西方四種人性的觀點，恰與中國人性學說中的的性惡說、性善說、性善惡混說及性無善無惡說相當；西方人性觀點僅缺少中國的性三品說。

一、性善說

性善說在中國係正統學說，幾乎所有的儒家都主張人性本善。中國第一個主張性善說的是孟子；孟子之後，漢陸賈、韓嬰、班固、唐李翺、宋周濂溪、徐仲車、陸象山等都屬於這一派。孟子的性善說係從心理上建立性善的論據；認為人皆有惻隱、羞惡、恭敬、是非之心，而此四者即為仁、義、禮、智四端，仁義禮智非由外鑠，乃我固有之，君子所性，仁義禮智根於心。且良知不學而知，良能不學而能，理義為人心之所同然。孟

子之所以以心言性，乃針對告子之以生言性；心生言性，則人與其他生物之性同，而以心言性，則人與其他生物之性異，所謂「人之所以異於禽獸者，幾希！」便是指此而言。

由於人性本善，因此只要順著本性去發展，即可為善而不可惡，故「孟子道性善，言必稱堯舜」。至於人之所以為惡，乃是放失了其本心（性）使然，而欲求復本心，則有待於教育作用與功能的發揮。關於孟子以性善說為基礎而建立的教育學說，容後再述。

西方人性善的觀點不甚普遍，僅流行於少數哲學家與教育家之間。這種觀點的根源可以追溯到斯多噶派；斯派根據人性與物性的自然，以求共同的理性與法則，認為人只要依照自然的理性法則而行，即有至善的行為。這種觀點，經由西塞羅、辛尼迦（Seneca, 4 B.C.-65 A.D.）而影響到盧梭。盧梭是西方性善學說的重鎮，其名著為《民約論》（*Contract Social*）與《愛彌兒》（*Emile*）二者；前者討論政治問題，後者發揚教育思想。盧梭在這兩本書中，均極為強調自然狀態，稱道自然生活，認為人類自然的本性是善的，但因受歷史的文明與社會制度的影響，終於變惡了。所以他一再說：「凡由自然而來者，為真；不徒為真，而且為善。」「天造之物，一切皆善；一經人手，則變為惡。」他是從理性與感情兩方面說明人性初本純善無惡，善屬天理，惡係人為。西方其他持人性善觀點的哲學家與教育家，尚有費希德與福祿貝爾等人。

二、性惡說

中國性惡說的理論，是因為反對性善說的主張而提出的，故性善說在前面性惡說在後；西方則先有性惡說，而後有性善的觀點。西方邪惡的人性觀，基於邪惡的世界觀；而邪惡的世界觀則受宗教觀的影響，認為人生而有原罪（origin sin）。基督教主張人類的始祖亞當，因犯罪謫降塵世，便墮入惡道；嗣後人類身體上及道德上腐敗的天性均與生俱來，愈趨愈惡，早成信條，無庸懷疑與置辯。中世紀的經院派哲學家，自奧古斯丁以後，均持人性惡的觀點。其後義大利的馬基維里（N. Machiavelli, 1469-1527）、英國的霍布斯與日耳曼的叔本華等，均主張人性本惡。馬基維里

因目睹當時羅馬教廷腐敗，乃斷定人都是惡人。霍布斯係假想原始社會初民混亂的自然狀態，進而推演出人性是惡的論據。叔本華則篤信天國謫降的形上眞理，以哲理附會教義，而形成其極端的人性惡的觀點，認爲罪惡在人性中根深砥固，無法可以拔除。

中國性惡說的理論，首倡於荀子。《荀子·性惡》篇首下斷案說：「人之性惡，其善者僞也」。以下所提各種論證，都以這兩句爲結語。在荀子所提出的諸多論證中，有的是屬於心理與教育的論證，有的是屬於倫理與政治的論證。寓於心理與教育的論證，認爲人生而有許多不善的本性與情慾，如果順其情性，無師法之化、禮義之導，則必偏險悖亂而不合於治；屬於倫理與政治的倫證，則認爲君上之勢、禮義之化、法正之治、刑法之禁，均起於人性之惡，不得不然，如人性本善，便無此需要。要之，荀子的理論將惡歸之於天性，而將善歸之於人爲（僞），所謂「化性起僞」，乃爲教育的爲能及必要留下地步。

三、人性亦善亦惡說

西方人性亦善亦惡的觀點，即中國的性善惡混說。如從歷史的發展來考察，可能中西兩方都是這一派的理論體系形成最早。中國性善惡混說的最早主張者，據王充《論衡·本性篇》：「周人世碩，以爲人性有善有惡；舉人之善性養而致之則善長，惡性養而致之則惡長。如此，則性各有陰陽，善惡在所養焉。」其後，漢揚雄認爲「人之性也善惡混，修其善則爲善人，修其惡則爲惡人。」但這僅就積極方面說，未就消極方面說；只談到修其善或修其惡，而未提及善惡的消滅問題。及至宋蘇軾主張：「君子日修其善以消其不善，不善者日消，有不得而消者焉；小人日修其不善以消其善，善者日消，有不可得而消者焉。夫不可得而消者，堯舜不能加焉，桀紂不能逃焉，是則性之所在也。」則從消極面來看，認爲善與惡均有不可得消者。所謂「不可得而消者」，是指人的善性與惡性雖因「養而致之」有所增長，但卻不能完全澈底消滅，是則消極的困難更甚於積極的困難。至於如何長善消惡，則是留待教育的工作。

西方最早持人性亦善亦惡觀點的，當推柏拉圖。柏拉圖在其《共和

國》（*Republic*）中，析人的性靈（soul）爲三種要素：1.理性，亦名理智之靈，在頭部；2.意性，亦名意志之靈，在胸部；3.欲性，亦名爲嗜慾之靈，在腹部。理性是合理的、單一的，意性與欲性均爲衝動的、非理性的；但欲性是雜多的，而意性卻爲單一的。理性譬如主人或御者，意性猶如警犬或馴馬，欲性則好似叛徒或泛駕之馬。理性是善，欲性爲惡，意性似近於善而遠於惡；若理性駕馭得宜，則意性欲性均可爲用，而欲性亦有可能變爲善。柏拉圖之後，亞里斯多德分性靈爲理性與非理性兩大部分；理性又分爲純粹理性與非純粹理性，非理性又分爲植物性與動物性。植物性爲營養、生殖等，動物性於營養與生殖而外，尚有感覺、嗜慾及行動能力等。純粹理性發展爲智德，植物性發展爲體德，動物性與非純粹理性相結合、形成合理的情慾而發展爲行德。三德調和乃爲圓滿的人性、幸福的人生。依亞氏的見解，純粹理性乃絕對的善，只爲神所有；非純粹理性乃相對的善，才爲人所有。動物性本是相對的惡，遵從理性則爲善，植物性本無關於善惡，形成體德則爲善。人介於神與動物之間，兼具動物性及植物性；其出類拔萃的人亦可近於純粹理性的境界。亞氏又認爲人有自然的潛能與道德的潛能；前者是自然的、一致的，如兒童可爲成人，後者是或然的、兩歧的，如人可善可惡。善惡均起於人生同一的活動，而德與不德，則視其活動的狀態而定。其他持類似的觀點尚多，限於篇幅，不贅述。

四、人性非善非惡說

西方的人性非善非惡說，即中國的性無善無惡說。中國的無善無惡說，首先見於孟子與告子的辯論；告子與孟子辯論人性，曾設喻說：「人性之無分於善不善，猶水之無於東西也。」又說：「性無善無不善也。」很顯然地是主張人性非善非惡。又孟子弟子公都子引「或曰：『性可以爲善，可以爲不善。』」則爲性無善無不善的另一種說法。而宋蘇軾說：「善惡者，性之所能之而非性所能有也。」亦認爲性無善惡，但有爲善爲惡之可能與適善適惡之傾向。中國其他主張此說的，尚有胡宏、王安石等。

西洋持人性非善非惡觀點的人數最多,伊拉斯莫士認為「人初生如未定型之蠟」,而洛克則主張「人心原似一張白紙」。霍爾巴哈(Baron d'Holbach, 1723-1789)在其《自然之體系》(*Système de la Nature*)一書中,綜合伊、洛二氏的說法,認為物理學家所謂物的引力與攝拒,與道德家所謂人的自愛與愛情,均屬自然的運動法則,名異而實同。在他看來,人性與其他物性並無根本的不同,而僅有程度的差別,例如愛憎只是高低的攝拒方式,故沒有道德的善惡可言。康德列論四種人性觀點(見前),而他自己的觀點則屬第四種。康德主張人的天性是天生的、本來的、未有意志的,是屬自然律的範圍而非善非惡的;行為品格是後天的、習得的、已有意志的,是與道德律有關而或善或惡。要之,道德上的善惡歸於個人意志以外之任何事物,皆為康德所不承認。除此之外,康德又認為人性中有對於善的資能,亦有對於惡的傾向。前者依其目的分為三類:1.人的動物性的諸資能;2.人的人類性的諸資能;3.人的人格的諸資能。後者依其程度分為三種:1.人性之脆弱;2.人性之純潔;3.人性之敗壞。前三類資能與性之可能相關聯,都是原有的;後三種傾向指欲念所以可能之主觀的根源,都是偶有的。所有資源與傾向雖均在人性之中,而不即是人性本身;雖各有從善或趨惡之可能性,但不即是善或惡,其不道德的善或惡,只有作為自由的選擇意志之使用或裁決,才是可能的。康德之後,黑格爾亦持人性非善非惡的觀點。現代教育學者杜威在其《人性與行為》(*Human Nature and Conduct*)一書中,說明人性本質原無所謂善惡,及其與環境交互接觸,才有成為善或惡的可能;而其表現方式的改變,正由環境的影響所致。

五、性三品說

性三品說亦可說是人有性善有性惡的主張,是中國特有的一種人性學說,西洋沒有持此種觀點的。中國屬於這一派的理論,據王充《論衡・本性篇》:「………宓子賤,漆雕開,公孫尼子之徒,亦論性情,與世子相出入,皆言性有善有惡。」其後公都子引「或曰:『有性善,有性不善;是故以堯以為君而有象,以瞽瞍為父而有舜,以紂為兄之子且以為君,而

有微子啟、王子比干。』」均主張人有性善有性惡。漢董仲舒在《春秋繁露》中說：「聖人之性，不可以名性；斗筲之性，不可以名性；名性者，中民之性。」他這種「名性不以上，不以下，以其中名之」的主張，顯然地將性分爲上、中、下三品。王充亦說：「論人之性，實有善有惡。」他認爲「孟軻言人性善者，中人以上者也；荀卿言人性惡者，中人以下者也；揚雄言人性善惡混者，中人也。」其觀點與董仲舒相同。除此之外、賈誼、荀悅亦主性三品說；不一一列論。唐以後，僅韓愈有此見解；他在〈原性〉中說：「性之品有上中下三：上焉者善而已矣；中焉者可導而上下也；下焉者惡而已矣。」很明白地標出性有上中下三品，並且認爲「中焉者可導而上下」，正爲教育留下作爲的地步。

第二節　人性學說與教育理論

　　以上所述，乃是人性學說的派別及其內容大要。由於人性問題與教育二者之間有密切而不可分的關係，因此基於不同的人性觀點，遂有各異的教育理論。在前述各派的人性論說中，各有其建立於不同人性觀點的教育理論，惟其中最後一派，即性三品說，西方沒有持此種觀點的，而中國屬於此派人性論的教育主張，又率多與人性亦善亦惡（或性善惡混）及人性非善非惡而可善可惡二派的見解略同，鮮有獨特而系統的理論，故此派的教育論說遂略而不論。以下分別介紹性善說、性惡說、人性亦善亦惡說與人性非善非惡說四派的教育理論。

一、性善說的教育理論

　　性善論者由於持人性本善的觀點，因此在教育理論方面，主張教育當順從人的本性去發展，擴充人的善性，此本善之性如因環境的不良的影響而有所放失，則須設法予以恢復；而在智育與德育的訓練方面，則採取積極與自動的方式；並且相信經由此等方式而教育出來的兒童，必有良好的成效。茲以孟子與盧梭爲例，以說明此派的教育理論。由於孟子主張人性

善，因此順著本性去發展，必可為善而不為惡，如孟子說：「乃若其情，則可以為善矣，乃所謂善也。」又說：「天下之言性也，則故而已矣。故者，以利為本。」都是在說明只要順著人的本性去發展，便為善而不為惡，不僅如此，人性中因有仁義禮智四端，故孟子更主張「凡有四端於我者，皆知擴而充之矣，若火之始燃，泉之始達。」惟人性雖然本善，但若受環境的不良影響，仍有放失的可能；如有放失，則須收回，所以孟子說：「學問之道無他，在求其放心（性）而已矣。」孟子認為一個人只要能「盡心」、「知性」，便可以知天；最後終修必可以達到聖人（堯舜）的地步。由此可見，孟子對於教育實具有堅強的信心。

西方性善論的教育學者盧梭，認為人是生而自由的，生而善良的，因此主張教育目的是培養人，是培養自然人，是培養儘量發展、來為社會所斲喪的自然人。教育的材料與方法，應依據受教育的年齡、個性而異其設施；尤重在順其自然成長的階段，任其自由發展。對於十二歲以下的兒童，盧梭主張施以消極的教育，勿施以積極的教育。所謂消極教育，乃是順從自然，讓兒童自發活動，而不教以書本的知識。盧梭甚至認為「書本是兒童的毒物」，可見其對「人為」的教育是多麼深痛惡絕。

二、性惡說的教育理論

主張性惡說者的教育理論，在許多方面與性善論者的教育理論相反。性惡論者多主張教育應矯正人的本性，使用各種嚴格、強制的方法，在知能與品德方面訓練學生，使其能達成教育的目的而收教育的效果。荀子是性惡說的代表人物，認為「人之性惡，其善者偽也」。善既是人為的結果，因此荀子遂主張以教育的力量去矯飾的本性，即其所謂的「化性起偽」；至於「化性起偽」的方法，荀子以為禮與樂最為有效。他曾說：「先王之道，禮樂其盛者也。」又說：「窮本極變，樂之情也；著誠去偽，禮之經也。」乃是藉外來的力量，約束並改正內部的衝動，使之合於社會的規範。同時荀子更勉勵學者，應「降師益友」、「謹注錯」、「慎習俗」、「大積靡」、「有恆」、「不懈」，俾收教育的效果。不過、荀子雖認為「塗之人可以為禹」，但又說：「可以而不可使」，其於教育所

具的信心，似不如性善論者堅強。這或許是在中國性善論者多於惡論者的重要原因。

西方持人性惡觀點的教育理論，與中國不盡相同；其根本相異之處，在於西方性惡論者因受宗教的影響，均深信罪惡在人性中根深砥固，非教育力量可以拔除，必須倚賴神的力量始能得救。因此，基於此種信念而產生的教育，如中世紀的寺院教育，實行嚴格的禁慾主義，並注重悔過、祈禱，以鍛鍊意，以期得救；整個教育活動成為一個茫茫無盡的救贖歷程。即如哲學家叔本華，亦認為人性中的罪惡，與生俱來，人唯有不斷贖罪，一生受苦，死而後已；而欲解脫人生的苦惱，唯有否定意志，最後歸於涅槃，可說已否定教育的功能了。

三、人性亦善亦惡的教育理論

持人性亦善亦惡（或性善惡論）觀點的教育理論，強調人性在某一些部分上是善，在另一部分上是惡，二者兼而有之；且人性的善惡在可能範圍內有消有長，雖不能完全消失，但卻可以有限度地改變，而這改變正是教育功能的所在。王充所謂的「舉人之善性養而致之則善長，惡性養而致之則惡長」，及揚雄所說的「修其善則為善人，修其惡則為惡人」，均是指此而言。然而，善性究竟如何長？惡性究竟如何消？善性之長是否即惡性之消？若善性長，惡性亦同長，又當如何？中國性善惡混論者並沒有進一步的說明，似不如西方持人性亦善亦惡觀點者的理論較為持之有故而言之成理。以下以柏拉圖與亞里斯多德為代表，俾明其要。柏拉圖認為理性、意性、欲性為性靈的三要素，而人有理性乃有睿知之德，有意性乃有勇敢之德，有欲性則需要節制之德，且三性又有偏勝，教育應依據三性發展三德：對於理性偏勝的人，發展其睿知之德以造成治者；對於意性偏勝的人，發展其勇敢之德以造成軍士；對於欲性偏勝的人，發展其節制之德造成農工。在教育上發展三種德性，在社會造成三個階段，乃是柏氏人性觀點在教育理論上的應用。亞里斯多德對於教育的主張，與柏拉圖有所出入，他認為人性最高部分的理性作用能盡其控制活動的職能，方為人生的善行或幸福，亦即是教育的目的。亞氏主張善有智慧的善與品格的善，德

不存於僅有善的知識，而存在於知識的見諸實行。惟亞氏所謂的德，包括智德、行德與體德三者，因此教育亦有智育、德育、體育三部分；發展智德，即以智育擴充知識，發展行德，即以德育訓練意志，發展體德，即以體育鍛鍊身體。[3]由此可見亞氏所謂的教育目的，在使人的一切天性均衡發展，而其教育方法已具備教學、訓導與體育三部分。

四、人性非善非惡說的教育理論

人性非善非惡的觀點，認為人非生而善或惡的，但有趨於善或惡的可能性；至於其究竟趨於善或惡，則須視其與環境交接的結果而定，即環境的優劣影響行為的善或惡。既然環境能影響於行為的善惡，教育的可能性與重要性便由此而顯示出來。康德在其《教育論》[4]中說：「教育是完成人類本性的大祕密；人性以教育之力可以繼續不斷地改善，漸漸到配做人的地步。」又說：「兒童應受教育，然而不是為現在而是為將來。人可能改良到一種境界，適合於人類理想與人生全部目的。」康德認為教育目的即人生目的，其目的就是在「發展人類本性，適合人類理想」。對於兒童，康德主張在身心兩方面須用保育、約束及訓練的方法；道德方面須養成自覺的品性、自由的人格，以及依照道德律而立身處世的自由習慣。在康德的教育理論中，道德教育乃是最高的教育，而義務觀念尤為其教育思想的中心；這是與其人性觀點一致的。

至於中國性無善無不善的教育理論，僅告子有「以人性為仁義，猶

---

[3] 亞里斯多德將教育三分為智育、德育與體育，其見解影響西方教育思想逾兩千年，如英國哲學家斯賓塞於十九世紀六〇年代（1854-1859）發表其名著《教育論》，仍持三育分立的觀點；惟其間德國哲學家席勒（Friedrich von Schiller, 1759-1805）於三育之外，又倡所謂「美育」之說，而近代工業革命後，社會本位思潮興起，於是以「群育」陶冶學生群性之呼聲大增，教育遂亦因而有「三育」、「四育」與「五育」之紛爭，議論紛紜，莫衷一是。詳參：伍振鷟等，〈教育內容〉，收田培林主編，《教育學新論》（文景，1972），頁249-296。

[4] 此書係康德弟子林克（Rink）所輯；有人批評其內容大部分為林克所杜撰，然並非全無參考價值。

以杞柳爲桮棬」的主張。告子的本意，在說明人之初生，其性尚未定型，猶如一種柔軟、純潔的質料，可資以施行教育作用，即以教育的力量完成其道德。孟子對於告子的見解，雖極力駁斥，然而孟子舉例所說的「今夫水，搏而躍之，可使過顙，激而行之，可使在山」，卻正顯示環境對於本性的影響；這也許是孟子所始料所未及的。

問題與討論

一、人性有善惡嗎？試討論之。

二、人性善惡的討論，有何教育意義？試說明之。

三、教育可改變人的本性嗎？試討論之。

伍振鷟

第十二章

道德問題與教育

　　教育自西哲亞里斯多德首倡智、德、體三分之說，並且主張以德育訓練意志，發展德性逐自古及今均爲教育的主要的目的之一；尤其我國傳統的教育，德育更可說是整個教育的核心，這可從《中庸》開宗明義便宣稱：「天命之謂性，率性之謂道，修道之謂教。」以及《學記》所言：「教者，所以長善而救其失者也。」又《荀子》亦說：「以善先人者，謂之教。」得到證明，實與亞氏之言「各種學藝，皆以善爲目的」，不謀而合。也就是說，不論古今中外，德性的培養與品格的完成，永遠是教育不可或缺的任務與功能。

　　道德問題與教育的關係既如此密切，因而從哲學觀點出發以探究道德問題的道德哲學，與教育的理論與實施（就道德教育而言）有密不可分關係，自不待言；而討論道德哲學在哪些方面有影響及如何影響於教育（主要爲道德教育）的理論與實施，不僅重要，而且必要。惟從哲學觀點出發的道德哲學，長期以來所研究之與教育有密切關係的道德問題，主要集中於以下幾方面：1.道德憑什麼決定？即善惡判斷的對象是動機？抑是結果？2.善是什麼？3.善如何認知？4.善如何獲得權威，使人實行？而所用方法，亦多偏於思辨。由於對於這四個問題有極端相反的看法與答案，於是傳統的道德哲學遂衍生出壁壘分明、見解迥異與主張對立的兩大派別[1]，即所謂的主內派與主外派；前者以康德的嚴格主義爲代表，著重行爲未發之前的種種心理要素，如動機、意向與品性等，後者以邊沁、彌爾與斯賓塞等人所主張的快樂主義（Hedonism）或功利主義（Utilitarianism）爲代表，偏重行爲既發以後的結果與影響。

　　洎乎晚近，有關道德問題的研究，已漸由價值的範疇轉向認知的領域；而所用的方法，亦兼及於驗證。途轍與方法既有所不同、所見與結論亦因而互異，此即近年來流行歐美的道德認知的理論；其代表人物有杜威、皮亞傑與郭爾保（L. Kohlberg）等。以下分述傳統道德哲學的派別與教育理論，暨晚近道德認知理論與道德教學。

---

[1] 在道德哲學的領域中，由於對四個問題解答的觀點不同，固而產生了眾多的派別，然主要可以統合於主內與主外兩大派別之下。

第一節　傳統道德哲學的派別與教育理論

　　傳統的道德哲學陣營中，如前所述，由於觀點的不同而有兩個立場與論點互異的派別；這兩個道德哲學中主要的派別，對於有關道德的重要問題，其見解與解答均立於相反或對立的地位。關於第一個問題「道德憑什麼來決定？」主內派主張以行為的動機為善惡判斷的對象，而主外派則主張以行為的結果為善惡判斷的對象。對於「什麼是善？」的問題，主內派認為服從規律與履行職務即是善，除此而外便無所謂善，而主外派卻認行為的結果如快樂即是善，反之如痛苦便是惡（不善）。在「善如何認知？」這個問題上，主內派主張是非善惡的辨別本於先天的理性，而主外派則主張是非善惡的判斷依據後天苦樂的經驗。至於「善如何獲得權威，使人實行？」主內派認為道德的權威自內而生，如理性的命令；而主外派則認為道德的權威來自外力，如社會的制裁。要之，兩個不同的主張與論說，皆持之有故而言之成理。茲依據時序的先後分別敘述這兩派的道德學說及其教育理論。

一、主外派的道德學說與教育理論

　　就學說發生的遲早言，主外派的快樂主義先於主內派的嚴格主義。早在希臘時期，哲學家亞里士提普斯便主張善惡須視行為結果的苦樂而定，樂則為善，苦則為惡，離此便無從判定善惡，亦別無善惡的標準，為快樂主義的鼻祖。其後，伊壁鳩魯亦為快樂主義者，認為快樂是善，善惡之認識全以經驗的苦樂為標準。惟伊氏所謂的快樂，乃指身體上無痛苦，精神上無煩惱而言；身心康泰為其所主張的快樂，亦即善之所在。古代希臘快樂主義有一共同之點，即在於以個人的快樂為行為的目的，與社會生活不生關聯。擴展快樂主義的觀念，以社會最大多數的最大快樂為善的最高標準的，乃是近代的功利快樂主義，或稱功利主義。彌爾在其所著《功利主義》（*Utilitarianism*）一書中，曾作如下的界說：「此種學說，以功利或最大幸福原則為道德的基礎，主張行為之為善惡，視其傾向於增加幸

福，或產生不幸之程度爲衡。幸福乃指快樂無痛苦，不幸乃指痛苦與無快樂。」[2]首先倡導這種功利主義的是邊沁，認爲行爲的目的，在於求樂而避苦；一切行爲皆當於發動之前，將其可能發生的苦樂加以嚴密的計算，舉凡苦樂的強弱、久暫、確否、遠近、是否相生、是否純粹，以及範圍的廣狹等，均在計算之列。最後一項標準範圍的廣狹，即將他人因此行爲而生的苦樂，亦計算在內；是與古代希臘的個人的快樂主義不同的地方。邊沁之後，彌爾亦主張功利主義，惟彌爾所謂的功利主義與邊沁略有不同；邊沁對於快樂的計算，僅以分量爲唯一的標準，而彌爾則於分量之外，亦認爲快樂有性質的差異。快樂的取捨不僅只視其分量之多少如何，還應視其性質之高下而定。有的快樂分量雖多而性質卻低，有的快樂分量雖少而性質卻高，追求快樂時，不可不予計及。另斯賓塞從生物進化的觀點，認爲善惡與苦樂相應合；就生物個體來看，凡有利於生命的，便感覺快樂，反之，則感覺痛苦。可見樂與善、苦與惡，實混而爲一。再就行爲與他人有關者而論，判斷此一行爲的善惡，亦視其能發生快樂或痛苦以爲斷。以此，行爲的善，普遍與行爲的能得快樂結合爲一。

以上所述，乃是快樂主義發展的概略經過；歸納起來，快樂主義的共同觀點，亦即對於前面提到的關於道德的四個問題的意見，有如下述：1.對於行爲善惡的判斷，重結果而輕動機；認爲動機是不分善惡的，分別善惡的乃是行爲的結果。2.主張善即是快樂，惡即是痛苦；因爲快樂爲人所欲，而痛苦爲人所惡，其爲人所欲，即善之所在，其爲人所惡，即惡之所在。故而判斷行爲善惡的最後標準，自是行爲所生的快樂或痛苦。3.主張善惡的認辨，完全以過去的經驗爲依據；凡同樣的行爲，過去的經驗中曾發生快樂的結果的，便認爲是善，過去經驗中曾發生痛苦的結果的，則認爲是惡。4.主張憑藉外力的制裁，以建立道德的權威。依據快樂主義的理論，快樂之所在即善之所在，按理應人人自然向善，而無須道德的權威以促使人行善。然而，功利主義解釋快樂係社會大多數人的快樂，因此當

2　引見吳俊升，《教育哲學大綱》（商務，1959年），頁157。

個人的快樂與社會大多數人的快樂發生矛盾或衝突時，便不得不依賴外力的制裁強制個人犧牲一己的快樂，以謀求並成全社會大多數人的快樂。至於此種強制的方法，仍為訴諸苦樂的結果，即設置種種苦樂，使個人的苦樂實際與公眾的苦樂相與共，那麼個人為求樂而避苦，自然不與公眾的苦樂相違悖。此種使個人與公眾苦樂相與共的方法，便是獎賞與懲罰的方法。個人如為使公眾快樂之事，則受獎賞而得快樂，是公眾快樂之所在，即個人快樂之所在，個人自然趨向此種行為；反之，個人如為使公眾得痛苦之事，則受懲罰而得痛苦，是公眾痛苦之所在，即個人痛苦之所在，個人自然避免此種行為。是則道德權威之建立，運用獎賞與懲罰的方法，仍是訴之於苦樂的結果，而與快樂主義所主張的善即是快樂的主張立場一致。

　　快樂主義的道德學說，其主張與內容既然如此，茲進而探討此一道德說在教育理論與實施方面的影響。快樂主義的道德學說在教育上（主要為道德教育）的影響，有以下幾項：第一，關於道德教育的目標，由於快樂主義重行為的結果而輕動機，以此道德教育的目標，不在於訓練好意志、好品格，而在於訓練好行為。徒然有好意志與好品格，而不能見之於好行為，發生好的結果，在快樂主義看來，是不足取的；道德教育必須要有實際行動，使行動產生好的結果，才會達到道德教育的目標。也就是說，道德不能僅具意善，而應有實際的善行，必如此始能稱之為道德。第二，關於道德教育的手段，快樂主義者主張用獎賞與懲罰的方法。因為快樂主義者既認為求樂避苦為一切行為的唯一動機，那麼要使受教者顧全社會公眾的快樂，為善而不為惡，當然也只有訴之於苦樂的一途，而獎賞與懲罰遂因此成為道德教育最有效也是唯一的方法。快樂主義者所規定的外力的制裁，包括所謂的自然懲罰，均是以應用獎賞與懲罰使個人發生快樂或痛苦為手段的。第三，關於道德訓練的程序，乃是由外部的制裁，逐漸轉變到內心的制裁，由苦樂的計較，逐漸進步到義務心的養成。這種轉變或進步，分三個階段：第一個階段，全憑獎懲的手段，使受教者服從，在服從與畏懼痛苦之間，發生一種聯想；第二個階段，由畏懼懲罰而服從，進而明瞭行為的意義及其預期產生的結果；第三個階段，能判別是非，並明瞭

善之所在，已無需外部的制裁，內心已有自制的能力，而普遍的義務心亦因此而養成了。除此而外，因為快樂主義以追求快樂為人生的最高理想，以此教育的理想乃在幫助受教者實現快樂與幸福的生活，而斯賓塞遂因此提出「完美生活的準備」的主張，[3]並以功用為批評教育價值的標準，其理由亦在此。篇幅所限，不詳述。

由此看來，快樂主義的道德理論對於道德教育的影響，是一方面認識到人性中利己的因素，藉獎賞與懲罰的手段，實施外部的制裁，指出了道德訓練的有效方法；而另一方面注重養成受教者的道德行為，俾發展學生的品格的力量，使道德教育成為積極的設施，而不是消極的理論，貢獻亦大。但此種理論既忽略了道德行為的內部因素，只知訓練外表的行動，不知培養道德行為的動力，又僅以獎懲為道德訓練的唯一手段，所訓練而成的人格，只知苦樂利害的計較，而不知有義利之辨，是沒有道德價值的。故從教育價值的觀點來批判，快樂主義的教育理論，是有其缺點的；而其缺失正可由下述的嚴格主義（主內派）的教育理論予以補救。

二、主內派的道德學說與教育理論

主內派的道德學說，以康德的嚴格主義為代表，其道德觀點恰與快樂主義相反；實際上康德是因為不贊成與批判快樂主義的理論而提出自己的主張，其對於有關道德之重要問題的解答，可說完全與快樂主義者不同。對於第一個問題，即道德判斷的對象問題，康德以為只有動機可作為判斷的對象，行為的結果與道德無關。因為行為的結果要視外界的條件而定，是沒有把握的，不能作為道德的對象；唯有意志是全憑當事者自己決定，才是無條件的，才是道德價值的所在。所以康德主張只有意志有善惡之分，而行為的結果沒有道德的價值。關於什麼是善的問題，依康德的見解，善即依規律而行動，行為的結果並不計及。因為一計及行為的結果，便與欲望及情感有關，而不是純粹的善了。功利主義所主張的善，在康德

3　斯賓塞所主張的完美生活，包括：(1)直接自存的活動；(2)間接自存的活動；(3)教養子女的活動；(4)社會與政治的活動；(5)休閒的活動。

看來，正是善的反面。關於道德的認知問題，康德認為與後天的經驗無關，所謂善，只是依規律而行；而這規律乃是普遍的、不變的、先驗的。康德主張人有認識這種先驗規律的能力，這種能力便是所謂「實踐的理性」（Practical Reason）。先驗的規律既憑理性認知，因此與經驗是沒有關係的。關於道德的權威問題，康德不主張用外力制裁，而是訴諸理性的絕對命令。康德認為自然是由理性與慾念，即所謂天理與人慾組合而成，當人慾與天理相違悖時，天理有一種至高無上的命令，使人遵從規律而行事。所謂義務心，即是當天理與人慾衝突時，不得不順從天理而克制人慾的一種感覺；唯有依義務心的強迫而行，才有道德的價值。因此，要樹立道德的權威，應該訴諸理性，而不應該訴諸外來的強制力。

　　代表主內派的康德道德學說，其立論觀點既與快樂主義迴異，因之其影響及於教育的理論與實施，自亦有所不同。康德道德學說在道德教育方面的影響，可從以下幾點來說明：1.康德既認為人性有理慾之分，而要使慾望服從理性，最初的起點，便是使之服從規律；因此以規律限制行動，乃是養成兒童品格的基礎。2.依康德的學說，善僅存於意志，那麼，訓練意志便比訓練行為更為重要。所以康德的道德教育，乃集中於訓練意志，使兒童有自發為善的意願。3.康德關於道德的權威，既然主張訴諸內而不訴諸外，所以他在道德訓練方面，對於外部的制裁雖不完全排斥，但卻不認為是理想的手段。4.康德既認為善即服務規律，所以在道德訓練方面，主張訓練兒童只為義務心的強迫而行為，不應夾雜任何其他動機。為求避罰而服從規律，固為康德所不取，因事出情願而行為，亦非理想的品格。使兒童之執行行為，非為利害的計較，亦非對於行為本身自願執行，而為受義務心的強迫，乃是康德對於道德訓練的最高理想。5.道德雖教人服從規律、履行義務，但亦不願人盲目執行，卻要人明瞭規律或義務的合理性。明白了這種合理性，理得心安，那麼服從規律，便不是盲目的服從，而是出於「意志的自律」（Autonomy of Will）了。以此，康德又以意志的自律，作為道德教育的最高理想與終極目的。

　　康德的道德學說影響於教育最大的，是注重品格的陶冶、意志的訓練，使受教者得以表現道德的行為；且其學說排斥利己的功利觀點，俾養

成完美、純潔的人格，可說是能深入道德教育的肯綮。然而，這種學說只重訓練善良意志，未免忽視外表的行動，由此而養成之人格，徒有善意而無善行，於道德何補？又康德的道德學說太偏重克己制慾方面，而沒有培養道德行為的動力，充其量所培養出來的個人，僅能獨善其身，而不能兼善天下。此外，康德的道德學說太嚴格了，任何行為須完全求諸義務，不能稍微帶有一點感情的成分，否則便失去道德的價值；陳義過高，實亦強人所難。再說，康德強調服從道德規律，雖云出於意志的自律，也難免令人有盲從權威之感。

綜括而言，快樂主義與嚴格主義關於解答有關道德重要觀點不同，因之其據以建立之道德學說與提出之道德教育方案，遂亦各有所偏；且兩種學說各有短長，快樂主義所強調的，適為嚴格主義所菲薄，而嚴格主義所注重的，又為快樂主義所輕忽。折中為難，取捨不易；迨晚近有關道德教育的研究，轉向於道德判斷的層面，逐步建立道德認知發展的理論，途徑與方法既變，對於教育理論與實際的影響自亦不同。

第二節　晚近道德認知的理論與道德教學

一、道德認知的理論

所謂道德認知的理論，乃是以認知與發展的觀點來探討道德教育問題。由於這個理論承認道德認知有如智力之發展，須以兒童對道德問題的「主動思考」為基礎，故稱之為「認知」（Cognitive）；而其所以被稱為「發展」（Development），則是因為這個理論認為認知的發展有階段性，道德教育的目的在於促進兒童向更成熟的道德階段發展。有關道德認知的理論，係由杜威導其先路，[4]皮亞傑建立理論體系，而郭爾保則更深

4　參見Kohlberg, L., Moral Development of Moral Character and Moral Ideology, in Hoffman, M. L., (ed.) *Review of Child Development*, vol. 1, New York, Russell Sage Foundation, 1964, pp.383-431.

入探究並加實證；各有所司，而又能分工合作，不僅使此一學說的理論架構更爲完整，並且在道德教學的實施上可行性亦大，故自倡行以來，風靡一時，廣爲各國所採用。

　　杜威雖係從哲學的觀點，提出道德認知的發展具有階段性的主張，但仍不可否認是以認識與發展的觀念來討論道德教育問題的先驅者；他認爲道德的發展有三個明顯不同而又連續不斷的階段：1.「道德前期」或「成規前期」（Pre-moral or Pre-conventional Level）：此期兒童行爲的動機，大都來自生理的或社會的衝動；2.「道德成規期」（Conventional Level）：在此期的個體，其行爲大都接受團體的規範，而少有批評或異議；3.「自律期」（Autonomous Level）：此期個人行爲的善惡，全由自己的思想與判斷來認定，而不受制於團體的標準。杜威的見解已略具現代道德認知理論的雛形，至於此一理論體系的建立，則有待皮亞傑的「發展的道德心理學」（Genetic Psychology of Morals）的提出。

　　皮亞傑的道德認知的理論，係以其「發展認識論」（Genetic Epistemology）爲基礎，[5]其1932年所出版的《兒童的道德判斷》（*The Moral Judgment of the Child*）一書，依據觀察兒童在玩彈珠的遊戲中遵守遊戲規則的研究，發現兒童道德判斷的發展，與其智慧的發展齊頭並進，若合符節，確有相互平行、對應的現象。[6]皮亞傑又以故事的材料，採用個別晤談的方式，詢問兒童如何判斷事理的對錯、是非，以及所持的理由；並歸納兒童的回答，將兒童道德判斷的發展劃分爲三個階段：1.「無律階段」（Stage of Anomy）：自出生至五歲，此期兒童的行爲只是一種感官動作的反應，而無道德意識可言；2.「他律階段」（Stage of Heteronomy）：五至七、八歲的兒童，大都已進入「他律」的時期，他們以「道德現實」（Moral Realism）的觀點來決定行爲的是非善惡，

5　參見郭爲藩，〈知識問題與教育〉之「心理學派的知識論」，收伍振鷟主編，《教育哲學》（師大書苑，1988），頁112-114。

6　據皮亞傑觀察的發現，兒童對遊戲規則的了解與運用，與智慧的發展同樣有發展的序列可尋：(1)純動作期；(2)自我中心期；(3)合作期；(4)規則訂定期。

服從規範而不敢有所逾越，注重行為的後果而不顧行為的動機與意向，片面尊重成人權威，不能作自主的道德判斷；3.「自律階段」（Stage of Autonomy）：到了八、九歲以後，兒童的道德理性逐漸成熟，開始將近入「自律」的時期，此時期的兒童對於學校或社會的各種規範，已能重新估計並作合理的修正，有選擇地接受，並從行為的動機來判斷行為的好壞，且以相對的關係作平等互惠的道德推理，而不盲從權威，步入了道德規範的「自為立法、自為執行與自為審判」[7]的成熟階段。

　　自皮亞傑的理論提出後，世界各國的學者多採用其測量方法與測量項目，或從年齡發展，或從影響的因素，作繼續的研究；就中以美國郭爾保的貢獻最為卓著。郭爾保本著皮亞傑的認知發展的基本觀點，從事橫剖與縱貫的研究，把杜威與皮亞傑的道德判斷發展的階段，予以詳細的分化，並以客觀的研究加以證實，而將道德認知的發展分成三個時期六個階段，各具不同的道德判斷基礎，對於道德的是非善惡依不同的觀點來作決定。

(一)道德成規前期

　　此期兒童根據行為後果或苦樂感覺作道德判斷，並且極端服從權威。

　　階段一：處罰與服從導向階段；兒童根據行為的結果，而非動機，來判斷行為的善惡，儘量避免受罰，凡是不罰的就是「好」的行為，且盲從權威，有權力的人所作所為都是對的。

　　階段二：功利的相對論導向階段；兒童以物質交換的觀點來衡量人際關係，凡能滿足需要、追求快樂的，便是「好」的行為，並有膚淺的公平意識，但抽象的忠貞、感激與正義等概念，則尚未萌芽。

(二)道德成規期

　　不損家庭、社會及國家的期望的行為便是好的，遵從團體的成規，並忠於所隸屬的團體。

　　階段三：人際關係和諧導向階段：能取悅於人或別人稱讚的行為就是好的，本期兒童想努力做個乖男或巧女，極力順從傳統習俗或成規，附和

7　歐陽教，《道德判斷與道德教學》（文景，1974），頁77。

大眾的意見，判斷是非開始兼顧行為的動機。

階段四：法律與秩序導向階段；好的行為就是恪遵法令，服從權威當局，維護社會秩序。

(三)道德成規後期（原則期或自律期）

根據較合理的原則，就事論事，不盲從附和。

階段五：遵守社會規約導向階段；尊重人權與社會契約所訂定的民主法典，但不堅守規條，法律應作合理的運用與修正，一切遵從社會契約的合法的原則來行事。

階段六：道德普遍原則導向階段；根據普遍性的道德原則，如正義、恕道與個人尊嚴等行事，而不墨守道德誡條，並運用嚴謹的邏輯思考，良心的自律，建立適切的道德原則。

郭爾保有關道德判斷發展之三個時期六個階段的劃分，經過中外學者的研究與補充，[8]認為道德判斷的發展係由無而有。因此可再加一個零階段或零時期，而分為四個時期七個階段。所謂零時期（亦即零階段），乃本期的兒童，尚無所謂道德意識的善惡判斷，不能作合理的道德抉擇，亦無法作道德理由的敘述；即使能作任何決定，也只是根據情緒的好惡，「所欲」與「可欲」不分。

如加比較，可以發現上述三種道德認知的理論，其發展階段的劃分有頗多近似之處；杜威的三個階段與郭爾保的三個時期相類似，而皮亞傑的三個層次亦與郭爾保的階段零、階段一及階段六相當。由此亦可看出晚近道德認知理論的發展，頗有「一致百慮，同歸殊途」的趨勢。

道德判斷發展階段之劃分，已略如上述；然何謂「階段」？又此種階段的劃分，在道德教育方面有何意義？亦不可不知。所謂「階段」（Stage），一般是指有層次、有組織的思考體系；就道德判斷的發展而言，係指一個人的思考已進入或屬於某一階段的導向，則不論在何種情況下，其關於道德判斷的反應皆可能有相同的傾向。至於道德認知階段的發

8　國內有歐陽教，《德育原理，上冊》（華視，1978），頁67；國外如J. N. Flavell, *Cognitive Development*, New York Printice Hall, 1977, p.141.

展，則是循序漸進而向上提升的，並非驟然轉換而跳躍以成的。無疑地，較高階段的道德思考比較低階段的爲佳，且其認知結構更趨分化、統整，亦更具普效性。在正常的情況下，每個人皆依前述各階段拾級而上，順序提升，並且在達到某一階段而呈穩定狀態，亦不會回歸或退返前述已往歷程的階段。不過，一個人在作道德推理時，主要雖遵循某一階段，但亦附帶使用上一或下一階段的思考方式。此外，尚有些人會停留在某一階段而不再向上提升；而此則與影響道德判斷發展的因素有關。影響道德判斷發展的因素極多，且其關係錯綜複雜；主要有年齡、智力、性別、家庭狀況、文化背景、人格、角色交替能力以及自我發展等因素。同時由於不少人在發展的過程中，受到各種不利因素的影響，妨礙或遲滯其道德判斷的發展，使他無法依循原本的發展軌跡，順序提升，因而學校有必要安排與提供適切的道德教學方案，選擇合適的教材，並採取有效的方法，以激勵其學習，俾提升其道德判斷的發展階段。目前最常採用的是討論式教學法，係以社會中常見的法律或生活中不易解決的「兩難問題」（dilemma）爲題材，鼓勵學生參與討論，從而改變其道德認知結構，導正其道德認知能力，並變化其道德氣質。[9]

二、道德教學的實施

由於在成長過程中，個體有可能遭受各種不利影響因素的阻礙與遲滯，使其道德的發展不能依照正常的發展軌跡循序上升，以此，學校有必要實施道德的教學，以提升學生道德判斷的階段與層次。茲繼道德認知理論的探究之後，進而討論學校道德教學的具體實施，俾理論與實際打成一片，而改坐言起行之效。

有關學校道德教學的實施方案，首要之務，當先明瞭並把握道德教育的規準。道德教育的規準有三：合理、合情與可行；[10]而此三個規準又是依據對教育的合認知性、合價值性與合自願性三個規準而來的。由於道德

9　同註8，歐陽教，頁190-193。

10　同上註，頁32。

教育是教育的下位概念，因此適合於評斷教育的規準，自亦適合於判斷道德教育；亦即道德教育活動的進行，既應符合眞理認知的意義，也應當是有價值的活動，同時亦須配合受教者身心發展的能力。否則，便不是道德地可欲的（morally desirable）。中國傳統認爲「可欲之謂善」，與此若合符節。

其次，道德教學的施行，當需熟悉並能運用以下幾項原則：

1. 普遍的原則

任何道德規範或行爲準則，適用的規範應盡可能沒有限制，某個人可以採取的，亦可以適用於其他以及所有的人；如此才具有「放之四海而皆準」的普遍性。否則，選擇性執法，便難免貽雙重標準之譏，而受糾彈者，亦必心服口服。

2. 程序的原則

一切道德規範的適切與否，應循大家講理的方式，而不訴諸直覺與情緒，能將最合理的理找出來，才能達到道德的普遍性。缺乏程序正義甚至缺席裁判，均達不到道德教學的效果。

3. 恕道的原則

「己所不欲，勿施於人」；恕道乃是道德教學所不可或缺的原則，因爲道德行爲而是推己及人的，否則，必不爲人所接受。

4. 對等的原則

和諧而合理的人際關係，建立在平等互惠的基礎上；把人當人，待人如己，而後敬人者人恆敬之，愛人者人恆愛之，彼此平等，禮尚往來，方合正道。

5. 公平的原則

不論利益的分配或懲罰的執行，都要顧及公道與正義，而不可有私心；平等地對待平等的，差別地對待差別的，乃是此一原則的應用。

6. 自由的原則

一個人所作的道德判斷與採取的行爲規範，應出於其本人的自由意志的抉擇；而自由意志的抉擇，又爲道德的價值與責任之所生。因此，學校的道德教學應鼓勵學生學習並善用自由的原則。

7. 自律的原則

　　自律是道德教學所要達成的最後目標；在道德教學的實施過程中，要使受教者培養並形成自律行為的特質，能自為道德律的立法者、執行者與裁判者。到此地步，道德的教學可謂大功告成。

　　最後，談到道德教學的方式，一般採用下列三者：

1. 道德認知的教學

　　這是一種較高層次的道德認知的教學方法，適用於進入自律階段的學生，或作自律型態的道德教學時採用。這種方式的教學，著重道德理智的啟發，不但對道德原理、原則的分析、批判與整合等論證的過程加以分析，並且討論道德規律或原則的所以然的道理。如遇道德認知能力未達自律階段的學生，教師仍應以合理而能了解的理由，予以解說，而不宜訴之於權威或盲從口號式的教條。

2. 道德行為的訓練

　　這是較低層次與較為具體的行為習慣的指示、管理及訓練的教學方式；適用於他律階段的幼小者與認知能力發展遲緩的學生，使其在實際的行為活動中學習，俾獲得直接的行為經驗，其項目包括日常慎慮性行為的指導，與道德規律行為的訓練，以養成學習者良好的行為習慣，作為日後道德認知或道德理性教學的基礎。惟施教者必須動機純正，且樂於與人為善，否則，有淪為非教育甚至反教育之嫌。

3. 道德情操的陶冶

　　所謂情操，就是情感的理智化，如「擇善固擇」或「死守善道」，便是理想道德情操的具體呈現。道德教學的任務，除了慎思明辨與實踐篤行而外，亦應培養更高層次的道德情操；不但能知行合一，修己善群，而且能做到為善最樂，以止於至善，終於完成個人完美的道德道品格，達到「從心所欲，不踰矩」的境地。

　　要之，道德認知的基本理論，是由無律，他律，而自律；而道德教育的最高理想，則是學生同時身為道德行為的立法者、執行者與司法者。由此看來，道德認知的理論應用於道德教學的實施，不僅理論與實際可以配合，而且理想亦不脫離現實，故而其推行既無扞格，其成效亦不致流於空

談，無怪其自倡行以來，響應者眾而採用者亦廣。

問題與討論

一、何謂道德？試說明之。

二、道德理論的主外派和主內派各有何優缺點？試分析之。

三、道德可教嗎？試討論之。

蘇永明

第十三章

社會正義與教育

第一節 社會正義與教育的關係

希臘哲人亞里斯多德早就提出兩種正義的概念，分別是「分配性正義」（Distributive Justice）和「補償性正義」（Corrective Justice）。用在社會資源的分配上，具有較強能力或對社會較有貢獻的人，應該得較多的報酬，這是功績社會（meritocracy）的概念，也是符合「分配性正義」的原則。然而，如果只按「分配性正義」行事，恐怕會淪為弱肉強食的動物世界，一個人道的（humane）社會應該還要包括對弱者的扶持。因此，第二種正義的概念是指「補償性正義」，即對弱者給予較多的資源，不完全是按其貢獻或人口等的比例。但是，這兩種正義的觀念可以說是互相排斥的：強者以主張「分配性正義」較有利，弱者以主張「補償性正義」較有利。過度強調「分配性正義」將使弱者無以為生；過度強調「補償性正義」將使強者不願意再多作貢獻，因為他們所得到的報酬不太成正比。例如：社會福利辦得較多的國家，其富人將被抽重稅，這也將減弱他們努力的動機。如何在兩者之間取得平衡應該是主事者最重要的課題。

就教育資源的分配上，也採用了符合社會正義的原則。從目前的結構可以看出，資優生和殘障學生獲得較多的照顧。這如果從社會正義的角度來衡量，資優生得到較多資源應該是符合「分配性正義」，雖然這未必有必然關係，至少對這些人的投資有可能得到較多的回饋，所以仍具有正當性。至於對殘障者的特教班給予較多的資源，則應是從「補償性正義」的觀點較能解釋，也就是出於人道立場考量。這種差別待遇的正當性仍來自於社會正義的考量。

教育與社會正義有密切的關係，一方面是社會的外在條件將會反映在教育體制中，一個不正義的社會，將會有不公平的教育結構，教育只是「再製」（Reproduce）社會階級等原先的不公平結構。教育等於是被社會結構所決定，這是指教育消極的一面。另外，積極的一面是，教育也是消除社會的不公平之利器。因為，幾乎每個人都需受過教育再進入就業市場，如果教育能排除社會的不正義結構，在教育體制內讓每個人不再受既有的不公平之影響，透過公平的教育培養其潛能，到社會中發揮其專長。

也就是經由教育體制促成良性的社會流動（social mobility），並因此促成社會正義的實現，這將是最理想的情況，也是教育主動改善社會的一面。

　　社會的不公平主要有哪些呢？這裡所指的不公平，是說具有相同能力的人卻因為階級、性別、種族及地域上的差異，而無法得到相同的報酬或潛能無法發揮。在教育的範圍內，應該是潛能無法得到培養，以至於無法發揮。例如：因階級、性別和種族的因素無法就讀同樣的學校或同等的待遇；或是，居住在文化不利地區，以至於無法得到和其他人相當的教育品質。當然，就讀同一種學校並不一定就代表公平，還得視其提供的教育內容而定。因此，從社會正義的角度來看，一個公平的教育制度應該不能因為學生上述的背景差異，而被剝奪了能發揮其潛能之教育。如果教育能做到這一點，學生進入社會後，等於改善了現有的社會結構，應該也能夠促進社會正義。以下先從教育史的角度，來說明社會階級、性別、種族和地區差異對教育所造成的扭曲，並且，討論教育如何來消除這些扭曲現象。

第二節　社會階級與教育

　　在一個階級分明的社會裡，其教育資源的分配幾乎都是在複製社會階級。希臘和羅馬的社會中，其階級區分大致是貴族、自由民、奴隸。能充分受教育的也只有貴族。在希臘社會，並且發展出一種完全不以實用為目的的「博雅教育」（liberal education）以顯示其貴族氣息，這是屬於有閒階級的教育。一般平民則必須學習實用技藝。進了中世紀以後，貴族和平民的區分仍在，階級的區分甚至於造成當時中學與小學的區別。中學是貴族兒童所就讀的學校，使用的語言是拉丁文，這是當時的官方用語。能使用拉丁文的人也才能擔任社會上的高級職務。貴族子弟年幼時先在家裡請家教來教，或是直接到中學念預備學校。小學則是給平民念的，用的是當時的方言，即德文、法文等。而且也只能念到小學畢業，從事下層的職務。當時的小學和中學完全沒有溝通，不像今天是相銜接的學校制度之一環。而這種階級的區分，學校等於是在再製社會階級，根本沒有社會正義可言。

　　在現代國家興起之後，雖然義務教育要求所有兒童都要接受教育。但是，社會階級的因素仍在作祟，而發展出所謂的「雙軌制」，即原來貴族和平民的子弟分別在不同的學校受教育。在德國，其「雙軌制」是存在於公立學校體系裡。在四年的基礎學校之後，分有古文中學（Gymnasium）、實科中學（Real Schule）、職業中學（Beruf Schule）三種學校。以往這三種學校的分類有較強烈的階級之分，即上階層以古文中學為主。英國的「雙軌制」除了以往的中學也有像德國的三分法，較特別的是也表現在公、私立學校之分。事實上，英國的貴族也在抗拒國民教育的理念，他們不希望其子弟與平民子弟在同一場所接受教育，而狡辯說教育是私人的事。由於貴族子弟一向是在私立學校（叫公學，public school）受教，政府不辦教育對他們無損失。下階層民眾卻因這種阻撓，而變成是由慈善團體來辦理，或由工廠對童工施予部分時間的教育。英國的義務教育比德國、法國都要來得慢，其中的一個原因就是貴族上階層的阻撓，他們無意去改善平民的地位（Green, 1990: 211-212），直到1870年才由政府辦理初等教育。目前，英國的公立學校免費，私立學校則學費昂貴（寄宿學校平均約一萬鎊），比我們的大學學費還貴。因此，只有有錢人才讀得起（有少部分的獎學金補助成績好的低收入戶）。而且，在升學考試要有競爭力的話，就得念私立學校，因為政府管不到他們，也不必按課程標準來上課。這種公、私立學校之分的源頭還是有階級的原因，然後逐漸變成是貧富之分。如此一來，大部分的好學生跑到私立學校去（他們可以辦入學考試），成績差的留在公立學校。因此，常使公立學校產生惡性循環，而私立學校產生良性循環。直到今日，由於英國的貧富差距仍然嚴重，英國的公學依然屹立不搖，雖然也提供一些獎學金名額，但比率不高，整體而言，仍舊是在複製社會階級，而無社會正義可言。

　　在傳統中國的社會中，社會階級在教育上仍產生明顯的差異。各個朝代雖然都象徵性地設立一些學校，但是，並沒有真的在辦教育。他們只是用科舉在甄選人才，而少有在培養人才，只有宋代的教育改革一直想將學校教育與科舉結合。在政府未積極興學的情況下，最好的學校就是氏族學校，這是有錢人家為了科舉的目的，以本族兒童為對象所設的學校。雖

然，窮親戚也可以來念，一般是等他們識字後就打發他們回去了。只剩準
備科考的在長期抗戰，這種學校也等於是貴族學校了。平民到私塾所受的
教育大都也只是識字的教育，真正要應科舉考試還得有人資助才能長期苦
讀。所以傳統科舉考試是否真的能使寒門子弟有向上的社會流動，仍是一
個有爭議的主題。

　　事實上，今天每個社會的階級區分應是比以往要淡。可是，貧富的差
距仍扮演著以往階級的作用。在一個貧富差距較大的國家，對於教育機會
均等所能達到的機率就愈小。臺灣自從「三七五減租」和「耕者有其田」
政策後，貧富差距變得很小。再加上政府抑制私立學校的成長，尤其在國
民教育階段，就讀私立學校的學生比率相當低。在八十六學年度，公、
私立學校數在國小為22：2518，國中為10：709，高中為118：110（教育
部，87b：4）。公私立學校的學生人數在國小為11,881,776：23,914，國中
為983,405：91,183，高中為202,544：88,551（同前註）。在國小就讀私立
學校的學生數不到1%，國中約9%。這等於是不管貧富的差距，都在公立
學校受教育，我們的公立學校還不至於淪為次等學校。

　　既然貧富差距對於教育機會均等可能有密切關係，我們有必要從統計
數字來了解，並且與其他國家比較。茲將我國的貧富差距與七大工業國做
一比較，表中的計算方式是以收入最高的1/5人口之收入，除以收入最低
的1/5人口之收入，然後求取其倍數：

我國與其他國家貧富差距之比較

國名	年別	所得按戶數五等分位組之所得分配比（%）		高所得組為最低所得組之倍數（倍）
		最低所得組（20%）	最高所得組（20%）	
中華民國	1980	8.82	36.80	4.17
	1988	7.89	38.25	4.85
	1996	7.23	38.89	5.38
日本	1994	8.07	38.03	4.71
英國	1988	4.60	44.30	9.63

國名	年別	所得按戶數五等分位組之所得分配比（%）		高所得組為最低所得組之倍數（倍）
		最低所得組（20%）	最高所得組（20%）	
加拿大	1987	5.70	40.20	7.05
美國	1995	5.20	44.10	8.48
德國	1988	7.00	40.30	5.76
義大利	1986	6.80	41.00	6.03
法國	1989	5.60	41.90	7.48

（行政院主計處，1997：24）
※我國在1997年的貧富差距為5.41倍

　　從以上的數據可知，我國的貧富差距已比日本嚴重，但仍比其他的六個國家好些。如果從財產總歸戶來比較，由於累積的效果，最窮的20%可能沒有什麼財產，而最有錢的20%常會擁有全國一半以上的財產。

　　目前，在我國學校所產生的是編班的問題，應該是與社會階級或是貧富差距有密切關係。但是，嚴格說來，國中的能力分班還不是以學生的家庭背景來區分。不過，國中、小裡的「人情班」倒是以家長的勢力對教育所造成的扭曲，等於是社會的貧富或勢力結構想要反映在學校內的編班。近年來，由於貧富差距的擴大，政府在解嚴後，各種管理放鬆，再加上自由化之名，各種私立學校，從早期「森林小學」突破體制，到現在政府鼓勵私立學校的設校，已經是對公立學校造成相當大的衝擊。在行政院教改會的總諮議報告中也鼓勵私人興學（行政院教改會，1996：30-32）。固然，私人興學可減輕政府的負擔，使學生有更多的選擇權。但是，教育本身是對整個社會是一種投資，除了學生所繳的學費外，政府還要補貼許多經費，才可能以較低廉的學費來維持。私立學校若以學生的學費為主要來源的話，其學費一定比公立學校高很多，今天臺灣的私立學校的學費確實也較高。在這種情況下，教育機會就會因學生家長的經濟能力而有差別。筆者擔心的是，如果我們的公私立學校走像英國的方式，那私立學校將變成「貴族學校」，這對社會正義是一種妨礙。事實上，只要貧富差距持續

擴大，這種可能性就更高。

　　在補救措施上，對於貧戶子女的免學費、給予獎學金應該是「補償性正義」的做法。一般而言，維持低學費政策比較有利於低收入子女。不過，我國在義務教育階段，因為絕大多數人都在公立學校，學費較無爭議。但是，國中以上的各級教育，公、私立的學費差異相當大。而且，普遍的趨勢是成績好的才進得了公立高中職和大學。也就是低收入戶的子女（原住民除外），如果在義務教育階段無法在成績上趕上，到了國中以後不但喪失了「補償性正義」所可能給予的優惠，而且還要居於更不利的地位。以上僅就家庭收入與就讀學校的差異作討論，貧富差距在校園以外的環境所造成的影響，仍舊會影響教育的品質。例如：英國的下階層發展出一種反智文化來替自己合理化。這都是不利於低收入戶子女的教育。其他有關的因素尚多，仍值得繼續探討。

第三節　性別與教育

　　閩南語有句俗諺說：「豬不肥，肥到狗去了。」這是一句充滿性別歧視的說法。如果是用在教育上，常指希望兒子好好念書，以光耀門楣，女兒念不念得好沒什麼關係，反正是要嫁人的。可是，經常的狀況卻是女兒書念得好，兒子卻念不好。豬肥了有利可圖，狗肥了沒得到什麼好處，所以這句話是歧視女性，認為她們不必念多少書。雖然，這種現象在今天的臺灣已大致消失，但女性在教育上要得到平等對待也是要等到二十世紀。

　　盧梭在《愛彌兒》（Emile）一書中，就對其女伴蘇菲（Sophie）設計了不同的教育進程，不是在培養她像愛彌兒一樣追求獨立，反而只是為了持家，要順應丈夫並服侍丈夫（林玉体譯，1980：558）。這種性別的差異安排並不是出自於「補償性正義」的考量，反而是要再製當時的兩性關係，以男性為主，女性為附屬的角色。在美國，高等教育要到十九世紀中葉以後才對女性開放（同前註）。英國的牛津、劍橋大學要到二十世紀才開始收女生。

在傳統中國，科舉中就沒有女性的份，當然政府官員也都清一色的只有男性。中國的科舉中，只有太平天國時，曾經開放女性參與考試，另立一榜。一直要到清末，西方式的新式學堂才逐漸開放給女性就學的機會。不過，在清末，1904年所頒布的「癸卯學制」並沒有包括女子教育，只附屬在家庭教育中。在1907年，學部才頒布「女子教育章程」，但也只設女子小學和女子師範（金林祥，1995：491）。北京大學也要等到1920年蔡元培擔任校長，胡適擔任教務長時，才開放兩名女生入學，首開風氣之先（同前註：229）。以下先從量的方面來探討我國在性別上的差異，其中一個很重要的指標是男、女生的就學率。就臺灣的情況，男生和女生的就學率在光復前，初等教育階段為：

	男生	女生
1920	39.1%	9.4%
1930	48.9%	16.6%
1943	80.9%	60.9%

（汪知亭，1978：46）。

到了光復後，國小階段的差異就逐漸拉近，在初中及高中階段則仍有顯著的對比。在四十四學年度，初中和高中學生總數的男女人數分別是男生98,949人，女生46,849人（同前註：195），兩者仍相差將近一倍。但是，到了七十六學年度，女生在各級學校就讀的人口總比率就超過了男生。詳如附表：

學年度	國民教育		中等教育		高等教育		總在學率	
	男	女	男	女	男	女	男	女
65	94.13	91.05	69.53	61.71	11.15	8.73	69.51	65.52
76	96.15	96.02	81.13	83.73	14.90	14.74	74.79	75.93
86	98.24	98.54	89.23	92.45	28.35	33.97	78.14	80.43

（教育部，1998b：5）

就在學率而言，男、女生的差異已不大。不過，在所就讀的科系方面，仍存有性別的刻板印象之差異，也就是男生偏科技類科，女生偏人文、社會類科。茲以八十六學年度在學之大學部、碩士班和博士班之男、女人數為例：

		公立學校		私立學校	
		男生	女生	男生	女生
大學本科	人文	15,460	35,291	7,965	21,832
	社會	12,357	17,737	39,301	59,946
	科技	47,326	18,510	68,752	29,625
碩士	人文	1,828	2,672	551	935
	社會	3,551	2,155	2,239	1,522
	科技	14,012	3,340	4,680	1,121
博士	人文	526	450	163	173
	社會	958	368	163	70
	科技	5,727	819	480	116

（教育部，1998b：65）

從以上人數分布可以看出，女生在大學部、碩士班的人文、社會類科占多數，科技類少於男生相當多。可見性別的刻板印象相當明顯。而到了博士班，則一律男生多於女生。顯示女生還有一些瓶頸尚待突破。

就學率只是量的指標之一，在質的方面，謝小芩指出學校的教育過程中仍存有性別歧視（謝小芩，1995：191-199），包括學校的教職員女性不在少數，可是女校長的比率仍是相當低。課程上的男、女區隔，男生修軍訓、女生修護理。教科書中仍有性別歧視。在非正式課程及教師互動中，仍存有性別的刻板印象。以及威脅女生的校園侵害。以上問題也都值得我們隨時就周圍所發生的現象加以反省。

一般認為，男女分校與合校對教育機會均等會有不同的影響。目前國內在高中階段還有男女分校的情形。現在有人認為要男女合校比較自然，

或是代表一種無形束縛的解除。可是，根據研究，當男女合校時，男女性別的刻板印象就容易發生作用。即女生變成不願意表現出「男性化」的行為，例如：當領導者或是出風頭。但是，如果女生在女子高中這種單一性別的學校，她們就沒有這一層壓力，能比較自然地培養出領導者的角色，或是較願意扮演一向由男生所擔任的角色。從這個角度看來，男女分校反而有助於打破男女性別的刻板印象，應該是有利於機會的均等。反之，男女合校卻有較大的機會再製了社會上的性別區分，這實在是相當弔詭的現象（參考江芳盛，1998）。

第四節　種族與教育

在種族上的差異所產生的種族歧視，往往也是造成教育機會不均等的原因。在1860至1864年的南北戰爭後，黑奴得到解放。但是，在各方面仍採用隔離措施，包括公共場所的使用。黑人和白人的分校上課更是理所當然。在1896年的「普雷希對佛格森」（Plessy v. Ferguson）案中，仍就認為分開在不同學校受教育仍算是平等（separate but equal）。一直要到了民權運動的不斷爭取後，在1954年的「布朗對教育委員會」（Brown v. Board of Education）案中，聯邦最高法院才又宣布1896年的前述法案無效。並於1969年，下令強迫黑白合校上課。不過，黑人與白人在教育上的差異至今仍相當大。南非的黑白種族隔離政策（apartheid）更是澈底。幸好，在由黑人執政後，已廢除了種族隔離政策。

臺灣受日本殖民時，也是因為種族的關係，而在教育上有不平等的待遇。幾乎是按不同的種族而上不同的學校。在國小階段，日本人進「小學校」，臺灣人進「公學校」，原住民進「番校」。這些學校在設備、課程、待遇等方面都有相當的差異。當然，日本人所上的學校在各方面條件都是最好的。雖然，自從第八任總督田健次郎（任職期間為1919-1923年）就提倡「日臺共學」，但仍無實質改善。1941年，為加強「皇民化」，第二次修改「臺灣教育令」，表面上宣導教育機會均等，將所有初

等教育的學校統一名稱為「國民學校」，但是在課程方面仍分成以家庭使用日語為主的子弟進入「課程第三號表國民學校」，這仍是日本人的專利，只有極少部分臺灣人可以就讀。臺灣人進入「課程第二號表國民學校」，原住民進「課程第三號表國民學校」。義務教育階段以外，臺灣人也少有升學的機會，這促使林獻堂於1915年，設立私立「臺中中學」，但日人仍施壓，將私立改為公立，以方便控制。在就讀領域方面，臺灣人被限制只能學習醫學、農業、師範等少數學門。即使是1928年設立「臺北帝國大學」（今臺大的前身），於臺灣光復的前夕，在357位學生中，只有85人是本省籍，其中80人就讀醫學部（汪知亭，1978：150）。這種殖民地的教育與種族上的歧視有密切關係。

今天，臺灣在種族的差異上，本省與外省籍的區分不像種族區分那樣嚴重，兩者的差異已愈來愈不明顯。原住民教育還算是較明顯的種族差異，也是需要加以補救的一環。由於原住民在文化上處於弱勢，社會及經濟背景上平均而言，仍居於不利地位。立法院於八十七年5月12日三讀通過《原住民教育法》，採取補償性正義的觀點，一方面保存原住民文化，另一方面也給予原住民子弟較多的資源，希望能提升他們的社會及經濟地位。就保存原住民的考量，這也是多元文化教育的一環。至於資源上的補助，則有公費補助和升學考試加權計分。因此，有高中聯招的榜首為原住民。

筆者認為，種族的差異所產生的歧視現象恐怕是最難消除的。因為，種族的差異相當明顯，大都從膚色就可以判定。這種非我族類的排斥異己心態在每個社會中有其長久的文化、歷史淵源，不易消除。直到今天，我們臺灣留學生到歐美讀書，仍會遇上被歧視的行為。在面對種族差異時的教育也最有爭議。第一種做法是，為了公平起見，將所有族群集中在同一所學校，上同樣的課程，以示平等。但是，這種做法弱勢族群仍有話說，認為所謂的共同課程是以強勢文化為主，弱勢文化根本被忽視了。例如：解嚴（民國七十六年）以前的臺灣教育對族群差異常視而不見，至今各族群的母語和文化逐漸消失之際，才開始積極推行「鄉土教育」。第二種做法是，配合各個族群，施以不同課程的教育，尤其是偏重保護弱勢族群的

文化。但是，這種做法，又會被認為是具有種族歧視，會使弱勢者恆為弱勢。例如：今日臺灣有些原住民不願意再為了「保存傳統文化」去學他們的母語，這種現象是可以理解的。第三種做法是，主政者不再去干涉種族認同的問題，較理想的狀況是強弱勢文化的課程都開設，給予不同族群的人自由選修。但是，這種做法需耗費好幾倍的資源，也等於是用補償性正義的方式在保護弱勢文化。至於應補償到什麼程度，則要視社會的資源、少數族群的人口比例、社會對異己支持的程度等因素而定。

第五節　地區差異與教育

　　地區的差異所產生的不利，是指該地區因文化刺激的不足而影響教育品質。在臺灣較常見的就是城鄉（包括離島）的差異，或是南、北部的差異。以往，在中國的科舉中，為平衡地區的差異，特別按省分，而給予配額。英國的做法，是劃定文化不利地區（culturally disadvantaged area），把它叫做「教育優先區」（Educational Priority Area, EPA），給予更多的額外資源來補償，希望能提升該地區的教育水準。由於文化刺激的不足必須以提早的方式來彌補，所以在「教育優先區」常提前兒童的入學年齡或是普及幼稚教育。如美國所採取的「提早入學計畫」（Head Start Project）為常見的措施。

　　目前國內也採用「教育優先區」的做法，可是並不是以某縣市或鄉鎮為單位，而是以個別學校為單位，根據它所規定的七個指標條件來判定是否符合。其指標如下：

1. 原住民及低收入戶學生比例偏高之學校。
2. 離島或特殊偏遠交通不便之學校。
3. 隔代教養及單（寄）親家庭學生比例偏高之學校。
4. 中途輟學率偏高之學校。
5. 青少年行為適應應積極輔導地區。
6. 學齡人口嚴重流失地區。
7. 教師流動率及代課教師比例偏高之學校。（教育部，1998c：2）

　　上述的指標表示社會背景不利，接受教育意願不高，甚至於教師流動率太高代表所提供的教育品質也比其他地區差。每一項指標都有明確的標準，如果符合其規定，學校將可針對需要，申請以下八種活動或設備的補助：

1. 開辦國小附設地區性幼稚園。
2. 推展親職教育活動和推展學校社區化教育活動。
3. 補助文化不利地區發展教育特色。
4. 充實原住民教育文化特色及設備器材。
5. 修繕教師宿舍和修繕學生宿舍。
6. 興建學校社區活動場所：(1)綜合球場；(2)小型集會風雨教室；(3)運動場。
7. 補助交通不便地區學校交通車。
8. 修改建午餐廚房、充實午餐廚房設備器具、興建集中式午餐廚房及設備。（教育部，1998c：2）

　　以上補助的出發點，是想以學校來補社區的不足。因此，學校要幫忙辦社區的活動，並以更優厚的條件來提高學生的就學意願。既然這些不利因素是校外造成的，可能要配合整個地區的建設（如交通）或是對貧戶的社會工作來輔導，才比較能夠落實，學校所能補償的仍舊相當有限。

第六節　促進社會正義的教育措施

　　除了上述在針對個別問題時，已指出的各種促進教育機會均等的措施，本節將再從學制、教育政策角度來看這個問題。在教育政策上，以往常以集中學生在同一學校就學來縮短各種差異和差距。近年來，又有以自由化、市場化或多元化爲名，將選擇權交給家長，至於何者較符合社會正義的做法則仍有爭議。

　　在促進教育機會均等的一種做法，是將所有的學生集中在同一種學校就學。在此以美國所推行綜合中學（comprehensive school）爲例，將小學以後的升學科目與職業類科在同一學校開設，讓學生有選擇的自由。不

像以往一旦分到不同學校就無法回頭。我國在實施九年國教時，就廢除「初級職業學校」，延後分化，國民中學採用綜合中學的型態，使學生才有較多的試探機會。最近，政府又推行「綜合高中」，這將使分化的時間更延後，有利於教育機會的均等。在英國，他們於第二次大戰以後，取消十一足歲（11+）的考試，以避免太早分化，決定了學生一輩子的前程。接著，也推行「綜合中學」，這在早期也受到相當的阻力，如今則大致完成。只是，他們還有許多的私立學校承續貴族學校的傳統。但是，當「綜合中學」無法使所有學生在一起就讀時，它仍無法扭轉整個社會階級。

上述將所有學生齊集一校的措施，對於社會正義而言，應該是有正面的幫助。然而，還要考量其做法。如果這種整齊劃一的內容只是以強勢團體為標準，弱勢團體就不會認同，如臺灣的原住民可能指責以往劃一的教育使他們的語言和文化流失了，因為過於劃一就無法顧及個別的需求。如果這種單一學校的結構複製了社會的不正義，如再製社會階級、性別的刻板印象、種族的區分，那也一樣無法達成社會正義的目標。因此，較理想的狀況可能是，既溶於一爐也能兼顧個別需求。也就是必須有各種選修課讓學生去試探，而且要避免複製上述各種不正義的區分。再者，各種「補償性正義」的教育措施也應該趁此機會實施。例如：特別給予獎學金來鼓勵女生以自然科學為主修，來打破性別的刻板印象。對社會、文化不利的學生給予較多的資源等，以期消除其社經背景的不利因素。當然，上述做法的困難之處恐怕是在經費上要增加相當多，才能開出各種選修課來滿足學生的各種需要。再者，就是公家機構的效率問題了。

自從1980年代以來，英國和美國相繼採取市場化（marketization）的模式，有的配合教育券（educational voucher），給予每個學生基本的費用（或是貧戶給更多），讓學生自由選校，希望各學校間經由競爭來提升教育的品質。這種市場化的措施，其主要考量應該是學校的組織效能，辦不好的學校就得關門。希望用市場的壓力來促使學校提高服務品質。但是，在這種自由市場的競爭中，弱勢團體恐怕只會更趨弱勢（Whitty, 1997），離教育機會均等的理想將更遙遠。因為這種政策的出發點就不是以社會正義為出發點。何況，自由市場可能造成的是弱肉強食。再者，教

育是百年樹人的工作，家長不一定都是教育專家，他們未必有能力來判斷學校的教育品質。目前，政府也採取多元化政策，鼓勵私人興學，這固然會有一些好處，但其副作用仍難避免。事實上，教育措施是否能採用自由市場的做法，一直是有爭議的。畢竟，教育不完全是私有財，它也有公共財（public good）的成分，不宜用處理私有財的方式來處理。何況到底有沒有一個真正自由的市場，那更是有爭議。但是，多元化之後可以確定的是增加差異，其好處是能符合各種族群、特殊團體的需求，副作用可能是社會正義更難維護，因為這時的差異不是在同一學校內的自由選擇，而大部分可能是分隔在各個不同的學校。這樣對社會的整合將相當不利，更不要說社會正義了。

第七節 結論

對於社會正義這個主題，本文從「分配性正義」和「補償性正義」的角度來衡量，發現教育在維護社會正義方面，占有相當重要的地位。教育作為社會制度的一環，難免受制於社會的正義結構。但是，教育仍有主動改善社會正義結構的空間。再就影響社會正義的四個主要因素來看，臺灣在階級、性別、種族、地區差異各方面，雖然不能算是相當嚴重，但仍須努力改善。筆者較為憂心的是貧富差距的不斷擴大，這將造成社會上的各種對立，對教育也有許多不良影響。此一問題應該是值得全民正視，並加以改進的。

最後，就作為一個教師，當了解了上述有關社會的議題，應會感到責任重大。除了要具備「有教無類」的精神，對於來自不同社會背景的學生，更應該從社會正義的角度出發，即不應該再製社會的不公平。尤其是對於來自各種不利背景的學生，更應該發揮「教育愛」，給予更多的關愛，以符合「補償性正義」的精神。

註：本文所引用之統計數字雖然幾乎都是出自於官方出版品，但筆者認為可能仍有相當大的誤差，不可全信。例如：國民所得的部分，目前只有薪資所得較正

確（可是仍有一些人免稅就計算不到其所得），其餘部分可能都只是推估。另外，統計公式的不同也會產生差異。

參考書目

1. 中華民國比較教育學會、中國教育學會主編（1998）《社會變遷中的教育機會均等》，臺北：揚智。

2. 江芳盛（1998）「男女合校與教育機會均等的研究與啟示——以美國為例」，刊於中華民國比較教育學會、中國教育學會主編，《社會變遷中的教育機會均等》。

3. 行政院主計處編（1997）《中華民國臺灣地區八十五年家庭收支調查報告》，臺北：行政院主計處。

4. 行政院教改會（1996）《教育改革總諮議報告書》，臺北：行政院教改會。

5. 汪知亭著（1978）《臺灣教育史料新編》，臺北：商務。

6. 林玉体譯J. S. Brubacher著（1980）《西洋教育史——教育問題的歷史發展》，臺北：教育文物。

7. 金林祥主編（1995）《中國教育思想史》，上海：華東師範大學出版社。

8. 教育部（1998a）《中華民國教育統計指標—八十七年》，臺北：教育部。

9. 教育部（1998b）《中華民國教育統計—八十七年》，臺北：教育部。

10. 教育部（1998c）《教育部八十八年度推動教育優先區計畫》，臺北：教育部。

11. 謝小芩（1995）「教育篇」，刊於劉毓秀主編《臺灣婦女處境白皮書：1995年》。

12. 劉毓秀主編（1995）《臺灣婦女處境白皮書：1995年》，臺北：時報文化。

13. Green, Andy (1990) *Education and the State Formation: The Rise of Education Systems in England, France, and the USA.* London: Macmillan.

14. Halsey, A. H., Lauder, H., Brown, P., Wells, A. S. (eds.) *Education-culture, Economy, Society.* Oxford: Oxford University Press.

15. Whitty, Geoff (1997) "Marketization, the State, and the Re-formation of the Teaching Profession", in Halsey, A. H., Lauder, H., Brown, P., Wells, A. S. (eds.) Education-Culture, Economy, Society.

問題與討論

一、「分配性正義」和「補償性正義」各有何優缺點？何者較適用於教育政策的擬定？

二、教育有助於社會正義的提升嗎？試舉例說明之。

三、臺灣的教育現況是否存在階級、性別、種族和地區不平等的現象？請舉例說明之。

四、教育「市場化」（marketization），對教育機會均等的實現利弊為何？

五、教育多元化對於社會正義有無助益？試討論之。

Part 5

教育的藝術向度

林逢祺

第十四章

美感經驗與教育

第一節　前言：為什麼談美？

藝術將我們從凡塵瑣務帶入令人癡狂的美感世界。此時，我們
與功利隔絕；期待與回憶停歇；心靈躍升，跳離流俗。[1]

　　貝爾（Clive Bell, 1881-1964）在這裡所描寫的美感經驗，相信許多人曾在各種不同情境有所體驗。它是生命質感的組成要素；沒有了它，生活黯然失色。因為如此，人有強烈的美感需求，並且透過創造和欣賞的各種形式表達了出來。

　　美感經驗既然攸關生命品質之提升，而生命品質又是教育關切的焦點，顯見美感陶冶應在教育過程中享有舉足輕重之地位。最起碼，教育不該成為惡劣經驗和庸俗品味的製造者。試想如果學校辦得像監獄，教室成了閻羅殿，老師活像劊子手，這樣的地方還能施行美育嗎？

　　一般人接受正式教育的時間，正是最富朝氣，所謂流金歲月的階段，如果人生待美化，這段生命最值得美化。可惜的是教育常是這段生命不能美化的主因。如果一個人所接受的教育美感貧乏，其未來的生活形式庸俗不堪，絕非意外。反過來說，當我們看到一個社會裡，人人奔競馳逐，汲汲鑽營；一到休閒，又只懂得刺激低等官能的活動，這種現象多少反映了教育在美化心靈及教化人格的工作上的挫敗。整體而言，教育活動不僅要合乎真理和道德的規準，還應在美感上追求卓越。而教育美學[2]的任務即在協助教育活動實踐美感的要求，其關照面至少有兩個：一是提升審美能力及美感創造力的美育部分；二是教育過程、內容與環境如何美化的教育

---

[1]　見D. Townsend (ed.), *Aesthetics: Classic Readings from the Western Tradition* (Boston: Jones and Bartlett Publishers, 1996), p.332.

[2]　教育的美學向度在中西的文獻中，比起知識和倫理向度的論述，真是少得令人訝異；中文文獻中認為教育有美學，並稱之為「教育美學」的，可見諸於李澤厚的《美學四講》（臺北：三民書局，1996），頁12；但李氏對「教育美學」的內涵並未作説明。

藝術部分。

不論談美育或教育藝術，都離不開一個根本的問題──「美是什麼？」這個問題若得不到解答，教育美學便沒有討論的基礎。所以，在此應就美的定義與內涵作一討論。

第二節 美是什麼？

一、美的多樣性

> 我高貴的朋友啊！最近當我對一事物品頭論足，說它某些部分醜，某些部分美時，有人毫不客氣地質問我，讓我頓時茫然不知所措，他說：「蘇格拉底，你是怎麼知道美和醜的；來吧，如果你知道，請告訴我美是什麼？」我能力不夠，找不出適當的答案，一時顯得狼狽不堪──只好落荒而逃，內心裡十分氣憤，自責不已，心想一旦遇到你們這些聰明人，絕對要好好請益。等我把這問題弄清楚，我要回頭去找那個質問我的人，好好再和他論辯一番。所以，你實在來得是時候，現在請你正確地告訴我，美的本質是什麼，請用最精確的方式回答我，我可不想下次遇到別人質問時，再被戲弄。[3]

「什麼是美？」是一個很難一語道破的問題，困擾著蘇格拉底以來的哲學家們。美所以難以捉摸、定義，基本上根源於太多事物可以激發人美的感受；而且每個人的美感又時常有差異。即便是同一個人，對同一事物，在不同的時間和心情底下，也可能有不同的美感評價。

以人與人之間的美感差異來講。我們的社會在美容工業的催眠下，許多人認同女性身材應當玲瓏有致才美；但不可否認的，仍有人呼應非洲某些部落的審美觀：肥胖的女性才美。對於後面這種美感判斷，不是一句

3　見Marcia M. Eaton, *Basic Issues in Aesthetics* (Belmunt: Wadsworth, 1988), p.1。

「海濱有逐臭之夫」就能否定或貶抑其有效性的。換言之,環肥也美,燕瘦也美,兩種美沒有高下,認同這兩種不同對象的美感判斷之間,也無對錯之別。再舉另外一例,在運動競賽的賽跑項目中(如跨欄),我們看到有人姿態優雅自然,身手迅速矯健,抵達終點時,從容壓線。這種游刃有餘,揮灑自如的參賽者,常能引起觀賞者力的震撼與美的感動。我們有時在馬拉松比賽也能看到另一種勝利者。這種人意志力超強,雖然體力透支,仍然苦撐強忍,腿如千金重,手在空中擺動的神態,猶如溺水的人呼救時雙手亂抓,臉糾結成一團。抵達終點時,雖然得了第一,但觀眾的心情不是美感的舒暢,而是鬆了一口氣:還好沒發生意外!面對這樣的勝利者,我們能不能判定他跑得沒有美感呢?答案似乎是否定的。也許他跑的姿態不美,但其堅強的毅力和決心,卻撼動觀賞者的心靈,激發強勁的人性共鳴,進而將全場帶入一種高揚的精神狀態。這裡引起觀眾感動的可說是精神充實的人格美;[4]也可說是所謂的「崇高」之美(sublime)。[5]

美的多樣性,在大自然和人造物中都處處可見。天地有大美,如黑夜裡繁星點點,日落時彩霞滿天,迎風搖曳的野花,齊聲和奏的蛙鳴蟲唧,躍過山頭,穿透林間的薄霧,天邊的彩虹和飛騰的瀑布等等,都能美得令人心醉神馳。在人造物裡,雕刻、建築、舞蹈、繪畫、音樂等藝術,更是以目不暇給的速度,創造各式各樣性質不同,但同樣令人想像力飛揚、感動和激賞不已的傑作。

對美的多樣性有所了解之後,讓我們再回到蘇格拉底的那個問題:美是什麼?我們能從自然美和藝術美之間,得到什麼共通的美的元素嗎?彩虹的美和蒙娜麗莎的美,相同、相通在那裡?康德說:「自然之美,美在

4　有關人格美,可參閱傅佩榮:〈充實之美與虛靈之美〉,收於《哲學雜誌》,第11期,1995。

5　康德認為「美是道德的象徵」(the beautiful is the symbol of the morally good),美之中常表達一種高貴和超拔的道德美。見Kant's *Critique of Judgement*, trans by J. H. Bernard (London: Macmillan, 1914) §59。另參閱姚一葦:《美的範疇論》(臺北:開明書店,1992),頁79-88。

其像藝術；藝術之美，美在其像自然。」[6]這種說法，也許有助於說明大自然界裡的「鬼斧神工」之美，和藝術品所表現的「栩栩如生」之美。但是，這兩種美以及其他各種美的共通點何在，仍然沒有得到解答。

二、快感與美感

　　也許要從人類覺得美的事物去尋找共通的客觀特質是不可能的；但如果我們就美感判斷的主體（也就是人）在體驗到美的時候，所具備或產生的心理特質加以整理，能不能找到界定美的方式呢？休謨認為「美並非事物本身的屬性，它只是心靈領受到的一種激情或意象。」[7]那麼什麼樣的激情或意象才是美的呢？休謨說：

> 愉快和痛苦不僅是美和醜必然的附從而已，更是美和醜的本質元素。……所謂美即是一種能製造快感的形式，所謂醜則是帶來痛苦的結構。[8]

　　對休謨來說，能製造愉快感受的事物，就能使觀賞者產生美的感受。根據這種說法，不僅怡人耳目的事物有美，爽口順鼻的，也是美。例如甘醇香濃的酒，我們稱之為「美酒」。這時的美，沾染了「實用」的色彩。關於此，休謨是承認的。他說：「事實上我們所謂的美，運用於動物或其他事物的鑑賞時，有一大部分是源於功效的觀念……。」[9]例如動物的身形，只要能強化力量和速度，就成了美的意象。再如大廈的梁柱，基座必須比頂部厚實，如此可使觀賞者產生安全的快感；如果反其道而行，會使人感覺危險，不快隨之而來，不可能有美感。

6　　見Kant's *Critique of Judgement*, op. cit., §45.
7　　見David Hume, *A Treatise of Human Nature*, ed. by Ernest C. Mossner (London: Penguin Books, 1969), p.352.
8　　Ibid., p.350.
9　　Ibid.

傳統的美學比較強調由視、聽覺的感知，而引發的美感經驗，不重視口鼻官能和觸覺製造或加強美感的可能性。[10]原因之一，就在於嗅覺、味覺和觸覺等官能與身體慾望的滿足關聯性高，屬較低等的官能，很容易使美工具化；相對而言，視聽二覺，與認知及精神體驗相關度高，屬高等官能，也較能凸顯美的本質價值。朱光潛曾以三個人同看一棵古松為例，生動地說明了美感態度與實用及科學態度的不同：

> 假如你是一位木商，我是一位植物家，另外一位朋友是畫家，
> 三人同時來看這棵古松。我們三人可以說同時都「知覺」到這
> 一棵樹，可是三人所「知覺」到的卻是三種不同的東西。……
> 你心裡盤算它是宜於架屋或是製器，思量怎樣去買它，砍它，
> 運它。我把它歸到某類某科裡去，注意它和其他松樹的異點，
> 思量它何以活得這樣老。他們的朋友卻不這樣東想西想，只在
> 聚精會神的觀賞它的蒼翠的顏色，它的盤屈如龍蛇的線紋以及
> 那一股昂然高舉、不受屈撓的氣概。[11]

比起木商和科學家面對古松的工具操控心態，畫家顯得無所為而為，他能移情欣賞，物我同一，坐忘的境界，象徵了美所能賦予人的高度精神自由與尊嚴。關於此，朱光潛有這樣的結論：

> 人所以異於其他動物就是於飲食、男女之外還有更高尚的企
> 求，美就是其中之一。……「生命」是與「活動」同義的，活
> 動愈自由，生命也就愈有意義。人的實用活動全是有所作為而
> 為，是受環境需要限制的；人的美感活動全是無所為而為，是
> 環境不需要他活動而他自己願意去活動的。在有所為而為的活
> 動中，人是環境需要的奴隸；在無所為而為的活動中，人是自

10　見劉昌元，同註6，頁22。
11　見朱光潛：《談美》（臺北：金楓出版社），頁3。

己心靈的主宰。這是單就人說，就物說呢，在實用的和科學的
世界中，事物都藉著和其他事物發生關係而得到意義，到了孤
立、絕緣時卻都沒有意義；但是在美感世界中它卻能孤立、絕
緣，卻能在本身現出價值。照這樣看，我們可以說，美是事物
最有價值的一面，美感的經驗是人生中最有價值的一面。12

　　美感經驗象徵人類精神極高度的自由；而美感所以能自由，就在其能
從孤立絕緣的事物中體會出一種脫俗的美，一種本質的價值。若如休謨所
說，一物因為有用所以能引起美感，這種美是器化了的美，受塵俗之念的
牽制，較難自由。而美感活動之所以有其獨特的價值，所倚賴的，應是不
俗和自由的部分。

　　朱光潛的論點顯然深受康德的影響。康德把美感經驗界定為一種「純
粹而無私的滿足」（pure disinterested satisfaction）。他說：

當我說某物很美，或者鑑賞一物時，我所關心的，顯然不是該
事物的存在對我有何用處，而是該事物的形象給予我何種感
受。我們必須知道，美感判斷若是涉入絲毫的利害，就會嚴重
偏差，不再是純粹的鑑賞。13

　　如果我們因為一物滿足了需求而覺得它美，那麼久而久之，「滿足
與否」的問題就取代了「美不美」的問題，美感判斷就不再純粹了。美感
的滿足或快樂，依康德說法，乃是美感判斷的果，而不是因。換句話說，
判斷在前，快樂在後；而不是先從對象的存在取得快樂，而後判斷對象
為美。一個人在接近對象時，不抱持任何目的，但對象的形象或形式卻
能引人想像，使人感受到那形式中，有一種美，合乎美的標的，這就是
所謂「無目的的合目的性」。康德說：「美即是對象之中所蘊含的合目

12　同前註，頁8。
13　見Kant's *Critique of Judgement*, op. cit., §2.

的的形式，這個形式必須在無目的、不刻意的情形下去知覺才有效。」[14] 有目的，爲了滿足某種快感的意念，而從事的活動，先天上就受了拘束，不自由，追求的是「受衝動病態式制約的一種滿足」（a satisfaction pathologically conditioned by impulses）。[15]

審美是一種「超生物的需要和享受」。[16]人因爲能超越純功利性的生物行爲，所以才有高等的審美和理性思維，才能免於物化和異化。如果人只有生物的需要，那麼餓的時候，吃飽了就好，何必講究吃的儀態？性慾滿足了，何必再談愛情？見了仇敵，殺了就是，何需講究道德？人道就是生物性的超越，就是美的來源。李澤厚談美，認爲美是「自然的人化」、「一種愉快的自由感」。[17]超越了自然需求的美感經驗，使人的愉快加入一種自由，免於生物性需求滿足，但心靈空虛，衍生的極度悲哀。李氏的說法，呼應了康德所謂「無私的滿足」，和朱光潛所謂「無所爲而爲」的美感境界。綜上所述，我們可以說，所謂美即是能引起觀賞者美感經驗的事物。這種美感經驗是主體忘卻利害，由事物之形象或形式激起自由想像，並從中體驗到一種精神的昂揚、喜悅或快樂。這種快樂是隨著美的感動而來的。因此美感含帶著快感；但不是所有的快感都能引起人美的感受。這點是休謨未加細究的。

不過太強調美的純粹性，不提美與目的或欲求之滿足的關係會不會有問題呢？例如「美酒」的說法，顯然指著某種酒滿足口欲，所以美。依康德的主張，這種美是不成立的，也許稱「好」酒會來得恰當些。劉昌元評康德將美界定爲「無私的滿足」，認爲這種定義太狹窄，「在完全排除了欲望、概念、目的等因素之後，美好像是朵生活在極稀薄空氣中的花，雖然清高純潔，但因爲不食人間煙火，令人有隨時都會枯萎或消失的感

---

[14]　Ibid., §17.

[15]　Ibid., §5.

[16]　李澤厚，同註2，頁91。

[17]　同前註，頁84-93。

覺。」[18]其實把欲望和目的等因素加入美的定義，反而使人分不清快感和美感，美究竟爲何，變成不可分辨。這麼做不能爲「美的花朵」提供更充足的空氣，卻是把原本稀薄的空氣攪混了。

三、美的主觀性與客觀性

前文所探討的有關美感與快感的分辨，不僅關乎美的本質的認識，亦牽涉另一個非重要的主題，即美感判斷有無客觀性的問題。阿德勒（Mortimer J. Adler, 1902-2001）認爲美感判斷既有主觀性也有客觀性，他說：

> 事物被稱爲美時，可能指其具備令人激賞之美（as admirable），或令人愉快之美（as enjoyable），因爲有這兩種截然不同的意義，所以美既有客觀性，也有主觀性。麻煩的是，這兩種向度的美並不一致。[19]

阿德勒所謂「令人愉快之美」是指一物經沉吟、玩味或凝視（contemplating, apprehending or beholding），而能引起愉快的感覺。[20]這種快樂雖然是不涉其他目的的無私的滿足，但因爲快樂與否，屬個人感受，主觀性難免。阿德勒認爲，如果一對象在實質上難稱優越和完美，但觀賞者卻能從中得到無私的美感陶醉，這種美感判斷是否有效，將視立論的出發點而定。就「令人愉快之美」的標準而言，它是成立的；[21]但就「令人激賞之美」而論，就不成立了。當一物「本身」具有某種優越和完美的特質時，才算是具有令人激賞的美。「令人愉快的美」，其愉悅作用是當下

18　劉昌元，同註6，頁138。

19　Mortimer J. Adler, *Six Great Ideas* (New York: Macmillan, 1981), p.118。本書有中譯本，見蔡鴻譯：《六大觀念》（臺北：聯經，1986）。

20　Ibid., p.108.

21　Ibid., p.118；前文所說的環肥美或者燕瘦美的爭論，據此觀點似乎可以化解。

而立即的（immediate）；但「令人激賞之美」可能有待思維和知識才能深入領略。換句話說，審美者必須有細膩的思維和足夠的背景知識，才能掌握某些事物之中所蘊含的優越和完美的特質，進而由此領會一種令人激賞之美。英文和詩學造詣不足的人，可能難以欣賞莎士比亞的十四行詩（Shakespear's sonnets）；但莎士比亞的詩不因為有人不能品味，就失去其美了。也就是說，莎士比亞的詩文之美有其客觀性，這個客觀性的來源，就在其蘊含的一種優越和完美的特質。

當然何謂優越和完美的特質，仍有爭論的可能。一件東西被視為高貴和完美，可能完全出於某種特殊甚或偏頗的價值觀。馬克思主義者就認為藝術和階級之間有必然的連帶關係。[22]例如不同階層的人欣賞和接受的音樂常有不同。低階勞動者也許聽《愛拼才會贏》時怡然陶醉；聽到受中高階層認同的古典音樂時，卻感到索然無味。像這種情形，到底《愛拼才會贏》或者貝多芬的交響曲來得比較優越和完美呢？誰來判定？判定的人能免除階級意識嗎？即使能超越階級意識，有客觀的因素作為美感判斷的準據嗎？這裡必須注意的一點是，一物美與不美，並不是審美者誠實表達即成立。換言之，不是我欣賞喜歡一物，就代表該物是美的，這時「美或不美」仍是個「待答問題」（open question）；而這個待答問題是否有解答，又牽涉到有無客觀的美感判斷標準，或者美有無標準的問題。

依日常經驗而言，如果美的標準或特質不存在，為什麼藝術評論家總是提醒我們注意作品中某些「優越」的特質呢？[23]為什麼某些傑作能傳世久遠，為不同時代、不同階層的人所共同欣賞崇拜？馬庫色（Herbert Marcuse, 1898-1979）指出：

> 馬克思主義論者的美學並未解答：藝術特質中，哪些能超越特定社會的內容與格式，而使藝術具有普遍性？例如：它必須說明，為何希臘的悲劇和中世紀的史詩，一為古代奴隸社會的

22　見Herbert Marcuse, *The Aesthetic Dimension* (Boston: Beacon Press, 1978), p.2.

23　見劉昌元，同註6，頁135。

產物，一爲封建時期的作品，但至今讀之仍能令人感受其「優越」和「眞摯」的特質。[24]

不容否認的是，許多作品蘊含靈巧的技法、豐富的情感、驚人的天才和無邊的想像力，這些特質使它們的優越和完美能成爲不同時代、不同階層和不同種族所共認的「客觀」或「普遍」事實，這種客觀性或普遍性，即是所有「令人激賞之美」所共有的特徵。

其實連阿德勒所認爲主觀的「令人愉快之美」，都有「客觀」或人我共通的部分。例如對多數人而言，溫柔和諧的畫面，總是比暴力衝突的場景，容易使人產生美感。如果有人遭追殺，一旁觀看的人竟然自述其從中得到一種美感的愉快，此人多半會被認爲是虐待狂。再以教育爲例：老師拿鞭子抽打學生，被打的學生不覺痛苦，反覺快樂；打人的老師，不以爲自己行爲醜陋，反而洋洋自得。這樣的師生，大概會被認作「變態組合」。康德雖然承認美感判斷不是純理性或邏輯的判斷，因此必然有主觀性。但他認爲美感判斷仍有其普遍成分，這個普遍成分的來源就在人與人之間有一種先驗的共感力（sense common to all）。這種共感力使人從一「表象」（representation）所得的快樂，可以普遍和別人溝通、分享（universally communicable）。[25]因爲人對美的事物有這種共通的感受力，所以康德把美界定爲「一種能普遍使人愉快滿足的事物」（the object of a universal satisfaction）。[26]

如果某人認爲一物很美，但別的人卻一點共鳴也沒有，那麼該物的美可能涉入太濃的個人偏好與目的，不是眞正或純粹的美了。康德有關這方面的論述，朱光潛有中肯的詮釋，朱氏指出在康德的思想中，

---

[24] 見Herbert Marcuse, op. cit., p.15.

[25] 見Kant's *Critique of Judgement*, op. cit., §40.

[26] Ibid., §6：康德因爲主張美有絕對的普遍性（strict universality），所以有的論者將之歸類爲美的客觀論者（Objectivist），參見A. Ward, Aesthetic Judgement, in D. Cooper (ed.), *A Companion to Aesthetics* (Oxford: Blackwell, 1995), p.246.

美感判斷雖然是主觀的，同時卻像名理判斷有普遍性和必然
性。這種普遍性和必然性純賴感官，不借助概念。物使我覺其
美時，我的心理機能（如想像、知解等）和諧地活動，所以發
生不沾實用的快感，一人覺得美的，大家都覺得美（即所謂美
感判斷的必然性和普遍性），因為人類心理機能大半相同。[27]

　　康德學說的價值，就在於指出美不僅在心，也在物。亦即美是一種心
靈的創造物，但不是所有的物都能讓人覺得美，物必須在符合人類某些心
理機能的條件下，才能讓人產生美的感動。再者人類心理機能的共通性，
使美具備了普遍性。因為美有其普遍性，所以美感判斷才能成為一種「預
測」，它「可告訴我們在何種主客觀條件下審美價值可被體會到。」[28]

　　總括本節的討論，可知美有其多樣性。各種美可約略劃分為「令人
愉快之美」與「令人激賞之美」，這兩類的美都能引起觀賞者愉快的感
受。由美感而引發的快感是一種不沾欲望或實用目的的滿足，因為美感是
無私的滿足，所以人才能客觀地欣賞美的事物之中所蘊含或展現出的優越
和完美的特質；而人類心理機能的共通性，則為美感判斷建立了普遍化的
基礎。

第三節　美可教嗎？

一、美的普遍性與可教性

　　康德將人我心理機能的共通性，視為美感判斷的普遍化的基礎。他不
說美感判斷具有客觀性，而說具有普遍性，顯然是為了說明美感的價值投
射成分。雖然美感判斷有主體的價值投射成分，但是因為人類的心理機能
存在共通性，所以美感判斷也就有了普遍化的基礎。這個基礎存不存在，

27　朱光潛：《文藝心理學》（臺南：大夏出版社，1995），頁169。
28　劉昌元，同註6，頁75。

與美育是否可行息息相關。托爾斯泰（Leo Tolstoy, 1828-1910）在反省人類的藝術活動時曾說：

> 人類不僅在藝術裡投注了無數的精力，更浪擲了生命，這和在戰場上賣命的情形實在沒有兩樣。成千上萬的人把童年耗在如何快速轉動雙腿（舞者），如何靈巧撥動琴弦（音樂家），如何揮灑色彩呈現所見（畫家），如何倒裝文句安排韻腳。這些人通常都非常善良聰明，有能力從事各種有用的工作，但卻一頭栽進專精呆板的職業，使自己變得偏狹自滿，不識生活要務，而只懂得如何快速轉動雙腿、舌頭和手指。[29]

托爾斯泰在這裡所質疑的是藝術活動能對嚴肅的生命提供何種貢獻。其實如果美有普遍的標準，就算藝術非干人生要務，想透過藝術追求美的人也還算有個目的。但如果美沒有普遍或共通的標準，對藝術懷抱真心的人，豈不枉然。就教育工作而言，美有無普遍標準也是個重要問題。因為如果美沒有標準，那麼美育能傳達些什麼經驗或知識呢？教育工作者如果要為學校的美育建立穩固的理論基礎，第一個待證明的，恐怕就是美及美感判斷有無普遍性的問題。赫斯特（Paul H. Hirst, 1927-2020）在討論文學和藝術能不能成為一門獨特的知識領域時，曾經指出這個問題的關鍵在藝術判斷有無普遍性的問題。藝術判斷有普遍性才可能產生藝術知識（artistic knowledge），美育也才有基礎。他說：「如果藝術知識是一種命題的、有真假的、事實的知識，這將對文學和藝術在課程中的地位，產生極重要的意義。」[30]赫斯特又說，如果人們能夠指出在何種社會、物理（或自然）及人性的基礎下，何種作品會具有美感價值，則藝術判斷就有

29　參見Marcia M. Eaton, *Basic Issues in Aesthetics*, op. cit., p.125.

30　Paul. H. Hirst, *Knowledge and the Curriculum* (London: Routledg & Kegan Paul, 1974), p.164.

普遍性，藝術就可成爲一門獨特的知識領域。[31]

前節根據康德的說法，指出因爲人與人之間有共感力爲基礎，所以能預測在何種主客觀條件下，美感價值會被體驗到。這裡再就赫斯特所提出的藝術判斷的社會、物理和人性基礎，對美的普遍性問題作進一步的說明。

社會因素中的文化傳統，顯然是影響美醜判斷一個很重要的指標。伊頓（Marcia M. Eaton）就認爲：

> 所謂美感價值是指一物的特質能引起人愉快的感受，而且這些特質在傳統上，一直被認爲是值得注意和鑑賞的對象。[32]

這裡伊頓提到與美感判斷相關的二個元素：一爲物理的，即事物本身的特質；一爲社會的，即文化傳統。根據伊頓的看法，這兩項都是美感判斷普遍化的基礎。首先，因爲美感的愉快是針對事物「本身的特質」而來的，所以有客觀指涉的對象。當我們說明一物很美時，通常會指出它的顏色、節奏、亮度、對稱與和諧等特性來。一物是否具和諧等的特性，可以分析判斷，這是使美感判斷具普遍性的基礎之一；而和諧在我們的文化中，如果是普遍被接受的一種美感標準，又爲事物之美感判斷增添一份普遍化的可能。如此，假設我們知道一個文化強調和諧的美感價值，那麼在其他條件恆定的情況下，如果一物的結構有較高的和諧度，必定較能引起觀賞者美的感受。所以伊頓說：「美感價值的客觀性取決於特定的文化傳統，深入研究傳統，就可了解一文化中的人，會認同那些事物具有美感價值。」[33]

不過美感判斷的普遍性是否只侷限於個別的文化傳統呢？美能不能跨越文化界限，達到眞正的普遍呢？這個問題的解答可能在於人性的問題。

---

[31] Ibid., p.161.

[32] Marcia M. Eaton, *Basic Issues in Aesthetics*, op. cit., p.143.

[33] Ibid., p.145.

前文曾經提到美是「自然的人化」；我們也可以說美是人從動物界超昇而「成為人」（becoming man）的過程中一個很重要的指標。[34]人的優越，就在於能從對象之本質中，得到一種非工具傾向的陶醉和愉快。試想除了人之外，還有哪種動物會癡迷地凝望彩虹、落日、夜空和晨露，歌頌高山的聳拔、大海的壯闊和天地的無邊，或者激賞同類的高貴、聰慧和才藝。由不同族類的人對壯麗、優美和傑出對象的共鳴，使人不得不相信美的普遍性可以建立在人性的共通特質上。所以人性的探索是任何研究美學和美育的人，不能免的一個功課。

二、美育是一種指引、一種邀約

雖然說美感判斷有其普遍性，但這並不等於說每個人對每樣事物都有相同或類似的美感判斷。就因為每個人的美感判斷有差異、有主觀性，美育才有其必要。[35]一般人以美感判斷具主觀色彩來否定美感判斷的普遍性和可教育性是倒果為因的做法。人與人之間的美感判斷會有差異；同一人在不同時、地、心情也可能對相同事物作不同的美感評價，但這些情形，並不是美育或藝術領域裡才有的現象。例如三角形的內角總和是180度，但不是每個人都能證明這個定理；懂這定理的人，也可能因為某種特殊因素而一時無法證明。人與人，以及個人自己對相同事物，作不同美感評價的現象，並不能作為否定美感價值有其普遍性的理由；這就好像我們不能因為某些人不能證明三角形的內角和為180度，就否定這個定理的有效性一樣。[36]

值得注意的是，參與美感判斷之討論的人，對於討論結果只能「期

---

[34]　參見Edmund B. Feldman, *Becoming Human Through Art* (London: Prentice-Hall, 1970).

[35]　H. B. Redfern, *Questions in Aesthetic Education* (London: Allen & Unwin, 1986), p.66.

[36]　對不同類事物所做的美感評價，其普遍性會有所差異；而這裡並不在說明「所有」美感判斷都和三角形內角和的證明一樣客觀，只在澄清不能因為某些人不能體會美感價值，就否定美感判斷的普遍性。

待」（hope），不能「強求」（demand）。[37]對於我們認為令人愉快的美的事物，我們只能說出它們所以令人愉快的理由，不能以說理的方式強要人「愉快起來」（We cannot be reasoned into taking pleasure）。因此，美育除了「指引」（pointing）作用的說理分析外，還須有激發想像和聯想的「邀約」（inviting）作用。我們並不是指出某一事物有哪些客觀特質，就能保證被指引者有美感的共鳴，共鳴的引發往往有賴各種有別於直接說理的方式（如表演）才能完成。這整個過程包含了知覺和思維的精煉，以及想像力和品味的提升。關於此，奧士本（Harold Osborn）有類似的說法，他說：「美感鑑賞是一種智能活動，它藉由知覺能力的提升漸漸拓展人領略玩味的格局。」[38]總體而言，美感教育不但可能，而且必要。

三、教學即是一種美育（代結語）

以上我們從美的領略玩味能力為生命意義之來源，說明美育的必要性；又從美感判斷的普遍性印證美育的可能性。另外，我們也指出教學本身即是一種美育的過程。

教學可謂一種「表演藝術」（Performing Art），它一方面向「觀眾」（受教者）傳達客觀事實（藝術的指引作用）；另方面又藉著語言、姿態及表情等各種方式來激發觀眾對事實之象徵意涵作生動的想像（藝術的邀約作用）。[39]教學的整體代表著一個藝術品，可以有「令人愉快之美」，也可以有「令人激賞之美」，當然也可能兩者皆無。因此，學校在透過各種自然和藝術之美，來提升學生的審美能力和美感創造力的同時，絕不能忽視教學本身就是一種「美感品味的示範」。如果各種科目的教學不是呆

---

37 Marcia M. Eaton, *Basic Issues in Aesthetics*, op. cit., p.121.

38 參見Louis A. Reid, *Ways of Understanding and Education* (London: Heinemann, 1986), p.47.

39 有關把教學或教育類比成表演藝術之可能，請參閱Iredell Jenkins, Performance, in Ralph A. Smith (ed.), *Aesthetic Concepts and Education* (Urbana: University of Illinois Press, 1970), pp.204-226。

板乏味，就是陰森恐怖，再多的美術、音樂和工藝課，只怕對美感涵育也是無濟於事。也因此談美育，不能不談教育藝術。而教育藝術和美育正是教育美學的兩大主題。總而言之，如果我們承認美在人生的重要性；又如果教育關切的是人生，那麼教育工作者研究教學中的美感與美感的涵泳，就是一種必然的結果。（本文感謝賈馥茗、伍振鷟、崔光宙和楊忠斌等先生的教正。）

問題與討論

一、「美」的研究與教育研究有何關係？試討論之。

二、美感與快感有何異同？試說明之。

三、美感判斷有無普遍性？試分析之。

四、美感可教嗎？試舉例說明之。

五、何謂「教育美學」？

林逢祺

第十五章

美感創造與教育藝術

第一節 何謂教育藝術?

> 假如我們了解人類與藝術作品之間的重要互動關係,並透過這
> 層了解來看教學活動,也許能使教學活動的特質更加清晰明
> 白。甚至可以因此得到一些有效的指引,藉以判別何謂優越的
> 教學。[1]

教育活動經常被指為一種藝術,例如杜威說:「教學就是一種藝術,真正的教師就是藝術家。」[2]但是對於「教育或教學藝術」的意義及運用,卻少有文章加以申論,這是教育研究者和實際從事教學活動的人,同應注意的一個事實。我們應當深究人們把教育比為一種藝術時,指的是什麼意思?就日常語言而論,通常一種活動被稱為「藝術」,可以有兩種意涵:其一指該活動的竅門深奧,不易掌握;其二指該活動的極致是一種美的體現(embodiment)。就教育活動的事實而言,教師要成功將所學傳遞給學生,須掌握的因素相當複雜;即使事前計畫周詳,謀定而後動,教學現場的變數仍然很多,教學計畫成功與否,關鍵常在教師本身是否深諳應變的技巧,以及有無深厚的學養賴以應變,就這個現象來說,教學或教育被稱為「藝術」,指的就是前述第一種「藝術」的意涵。不過充滿理想的教育家對於受教者的學習過程的期待,或者富生氣活力的學習者對於本身學習成果的抱負,常常不僅止於「吸收有用的知識」而已,還講究吸收的「方式」及「過程」。明白地說,學生們渴望如沐春風的意境:希望懂得老師傳授的道業,更期待「被感動」的滋味。哈艾特(Gilbert Highet)提到優秀教師的演說能力時曾說:「無論是演講或者演說,都必須建立一個組織完好的推理基礎,在這個基層建築上,講演人還要加上別的力量——有變化的表達方式、值得記憶的美好措辭、突出的例證,以及講演人和聽

---

1 Monroe C. Beardsley, Aesthetic Theory and Educational Theory, in Ralph A. Smith (ed.), *Aesthetic Concepts and Education* (Urbana: University of Illinois Press, 1970), p.8.

2 杜威著,姜文閔譯,《我們如何思維》(臺北:五南,1995),頁388。

眾之間的個人關係。這一類講演人並不單純地揭露事實，給學生吸收，而
是用某種方式去提示事實，使學生不由得不為之感動、鼓勵、魅惑。」[3]
這種使學生覺得受「感動、鼓勵和魅惑」的境界，是一種美的創造和體
現，也是我們所說的「教育藝術」的第二種意涵。孔子在提示學習的不
同境界時，曾說：「知之者不如好之者，好之者不如樂之者。」（《論
語・雍也》）能讓學生在學習的過程中「知之」，只算是教學藝術的第一
步；帶領學生進入知識的神奇王國，對所學既知之，又好之，甚至樂之的
教學，才是教育藝術的最高境界。換言之，教學最起碼要達到前述「教育
藝術」第一種意涵的要求，也就是使學生習得教學內容。另方面，如果
我們承認在認知和技能的傳授之外，教學還應實現情意的目標，則「教
育藝術」的第二種意涵，將不可免地成為判別教育活動境界高下的一個
規準。[4]要達到情意目標，教學就得有「感人」的能力；而「感人」的教
學，就是一種美感的體現。

　　有美感的教學是「教育藝術」成功運用的結果，但教育要達到怎樣
的境界，才能創造美感？或者教育要激發學習者美的學習經驗，應該掌
握那些要素？傑肯斯（Iredell Jenkins）曾經把教學比喻成一種「表演」
（Performance），他對表演有如下的界定：

　　表演是一種過程，有其模式、進程和方向。這個過程有兩個重
　　要的特徵。首先，它主要包含一個進程，在這個進程中，劇本
　　裡原本隱晦不明的意涵，透過演出者的表演而彰顯了出來。
　　整個進程又可分為三個階段或關鍵，即是所謂（對劇本的）
　　理解（apprehension）、表達（expression），和體現（embodi-
　　ment）。其次，整個進程，以及它的各個關鍵階段的活動，都
　　必須符合兩個要件：尊重並表現出劇本（亦即被演出的藝術作
　　品）的獨特內容與意涵，同時在詮釋和體現這個獨特性時，使

3　見廖運範譯，《教育的藝術》（臺北：志文，1970），頁152。
4　參見Monroe C. Beardsley, *Aesthetic Theory and Educational Theory*, op. cit., pp.15-16.

用一般人所熟悉的方式，以利觀眾的理解。[5]

　　教學和表演的可類比性，就在於教學和表演一樣，也要求其演出者（教師）以觀眾（學生）能理解的方式，忠實而生動地呈現劇本（課程內容）的獨特意涵。接下來，我們將根據一些藝術創作和欣賞的基本原則，說明動人的教學中，教師（教學的演出者）有哪些心理特質，如何而能成功地理解、表達和體現教材（教學劇本）的精髓，同時也要探討學生（教學的觀賞者）在哪些條件下，比較容易感受教學的美感。

第二節　教育藝術的創作者

　　教學活動的演出者，就是教育「藝術」的創作者。在成功的藝術創作過程中，創作者有三種常見的特質：充滿遊戲興致、想像力豐富和熱烈的情感投注。

一、遊戲興致

　　「藝術起源於遊戲」，[6]而遊戲則是人在「有限」的苦悶中，對「無限」的一種尋求。[7]人的生命有限，生活世界可以運用的事物也有限，無時無刻受到客觀事實的限制，這激發了人對無限的渴望。藝術即是這種渴望的表現方式之一。席勒（Friedrich Schiller, 1759-1805）認為藝術要從有限中超拔出來，必須有「遊戲衝動」（Play Impulse）。有遊戲的心境，才能免於現實條件中「知覺（或感性）衝動」（Sense Impulse）的拘束，並可避免抽象的「形式衝動」（Form Impulse）的擺布。停留於「知覺衝動」的世界中，物對人而言雖有生命但無特殊的形式（shapeless）；沾滯

5　參見Iredell Jenkins, Performance, in Ralph A. Smith (ed.), *Aesthetic Concepts and Education*, op. cit., p.205.

6　同註2。

7　朱光潛，《談美》（臺北：金楓出版社），頁73。

於「形式衝動」，事物變得空有形式，但失根而無生趣（lifeless）。「遊戲衝動」以現實為起點，不致太過虛浮，但又不停留於現實，故帶有對象徵無限及完美的形式的追求。遊戲的這種調和作用，使人能創造「生動的形式」（Living Shape）；而「生動的形式」即是美的象徵。所以席勒說美是有限與無限的調和。在美之中，人實現了超離有限，追求無限的需求，美因此代表著人性的極致（consummation）。在遊戲中，人創造了美；在創造美的過程，人實現了人之所以為人的尊嚴。所以，「當一個人是個澈底的人時，才會有遊戲的活動，遊戲時，他是個澈澈底底的人。」

（... Man plays only when he is in the full sense of the word a man, and he is only wholly man when he is playing.）[8]

比起成人，兒童在現實世界中受到了更多的限制。雖然如此，兒童卻遠比成人更能超脫有限，進行各種遊戲。成人心目中毫無意義和用途的幾樣東西，兒童在彈指間就能全神投入，玩得津津有味。這種不受實物拘限的遊戲能力，是創造的泉源。無怪乎朱光潛認為藝術家的創作都是所謂：「大人者，不失其赤子之心。」[9]遊戲的情意不僅能激發創造，也能提升想像、欣賞和學習的能力。柏拉圖對從事教育工作的人就有這樣的忠告：「絕不能讓自由人在強迫的氣氛下學習。強制的體能活動也許無害，但強制的學習永遠不可能深入人心。……讓你的孩子們在遊戲的過程中完成課業，在遊戲中你將更能發掘他們的天資秉賦。」[10]

當然膚淺的遊戲，可能任性揮灑，毫無目的。如果就這個意義而把藝術比為遊戲，許多藝術家可能大感受辱。[11]含有藝術價值的遊戲，是「無所為而為」：不受限於預先設定的目的，而非沒有目的。不受限於預定的目的，才能充分地享受創作或遊戲過程的快樂。如果一個人參加任何遊戲

8　Friedrich Schiller, *On the Aesthetic Education of Man*, trans. by Reginald Snell (New York: Frederick Ungar, 1965), pp.75-81.

9　同註7，頁74。

10　Plato, *The Republic*, trans. by Desmond Lee (London: Penguin, 1987), 536e-537a.

11　見F. E. Sparshott, Play, in Ralph A. Smith (ed.), *Aesthetic Concepts and Education*, op. cit., pp. 121-122.

或競賽，都抱著非得冠軍不可的心理，如何可能享受過程中的樂趣？漫無目的和預立僵化的目標同樣都會摧毀遊戲的文化價值與創造意義。人類的興趣如果只在活動的結果，活動本身終將成為苦役；相反地，如果只重過程而漫無目的，活動難保不淪為無謂的嬉鬧。[12]提倡遊戲的價值，是在強調以活動本身為目的，全神貫注，和自得其樂的重要。另外，遊戲不等於空幻、不切實際的想像，相反地它常有使理智更靈活、更接近真實的能力，杜威即說：

> 心智針對一個主題，在自由的遊戲中，表現出理智的好奇心和靈活性，而沒有獨斷和偏見。這種自由的遊戲，並不是去鼓勵把某一問題作玩耍取樂的手段，而是超越成見和習慣的目的，其興趣在於剖析問題的各個方面，使其意義充分展現出來。[13]

　　遊戲當中自得其樂和想像力靈活的現象，對教學的過程，有深刻的參考價值。試想教學如果只是謀生的工具或者只在服務升學目的，不便成為一種勞動和苦役，創造美感的可能性渺茫。有的教師把教學當作一種純粹的義務，或上級交付任務的「不得不」，根本談不上運用想像力來點化學生。不把教學當作苦差事，帶著幾分遊戲興致融入，教師才能自娛娛人。許多作家和藝術家在其成名作之後，就少有傑作，原因之一，或許就在其成名之後，必須為外在目的而工作，不再能像成名前那樣地在工作中遊戲，在遊戲中工作。能在工作中遊戲，想像力自然躍動，也因此有娛人的能量，並能在工作成果中表現出令人愉快的特質。這份愉快自在是工作者從事活動時的心靈特徵，這個特徵會反映在活動成果中，並傳達給別人。
　　一位國中老師，在考季時寫了一篇抒緩學生考試壓力的文章，出乎常軌的撰寫方式，讓人感受到輕鬆自在的遊戲心情，讀起來特別愉快。這篇文章叫「聯考症候群」，把應考的學生分成「束手就擒」、「草木皆

12　同註2，頁385。
13　同上註，頁386-387。

兵」、「晝伏夜出」、「荊軻聶政」、「旁門左道」、「靈魂出竅」和「豬狗顛倒」等等十五個類型。由對各個類型不同「症狀」的漫畫式描寫，生動而有趣地暗示學生避免文中所舉述的各個類型的毛病。以下是其中三個「症候群類型」：

1. 荊軻聶政型

　　這種型的人抱持著非第一志願不念的烈士胸懷，特徵是特別喜歡寫座右銘。症狀輕者會寫「一分耕耘，一分收穫」、「要怎麼收穫先那麼栽」，嚴重一點的就寫「不成功便成仁」、「士可殺不可辱」，聽說更歇斯底里的，還會綁個「必勝」令在頭上。

2. 旁門左道型

　　顧名思義，這種人是不研究如何把書讀通的。他專門將橡皮擦做成骰子，或者製造精巧型小抄，甚至不惜將自己整型成凸眼長頸鹿，期望朋友能顧及江湖道義「罩」他一下，基本上他是捨己求人型。

3. 豬狗顛倒型

　　臺灣農家有句話說：「豬不肥，肥了狗」，意思是可以賣的豬，養不肥，只要會看門的狗卻胖了不少。這種型的人常覺得自己要參加聯考實在是很可憐，很辛苦，基於心理補償作用，就拼命地吃，不僅三餐無一缺漏，連點心宵夜都不放過，結果體重拉出長紅，成績卻連連跌停。[14]

　　從事教學，可以是無聊煩人的勞務，也可以是生趣盎然的活動，能否觸發遊戲衝動，是其中分別的一個主要關鍵。

二、想像力

　　遊戲衝動將人從知覺的經驗世界，帶入想像力的國度。想像力豐富，遊戲衝動才能得到充實的滿足。想像是藝術不可或缺的要件，[15]它打破死氣沉沉、習慣化、公式化，和機械化的舊樣板，從已知（what has been

---

[14] 李芝安，〈聯考症候群〉，收於《蘭雅青年》，1990，第9期，頁26-27。

[15] 見Immanuel Kant, *Critique of Judgement*, trans. by J. H. Bernard (London: Macmillan, 1914) §50.

understood）進入新奇（wonder），揭示另一種可能性。[16]我們也可以說想像是「在舊材料中尋取新意」（making the familiar strange）；[17]想像的領域，就是可能的邊際。康德說：「想像是認知官能中極富創發力的部門，擅長由眞實世界所提供的材料，創造另一個國度。每當經驗趨於陳腐，我們就會藉由想像重塑經驗。」[18]根據康德的說法，想像即是一種創造。近代哲學家中，也有人特別強調想像的創新意義，但同時也指明想像不等於空思妄想。例如史古騰（Roger Scruton）就說：

> 富想像力地執行一件事，代表行事時思維縝密，思路不循理論推敲的舊規，而取異於尋常的趣味。當某人富想像力地完成χ這件事時，他所做的實則超過χ，其中新增的部分，是一種創造，也是他認爲χ本該有的元素。如此界定想像，顯然具有規範意義：有些活動可以斷定確實具有豐富的想像力，但有的可能只是胡思亂想。根據這種說法，我們可以理解，「富想像力」（imaginative）一詞，也可適用於形容一套計畫，一個假設，一件藝術作品，或者一個人。[19]

除了創新的意義之外，想像也可說是在渾沌中尋得秩序，由個例裡見出全體的一種力量[20]。個別而零散的事物，表面上無深刻的意義，彼此也像是毫無關係，但經過創造性想像的點化，原本個別而不相干的，卻合成一個脈絡相連，深富意義的全體。枯籐，老樹，昏鴉，小橋，流水，人家，古道，西風，瘦馬，夕陽西下，這些一個個孤立的景物，對平常人來

---

[16]　John Dewey, *Art as Experience* (New York: Minton, Balch, 1934), pp.268-270.

[17]　Dick McCleary, *The Logic of Imaginative Education* (New York: Teachers College, Columbia University, 1993), pp.22-25.

[18]　Immanuel Kant, *Critique of Judgement,* op. cit., §49.

[19]　Roger Scruton, *Art and Imagination* (London: Routledge & Kegan Paul, 1974), pp.99-100.

[20]　Maxine Green, Imagination, in Ralph A. Smith (ed.), *Aesthetic Concepts and Education*, op. cit., pp.303-304.

說毫無特別意義，但敏感的詩人，外加一個「斷腸人在天涯」的意象，霎時就把前述原本相互絕緣的景物，全數結合了起來，構成動人的畫面。這就是所謂由個例見出全體，在渾沌中尋取秩序。想像在此不僅扮演了揭示意義和逼近實在（reality）的積極角色，更有「動人」的作用。依據華納克（Mary Warnock）的說法，想像

> ……是心靈的積極躍動，使人得以從個例見出全體，超越所見的單一事物，或者所想的單一意象、符號和意義。想像不是單憑自由聯想、觀念與觀念之間相似，或者觀念與所見事物相符，就可自然激發出來。它不是消極的；而是將觀念融合在一起的積極能量，在這個能量的推動下，我們發現事物之中所透露出的永恆而普遍的形式，並且必然會對該形式產生一種摯愛和敬畏之情。21

想像藉由創造和理解的過程，使人與世界產生更緊密的聯繫，並由此發展出對世界的愛與敬，不再感覺疏離，活得完整而有活力（living power）。

毫無疑問地，各種活動都需要想像力，才能擴展美感意境，教學自然也不例外。有了想像力教學才能在兒童的知覺和學習的材料中加入動人魅力。但也不能只圖樂趣，忘了意義。簡單地說，就是「寓教於樂」，要教與樂兩者兼而有之。學成語，背成語，對很多兒童來說是一種枯燥乏味的功課，心思細膩的老師，卻懂得以「畫說成語」的方式，讓兒童在「猜成語」的遊戲過程，運用想像力，快樂而輕鬆地學會成語。以下是幾個釋例。22

21　Mary Warnock, *Imagination* (Berkeley: University of California Press, 1976), p.84.
22　李淑淑，〈畫說有聲音的成語〉，收於《國語日報》，1997年7月30日，第13版。五個釋例的成語解答，分別是「一語中的」、「交頭接耳」、「一言難盡」、「口是心非」和「大呼小叫」。

1. （語）　2. 頭耳　3. 言　4. 口心ˇₓ　5. 呼叫

　　過度抽象是扼殺教學趣味的主因，善用想像力，才能如「畫說成語」，以具體代替抽象，表現概念的生動意境。許多人愛看政治漫畫，就在於作畫的人，懂得以具體代替抽象，趣味幽默之外，又能傳達深刻意義。這是從事教學活動的人，可以向藝術習取的他山之石。

三、情感投注

　　康德在討論藝術之必要元素時，除了想像，還指出「神韻」（Spirit）的重要性。他說：許多表面上毫無瑕疵的藝品，因為缺乏神韻，美感大為降低。例如一首詩，可能在形式上很精巧，用詞也極優雅，但是卻少了神韻。同樣地，一場演說，也許內容充實，論證周詳，神韻不足仍然無法動人。確切地說，所謂神韻，就是心靈的活力泉源（the animating principle of the mind）[23]。朗格（Susanne K. Langer, 1895-1985）的藝術理論也特別強調活力的關鍵性。朗格指出，凡是出色的藝術作品，必定是充滿「生機」（Life）、「活力」（Vitality）並「栩栩如生」（Livingness）；相反地，不成功的作品，往往「死氣沉沉」（Dead）。然而，作品的活力來自於何處？朗格認為：「一件作品如果載有情感，……就能活潑起來，就有藝術活力，並展現生動的形式。」[24]換言之，情感是藝術活力的根源，有了情感，藝術就有生命。因為情感是藝術創作的核心，所以說「藝術是人類情感之象徵形式的創造。」（Art is the creation of forms symbolic of human feeling.）[25]沒有情感的藝術空洞而無活力；而無活力的作品，是不可能動人的。

　　教學藝術要打動受教者，使受教者的學習士氣得到激發，情感投注

23　同註15，§49.

24　Susanne K. Langer, *Problems of Art* (New York: Charles Scribrer's Sons, 1957), p.45.

25　Susanne K. Langer, *Feeling and Form* (New York: Charles Scribner's sons, 1953), p.40.

也是一個要素。在教育史上，裴斯塔洛齊以教育愛的發揚著稱，特別強調「愛學生」在教育過程中的重要性，自己也身體力行。「愛」在他而言，就是解放兒童潛能之鑰，主張以孩子們的幸福爲幸福，以受教者的快樂爲快樂。他說：「我已經看出我的願望如何能付諸實現，而我也相信，我的感情，將可以像春日的太陽喚醒大地凍僵的生命一樣，很快地使孩子們的情況改觀。我並沒有欺騙自己：在春天的太陽溶化了山上積雪之前，我的那些孩子們，最後已判若兩人了。」[26]教育者對受教者的愛，可以化爲令人驚奇的活力，這種活力，就是裴斯塔洛齊所說的「春日的太陽」，每當和受教者相遇，「便會像尼加拉瀑布所發動的電力那樣發揮出它的全部力量」，[27]輕易將受教者帶入另一個世界。

可是教師如果只愛學生，不愛道業，能將學生帶往何種有意義的世界？「愛學生」與「愛道業」之間並沒有任何邏輯涵蘊關係。愛學生而不愛道業，難作有意義的教育貢獻；愛道業而不愛學生，則教學過程難免自苦苦人。教育情感的投注對象，顯然必須同時包括「道業」和「受教者」。「道業」和「受教者」，在教育藝術的創造過程中，同爲藝術創作者完成其理想的「材料」。

布萊克（Max Black）對藝術創作者及其創作「材料」間的關係，有極爲深刻的描寫，可用於了解教育者，及其「材料」（道業和受教者）間的關係。布萊克認爲材料並不單純是藝術創作者展現其藝術構想的媒介而已，材料有其本身的個性，因此，在所有的藝術創作中，創作者及其材料之間，都會存在一種特殊的緊張關係（tension）。藝術家在與材料的「角力」（Wrestle）過程中，創作意念一方面受到抗拒，另方面卻也得到滋養。[28]基本上，每件藝術創作都是對材料所蘊含之潛能的一種揭示。藝術家必須反覆實驗、試探，從中學習並了解材料的可塑性。在實驗和試探的

26　同註3，頁89-91。

27　同前註，頁147。

28　Max Black, Education as Art and Discipline, in Israel Scheffler (ed.), *Philosophy and Education* (Boston: Allyn and Bacon, 1958), p.33.

過程中，挫折和衝突難免。而有天分的藝術家，能把材料的抗拒，化為一種學習。換言之，所有的藝術，對藝術家而言都是一種教育歷程，在其中他了解了材料（或媒介）的可能性。[29]

到了最高境界，材料對創作意念的抗力，變成藝術家歡迎的現象。它代表一種難度，一種挑戰。藝術家對這抗力細心研究，厭惡用機械的切割侮辱材料的個性。布萊克說：

> 藝術創作需要對創作材料的一份敬意。到了化境，這種敬意會
> 轉變成對材料之本質特性的摯愛……。[30]

有了這份愛，藝術家才可能犧牲一切，投注心力於創作，拒絕方便粗糙的手法，並不時自我批判。這種嚴謹使藝術創作能夠成為一門「學問」（Discipline）。在其中，藝術家揭示了材料的潛能，也得到自我實現。

如果尋根究底，追溯藝術家對創作材料的愛與敬之本源，可以發現一種對創作理念的執著。這在教育上也是相同的。教育愛，事實上就是愛教育，是對教育理想，或教育價值之創造的愛；[31]就因為教育愛是理想和價值創造之愛，所以才能跳脫個人好惡，做到有教無類。愈難纏的教材，愈不受教的對象，對有教育愛的老師，反而是至寶：一種創作能力的絕佳考驗。這裡我們找到了教育藝術的創作活力和動人能量的源頭：愛教育。

第三節　教育藝術的孕育

藝術理想要透過媒介的傳達才能表現出來。創作材料當然是傳達藝術理想的媒介，但我們於前節已經對材料的意涵有所申論，本節將針對創作

29　Ibid., p.34.

30　Ibid.

31　賈馥茗，〈教育愛的特徵及印證〉，收於臺北市立美術館編，《愛與美》（臺北：臺北市立美術館，1994），頁197-200。

的技巧、格律以及模仿等向度來談藝術表現能力的孕育。

一、技巧與格律

藝術領域裡有成就的人，要比其他領域的傑出工作者，更常被稱為天才。一般人所想像的藝術家，總是渾然天成，不需刻苦磨鍊，就能出神入化地完成令人沉醉嘆服的傑作，其實這是與實況相距遙遠的神話。有趣的是，人們多少知道這是個神話，卻又不由自主地相信它。

翻開古今藝術大家的自傳或訪談錄，幾乎千篇一律地發現他們有一段常人不能忍受的磨礪過程。天分固然重要，但少有藝術家會否認技巧和格律的必要。鋼琴名家奧佐林斯（Authur Ozolins）初到巴黎接受音樂教育時，指導老師開頭就對他下了這樣的評語：「你是個天才音樂家，可是你沒有技巧。」[32]這個評論對奧佐林斯起了很大的震撼，他原以為音樂家只是天才和激越情感的組合，技巧以及指導情感的藝術格律或結構，從來不是他注意的焦點。後來他有這樣的體認：「萬物以結構為本，在巴黎學習以後我彈得稍稍冷靜一些了。重要的是，甚至連感情也要規劃——幽默、魅力和激情。」[33]

初接觸藝術時，有天資的學藝者往往會對前人所設的格律或技巧的表現方式感到排斥，覺得那是一種死板的形式束縛。久而久之，卻能發現格律和既有表現技巧的道理，領悟到它們不是消極的限制與規範，反而是表現情感和意念的一種強而有力和「自然」的定律；情感愈是狂放，意念愈是神奇複雜，愈需要尋找精緻的表現格律。這時的格律表面上是一種限制，事實上是情緒和意念得以自由表達的根由。這種「自由」和「限制」並立的現象，是很多藝術評論家和藝術家共有的觀察。朱光潛就說，一流的藝術家多數從格律的熟練中孕育而生，最後做到「寓整齊於變化」，兼容個性自由與傳統格律。[34]多次獲頒葛萊美獎的小喇叭手馬薩

---

[32] Ulla Colgrass著，吳佩華譯《音樂名家談藝錄》（臺北：世界文物，1997），頁200。

[33] 同前註，頁201。

[34] 同註7，頁100。

利斯（Wynton Marsalis）則有這樣的體驗：「音樂有著非常嚴格的規律，這一點我無論怎麼強調都不會過分，你在音樂中的自由度愈大，對它所加的約束就愈多。絕對的自由，是渾沌一片。」[35]登門入室的學藝者，知道格律的必要性，又能不受格律的奴役，要到這種境界，天分和練習一樣重要。這也是朱光潛的結論，他說：

> 「從心所欲，不踰矩」，藝術的創造活動盡於這七個字了。
> 「從心所欲」者往往「踰矩」，「不踰矩」者又往往不能「從
> 心所欲」。凡是藝術家都要能打破這個矛盾。[36]

　　要能打破「從心」與「踰矩」的矛盾，當然不是埋首苦練就成。苦練之外，不役於規矩的路徑之一，是熟悉技巧賴以表現的工具。例如畫家須熟知畫料、畫筆、畫布；音樂家通曉樂器的構造、材料和音質、音量的關係。有關這方面的知識，朱光潛稱爲「媒介的知識」。從這點我們可以領略馬薩利斯所說：「技巧包含音樂的所有方面。」[37]又說：在悠久的音樂歷史中，無數大家如貝多芬、莫札特和布拉姆斯等人，「都是自己的樂器的最傑出的技師」，有趣的是，「從來沒有人想過這方面的連繫。」[38]
　　除了吸收有關媒介的知識，拓寬視野，尤其學習本身所學藝術以外的事物，能使技藝得到一個更大、更厚實的搖籃，免於被藝術的既有格律和工具「器化」的危險。馬友友在學藝的過程中，從人人稱羨的茱莉亞音樂學院（The Juilliard School）轉到哈佛大學。這對很多人來說，是個大惑不解的事，他自己卻反省道：「我在哈佛結識了幾位非常有意思的人。他們是脫離了樂器來談論音樂的，而茱莉亞的人往往結合樂器來議論音樂——這是個非常大的區別。如果你總是想著『物』，你就會更多地從『物』的

35　同註32，頁183。
36　同註7，頁101。
37　同註32，頁179。
38　同前註，頁180。

角度去處理問題。」[39]不從物，而從另一個更大的視域來看音樂，為音樂注入新生命的機會就增加了。小提琴家鄭京和也有類似的體驗，她對自己的老師能於音樂之外，博通文學和多種美藝，從而發現事物之間的微妙連繫，欽慕不已，因此說：「我鼓勵演奏者擴大他們的視野。具有演奏樂器的技能非常重要，而且只有從小抓起才能學會。按照自然法則，慢慢來是不行的。但是要成為一位藝術家，要做到樂在其中，這孩子必須有更廣的視野。」[40]技巧只能成「匠」；要有「師」者之藝猶待博通。杜甫用盡一生的心血學詩、作詩，得到這樣的心得：「讀書破萬卷，下筆如有神。」表面上不費吹灰之力而得的神妙境界，原來是通達以後，水到了，才有的渠成。

二、模仿

　　模仿是許多人不屑做的事，它往往被視作低劣的代名詞。在講究創意和個性的藝術領域，模仿更被認為是藝術價值的謀殺。這種態度到了極端，就是不自覺而錯誤地認定優秀的藝術家都是天成的，不相信人有發展的可能。如果歷史曾經成功地教會我們些什麼，我們便不會忘記：「古今大藝術家在年少時所做的工夫大半都偏在模仿。米開朗基羅費過半生的工夫研究希臘、羅馬的雕刻，莎士比亞也費過半生的工夫模仿和改作前人的劇本……。」[41]偉大如孔子，也宣稱自己只是「述而不作」。不過模仿不能盡是閉門造車。拿著大家的作品，憑自己的想像，暗中摸索臨摹，固然可以有些成就，但也可能一輩子無法掌握竅門，反倒是養成一些難以更改的錯誤習氣。所以有心習藝的人，不惜耗盡家產，翻山越嶺，訪求名師，為的不外是一個理想的模仿對象，希望能在模仿中逐漸探得妙法絕技的堂奧。

　　大匠方家收授門徒，固然難得挑選自以為渺小不堪的求教者（這種

39　同前註，頁166。
40　同前註，頁64。
41　同註7，頁107。

人儘以模仿爲能事，失去個性）；也不輕易接受那些一來就認爲自己有了不起的藝能可以示人的門徒（這種人矜才好譽，多以模仿爲苦，難再攀登新的峰頂）。皮德思（R. S. Peters, 1919-2011）論及教育的過程，認爲個人風格（individual style），必待「公共（文化）財」（Public Inheritance）的陶冶，才能展露有意義的形式。[42]而公共文化財的菁華，盡在各領域的大匠方家，所以美藝活動中，模仿、拜求名師的風氣，雖有求名虛浮的個例，卻不能否認多數是認同拜師的深刻文化意義。

如果我們把教學和教育比爲一門藝術，那麼這門藝術的學藝者，恐怕是所有藝術類門中，最輕薄傳達技巧的學習和媒介知識之儲蓄的一類。以我國爲例，新制的師資培育法放棄專門培養教育藝術創作者的師範院校制，已多少代表對教育藝術的一種質疑，代之而起的教育學程，竟也屢遭反對。提倡學程的人，經常得到譏評：「孔子沒修過教育學分，不也成了至聖先師？」按這種推論邏輯，學校似乎也沒有存在的必要，因爲孔子並未上過什麼正式的學校。[43]不令人訝異的是，當教育部規定修習教育學程後，必須實習一年才能取得合格教師證書時，抗議的人又如排山倒海。而能避過實習直接取得「教育藝術工作證」（教師證書）的無不沾沾自喜。有心學音樂、繪畫，甚至美容、美髮的，幾乎人人懂得拜師學藝；唯獨從事教育這門藝術的人，鮮少認定有求教於先進名家的必要，彷彿教育家是天成的：未取得教職的人不肯學如何教；取得教職的人，願意求訪「名師」的更不可得。這樣的藝術難有希望，而教師們卻心安理得地用這種藝術來教育我們的下一代。

第四節　教育藝術的觀賞者

藝術要成功傳達所欲表現的意境，除了有賴傳達技巧及媒介知識的

---

[42] R. S. Peters, *Ethics and Education* (London: George Allen & Unwin, 1970), p.50.

[43] 有關於這方面的討論，參閱林玉体，《教育概論》（臺北，東華書局，1988），頁210-218。

增進，還須研究觀賞者的美感經驗。本節將就觀賞者產生美感經驗的「距離」和「平衡」兩元素，說明教學藝術所須考慮的呈現形式。

一、距離

布洛（Edward Bullough, 1880-1934）的心理距離說（Theory of Psychical Distance），是當代有關美感欣賞非常重要的一個理論。布洛認為，美感知覺（aesthetic consciousness）源於美感欣賞主體與對象之間保持適當的心理距離，失去應有的心理距離，美感便消失。而所謂「心理距離」，就欣賞主體而言，是指超脫現實生活中的欲望、需求和目的，以全新的眼光諦視對象的面貌。布洛以人在海上航行時遇上大霧為例，說明何謂心理距離。關於這個例子朱光潛有極生動的譯述：

> 比如說海上的霧。乘船的人們在海上遇著大霧，是一件最不暢快的事。呼吸不靈便，路程被耽擱，固不用說；聽到若遠若近的鄰船的警鐘，水手們手慌腳亂地走動，以及船上的乘客們的喧嚷，時時令人覺得彷彿有大難臨頭似的，尤其使人心焦、氣悶。……但是換一個觀點來看，海霧卻是一種絕美的景致。你暫且不去想到它耽誤了程期，不去想到實際上的不舒暢和危險，你姑且聚精會神地去看它這種現象，看這幅輕煙似的薄紗，籠罩著這平謐如鏡的海水，許多遠山和飛鳥被它蓋上一層面網，都現出夢境的依稀隱約，它把天和海聯成一氣，你彷彿伸一隻手就可以握住在天上浮游的仙子。你的四圍全是廣闊、沉寂、祕奧和雄偉，你見不到人世的雞犬和煙火，你究竟在人間還是在天上，也有些猶豫不易決定。這不是一種極愉快的經驗麼？」[44]

---

[44] 朱光潛，《文藝心理學》（臺南：大夏出版社，1995），頁15；布洛的原始文字請參閱Edward Bullough, *Aesthetics*, ed. by E. M. Wilkinson (Stanford: Stanford University Press, 1957), pp.93-94.

迷霧能從不便和災難的象徵，化爲驚奇和愉快的來源，全賴觀賞者跳離現實的我執和欲利的圈套。在我執和欲利的距離之外觀賞事物，格外清新動人。這時的觀察是客觀的，因爲它滌盡了私慮；但觀察的結果又能引發人切身而熱烈的情感反應。這種與對象在情感上保持一種不即不離的現象，布洛稱之爲「距離的矛盾」（Antinomy of Distance）。[45]他舉莎士比亞名劇《奧塞羅》（Othello）的欣賞爲例，進一步說明所謂「距離的矛盾」。《奧塞羅》裡描寫一個懷疑妻子不忠的男人，如何在猜疑的啃蝕下，一步步走上殺妻的悲劇之路。未曾戀愛的人，讀起《奧塞羅》往往隔靴搔癢，掌握不住劇裡營造的氣氛，因爲劇情和生活經驗距離過遠；但是對於一向疑心自己妻子或女友的讀者，《奧塞羅》的情節，卻是刻骨銘心的切身之痛。這種切身的經驗，使後者更能領會《奧塞羅》。不過更能「領會」不代表更能「欣賞」。也許他看的是《奧塞羅》，想的卻是自己的境遇，於是藉《奧塞羅》的酒來澆自己的愁，原來欣賞名劇的活動，變成點數傷痕的過程。這是與欣賞對象心理距離過近所造成的美感失落。布洛認爲與對象保持適當的心理距離，不僅是欣賞活動的關鍵，在美感創造的過程中，一樣有其重要性。當一個藝術家的創作題材與個人的切身經驗高度吻合時，創作歷程自然較爲得心應手。但是要做到有情而不濫情、不煽情，使作品具有藝術價值，創作者必須跳脫個人情感，在一個距離之外，以一種比較自由、客觀和純美感的態度來審度和描繪創作對象。根據前述理論，布洛得到一個公式：美感欣賞或創造的絕佳狀態都是與對象「盡可能接近但又不至於毫無距離」（the utmost decrease of distance without its disappearance）。[46]毫無距離，或者遠得麻木不仁，都算是失去美感的心理距離。

影響心理距離的變數主要有二：一爲人（觀賞或創作主體），一爲物（藝術品）。每個人因其涵養與習性，不一定能時時與對象保持美感的距離。依布洛的觀察，人或者美感創造的主體，較易犯的錯誤是與對象的距

45　Edward Bullough, ibid., p.98.

46　同註42，p.58。

離太近（under-distance）；而物或者藝術品常有的問題，是過於造作、抽象、理想化和不近人情，這使物與觀賞者的距離太遠（over-distance），難以共鳴。除了人對物的持距能力（distancing-power），和物本身的特性之外，時空也是影響心理距離的要素。徐志摩和陸小曼的戀情，在民國初年大受爭議。當時的人閱讀徐志摩為戀史寫下的詩文，多半難以拋開道德問題的糾纏；如今事過境遷，現代人讀徐志摩的文集，就比較能自由地玩索。

總之，所有藝術的欣賞與創作，都有「距離限制」（Distance Limit）。觀賞者或創作者需善用持距能力，滌淨俗念，昇華靈魂，才能與美感對象達到最高度和最神聖的交融。

布洛的心理距離說，對教育藝術的意蘊，可以分由幾個方面闡明。首先就教育藝術的觀賞者（學生）的心理動機而言，如果學生接受教育為的是教育以外的目的（文憑、職業、社會地位等），勢必較難融入教學活動，體驗學習的高峰經驗。這就像參加音樂會，不為音樂，而是為了時尚、炫耀等等不相干的目的一樣可笑。怪異的是，教育藝術的創作者（老師），常常是引導觀賞者進入這種荒謬處境的人。老師們時時向學生耳提面命的，不外是「書中自有黃金屋，書中自有顏如玉」等的口號；提醒教學重點時，不說明重點的本質意義，反而一味以「聯考必考」之類的話語來刺激學生的工具興趣，消弱他們欣賞教學內容的脾胃。這樣的教育畫面中，我們彷彿看到教育藝術的創作者向其觀眾說：來看我的表演，但別管我的表演如何你都得忍耐，因為忍耐的代價是豐富的，包括身分、地位和財富。

其次，就師生之間的情感距離來看教學藝術。教師如果冷血地把學生當物或者工具，情感上勢必得不到學生的共鳴，教學效果也必然大打折扣。在教學活動中，學生們經常抱怨老師只會一味要求功課和品行，卻一點也不在乎他們是「有情」的人（human being）。他們希望老師能夠拋棄嚴肅的外表，表現一些人情味（humanity）。如果學生感受不到老師任何真實的關懷，疏離感油然生起，間接冷卻學習熱度。究其實，愛、信任與人際關係的教育，可說是教育活動的基礎。教學要能動人、有效，教師本

身必須先成為愛、信任與和諧人際關係的典範。[47]當老師以愛和關懷贏得學生的信任時，學生自然願意主動向老師傾吐自己的心事與經驗。這樣的師生關係是日後學生記憶最深刻的部分，足以影響一生。[48]但師生情感的交融，也不宜毫無距離。彼此稱兄道弟的師生關係中，教師如何堅守教學的神聖立場，不無疑問。師生在情感上所宜保持的距離，似乎類似布洛所說的：「盡可能接近但又不至於毫無距離」。

再次，就教學內容與學生的認知差距而論。布洛的理論在這裡一樣適用。教學時「炒冷飯」或者傳授一些學生們早已熟知的內容，注定要破壞學習胃口，「粗淺、平凡和陳腐都是藝術所切忌的。」[49]至於虛玄、艱澀、抽象的教學，除了同樣令人難耐，更折損學習者的自信。最理想的是教授具難度，但又可以克服的知識。有難度，所以能激起挑戰的興趣；能克服，所以在克服後，可累積更高昂的挑戰和學習意志。與這個道理相通的是，教師在教學過程中，不必鉅細靡遺，事事點明。適時「留白」，讓學生自我玩索、填充，反而能營造更富樂趣和美感的學習情境。關於這點，科林伍德（R. G. Collingwood, 1889-1943）從藝術的角度提出闡釋。他說，文學創作中如果想表達一個情緒（例如受到驚嚇的心情），應避免使用直接表示該情緒的字眼，如「恐怖」（dreadful），因為如此只是呆板的平鋪直述，缺乏表情張力（inexpressive）。「真正的詩人，在傑出的詩篇中，絕不會明指他所要表現的情感的名稱。」[50]這個說法，自然也適用於其他的文學創作型式。以《野孩子》一書為例，作者想說明「曾阿冶」長得「很倒楣」，卻不講明，而說：曾阿冶「有兩粒大小不一樣的眼睛，比較大的一粒眼白也比較多，他通常用這一粒看到鬼，然後告訴我們。」[51]

---

47 Ibid., p.100.

48 Paul Hirst & R. S. Peters, *The Logic of Education* (London: Routledge & Kegan Paul, 1975), pp. 98-102.

49 同註44，頁152。

50 R. G. Collingwood, *The Principles of Art* (London: Oxford University Press, 1958), p.112.

51 張大春，《野孩子》（臺北：聯經，1996），頁11。

二、平衡

除了布洛的心理距離說，杜威的脈絡主義（contextaulism）對藝術觀賞者如何產生美感經驗，也有獨特的見解。

杜威認為美感經驗並不是孤立於生活世界之外，而只能在美術館或音樂廳中尋得。事實上，任何完整（complete）的經驗，都有美感的性質，都能引發美的感受。換句話說，美感是完整經驗的一種情感反應；不能引發美感的經驗必然是不完整的。[52]

但如何才是「完整的經驗」？杜威指出，任何經驗都是人與環境互動的結果，包含了「作為」（doing）和「感受」（undergoing）兩種元素。所謂「作為」是指人為了達到某種目的而採取的有意識的行為；所謂「感受」是指行為者於行為後所知覺到的後果。例如：馬路中央的大石頭阻擋了我的通行，當我動手去搬它，便是一種「作為」；也許石頭太重我承受不了，這種反應就是一種「感受」。而這種感受可能引起我的思維，考慮如何採取有效的作為（尋求協助，或拿工具來搬動）。作為與感受如此循環互動，逐步導向目標。當目標圓滿達成，個體便獲取一個完整的經驗。而這樣的經驗歷程，往往包含著美的情意滿足。簡要地說，所謂完整經驗就是指一個活動之中，作為和感受的元素平衡地互動，使活動中的各個行為，前後連結成一個有系統、有結構的整體，並成功獲取圓滿的結局（例如：作品滿意地完成；難題完美地解決；或者遊戲進行到高潮）。

杜威認為作為和感受之間必須保持適當的平衡，偏於作為或偏於感受，都會扭曲經驗。一味地作為，而無感受的反芻，會使經驗失去成熟的機會，一切在匆匆間溜過，只留皮毛、表面；另方面，阻力（resistance）不被看做擴展經驗和反省的機會，反而刻意予以壓抑，但求快速完成行為的各個動作。相反地，偏於感受，則是被動地接受大量的訊息，卻不加提煉以形成有效作為的指導，這也會造成經驗的偏差。就像作白日夢的人，不能以行動和實際交接，不受實際考驗的結果，根本無法形成有意義而完

52　同註16，pp.40-41。

整的經驗。

　　藝術的創作和欣賞同爲人類經驗的一部分，也須在作爲和感受間保持平衡的互動，才能產生美感。英文中，"artistic"（藝術的），主要以藝術的創作（作爲）爲描述對象，而"esthetic"（美感的）一字，多用於說明藝術的欣賞或知覺感受，但沒有一個字可用於同時描寫藝術的創作和欣賞行爲。杜威認爲，這是一個遺憾。[53]因爲這很容易使人誤認創作與欣賞無關；欣賞者不必有創作的行爲。

　　事實上藝術家所以能出類拔萃，不僅在傑出的創作技巧（藝術作爲），亦有賴敏銳的觀察及鑑賞能力（藝術感受）。以畫家爲例，畫家在作畫的過程中，必須以過人的鑑賞力感受自己一筆一畫的效果，並藉由效果的反省，指導接續的創作行爲、預測即將完成的畫面。大體而言，藝術家的鑑賞或感受能力愈強，其作品愈有完美的可能；而成功的藝術家，在創作的過程中，必然也扮演著觀賞者的角色。創作和欣賞同時存在的現象，就像上帝一面造人，一面品評修正一樣。依杜威的見解，創作與欣賞如果沒有產生有意義的互動，不論創作時有多麼強烈的情感，都不可能產生高等的美感經驗。[54]

　　就藝術欣賞者的角度而言，美的感動表面上像是完全被動，類似一種臣服，但是如果過於消極，欣賞者只是被熱情吞沒，不能看清壓倒自己的情緒究竟是何種面貌，算不上完整的欣賞經驗。美感欣賞是一種「知覺觀察」（Perception），而不是單純的「辨識」（Recognition）。知覺觀察包含一連串的積極作爲，是一種「努力」，而不是力量的保留。愈努力，知覺攝收到的訊息也愈多。相對地，在「辨識」的行爲中，行爲主體通常不必大費氣力。例如：當我看見《星光夜》，而我的興趣僅止於辨識它是誰的畫作時，只要我認出它是梵谷的作品，一切的觀察行爲就停止了。但如果我繼續看它的布局、用色和意境，我便是進入更深層的知覺觀察階段，開始了積極的欣賞。

53　同上註，p.47。
54　同上註，p.50。

　　欣賞者的知覺觀察，包含著創造。創作者在創作中爲了表達一種意境，對各種元素有所安排取捨，欣賞者在欣賞時，想領略作品的意境，一樣要經歷類似的取捨過程，只不過是根據自己的觀點來進行罷了。基本上創作者和欣賞者都在尋找有意義的形式，同以建構一個統整的意象爲目標。杜威認爲，一件作品如果不經欣賞者以再創造的方式，重現創作者所欲表達的意象，那麼對欣賞者而言，該作品只能算是藝術產品（product），而非藝術作品。[55]美食家品嚐食物，不是覺得好吃就算，往往還能想像食物的烹調和配色過程，玩味再三，故能品出一般人所不能知的味道；而烹調就因爲有美食家的存在，才能成爲一門藝術。惠特曼（Walt Whitman, 1819-1892）認爲「要有偉大的詩人，須有偉大的讀者」（To have great poets, there must be great audiences, too.）說的也是類似的道理。

　　朱光潛對於創作和欣賞的相互依存關係，有清晰的說明。他說：

創造之中都寓有欣賞，欣賞之中也都寓有創造。比如陶潛在寫「采菊東籬下，悠然見南山」那首詩時，先在環境中領略到一種特殊情趣，心裡所感的情趣與眼中所見的意象卒然相遇，默然相契。這種契合就是直覺、表現或創造。他覺得這種契合有趣，就是欣賞。……我要回到陶潛當初寫這首詩時的地位，把這首詩重新在心中「再造」出來，才能夠說欣賞。陶潛由情趣而意象、而符號，我由符號而意象、而情趣……無論是創造者或是欣賞者都必須見到情趣、意象混化的整體（創造），同時也都必覺得它混化得恰好（欣賞）。[56]

　　如果我們以作爲和感受的平衡，或者創作和欣賞的互動，來看教與學的活動，可以得到一些有趣的觀察。

55　同上註，p.54。
56　同註44，頁171-172。

　　教學過程中，教師處在作爲和創作者的地位上，他的作爲和創作能不能成功，有一大部分取決於是否具有敏銳的感受和欣賞能力。他必須隨時品評自己的創作（教學）效果，而這個效果，就寫在教學觀賞者（學生）的臉上。當學生面無表情，多半反映教學呆板僵硬。簡單地說，學生的表情，就是教學效果的「表情」。當教者發現教學效果不佳，必須懂得調整教法。而不論教法如何改變，一個元素永遠是關鍵：如何提供教學的欣賞者（學生）創作的機會。

　　當你要求學生分東西部，由北而南，將臺灣各縣市依地理位置之順序背誦下來時，學生們的表情，必然和背誦活動一樣機械。相反地，如果把臺灣各縣市的地理形狀分別作成貼紙，然後邀請學生，把這些貼紙拼成臺灣地圖，學習者就有了一個較爲生動的創作意象，以這個意象爲目標，一步步去完成，快樂隨著進展寫在臉上，構成深刻的學習經驗。再如野地求生的課程，對於經常登山的學生，感受一定特別不同。因爲教授的內容，隨時都是運用和再創造的材料。他在接收訊息時，同時聯想作爲的可能；除了欣賞也在創造，所以能津津有味，全神貫注。盧梭主張愛彌兒必須像農夫那樣勞動，像哲學家那樣思考，[57]強調的也是這種感受與作爲、欣賞與創作之間互動平衡的學習藝術。

　　最後，杜威的一句話，可以作爲本章的總結：

　　任何學科教學的終極檢驗，都要以學生對該學科生動欣賞的程
　　度爲準據。[58]

　　教學要達到使學生生動欣賞的藝術境界，美學課題的研究與運用是不可或缺的要素。本文就教育藝術的創造、孕育和欣賞等三部分，作了嘗試性的討論，希望能引起國內教學工作者及教育研究者的興趣，攜手共同開

57　盧梭著，李平漚譯，《愛彌兒》（臺北：五南，1989），頁272。
58　John Dewey, *How We Think* (Boston: D. C. Heath and Company, 1933) p. 279，這裡不用姜文閔的譯文，故標明原文出處。

拓教育的美學荒地。[59]

問題與討論

一、何謂教育藝術？其目標為何？

二、杜威認為藝術源於遊戲，試就此論點評析如何運用遊戲衝動來「美化」教學過程。

三、試舉述學習過程中經驗過的具想像力的教學活動。

四、教育愛是教育美感的來源嗎？試討論之。

五、師生距離與教學美感的關係為何？試說明之。

---

[59] 本文感謝李咏吟先生及洪仁進先生的教正；另外我還特別要感謝本文的匿名審閱先生，由於他的指正使我免於許多貽笑大方的錯誤，不過礙於能力及篇幅，若干重點我未能完成修正。首先針對第一節，審閱先生指出：「何以深奧而不易掌握便是『藝術』？又何以表現美便是藝術？現代藝術學說多不以美論藝術之說，但文中卻對此未加深入說明。」其次，審稿先生認為：「第二節以藝術創作論教學，雖論及遊戲、想像力、感情投入各概念，但精緻和形式結構等最重要的概念卻絲毫未提及，其實這在教學上更具啟發性，當可再加闡發。」

林逢祺

第十六章

美育與人生

> 莫春者，春服既成，冠者五六人，童子六七人，浴乎沂，風乎
> 舞雩，詠而歸。（《論語・先進》）

美育透過藝術和自然之美的陶冶，培養人審美和創造美的能力。美在人生中的重要性，早有論者提倡，然而美育至今仍然在學校教育中扮演著非常微不足道的角色。所謂「德智體群美」五育均衡的教育，充其量只算是一個口號。學生的智育若達不到水準，師長竭心盡力彌補；德育不良，被視爲社會隱憂；唯獨美育不佳，不被當作嚴肅的問題。在一般人的觀念，少了美的涵養，只是缺了點生活情趣，不影響生命本質，也不侵害人的生存，不值得大作文章。[1]本章將針對這個論點深入探討，希望爲美育在課程中的定位，描繪一個較爲清晰的輪廓。

第一節　課程中的美育

學習者的時間和精力有限，如何在這個先天限制下，傳授予他們最重要的知能，乃成任何負責任的教育家不得不重視的問題。教育思想史上，對這個問題提出反省且觸及美育的理論中，斯賓塞的論點可數近代實用主義的代表。

斯賓塞認爲教育的目的在爲完美生活作準備，並以生活的實用價值，作爲學校教育中各學科之相對價值的共同比較標準。斯賓塞觀察十九世紀末葉的英國教育，發現被摒絕於學校課程之外的，常常是與生活息息相關的知識；這些實用知識的學習總在正式教育結束之後才展開。學校教育之後的非正式教育支撐著社會的發展，正式教育反而與生活及社會實況相隔遙遠。實用而與個人幸福關係密切的科學知識被擺在低下的位置；裝飾性的科目，如音樂、詩詞、哲學和古典語文，卻構成課程的核心。可能一輩子都用不上的拉丁文和希臘文，一般人卻花上好幾十年的時間去學習，原

1　見H. B. Redfern, *Questions in Aesthetic Education* (London: Allen & Unwin, 1986), p.65.

因無他，只是爲了炫燿，免得被認爲沒學問或者被瞧不起。明白地說，古典語文以及其他各類藝術的學習，在當時只是一種象徵社會地位的徽章，一種門面的裝點，意在炫服他人，沽名釣譽而已。於是唸錯一個古典文字的語音，大有人臉紅難堪；不知正常脈搏爲何，反而少有人引以爲恥。這能不令人覺得反常？不是一種價值的迷失嗎？

　　爲了矯正虛浮時弊，斯賓塞提出以「如何生活」爲根本考慮的課程哲學，依生活實用性，將人類活動及其相關的知識分爲五個等級。首先是與自我保存（self-preservation）直接相關的活動，這個領域所涉及的知識包括生理、衛生、營養和體育等與健康密切關聯的學問。強健的體魄與朝氣是一切幸福的基礎，所以應爲教育最重視的一環。其次是與自我保存間接相關的活動和知識，這裡斯賓塞指的是謀生的知識和技能。依其觀察，除了少數階級，一般大眾所從事的大半是物品的生產、包裝和分送的工作，要提升這些工作的效率，有賴對物品特性充分了解，而這種了解，實植基於物理、化學和其他科學知識。因此科學知識的傳授，在職業教育中，扮演著關鍵的角色。再其次，是與養兒育女相關的知識。個人有能力自保和謀生之後，便需考慮種族延續和保存的問題。種族的發展，取決於後代的教育，因此即將爲人父母者，如果憑著習俗、衝動和想像，就要負起養兒育女的重任，確實不可思議。爲了勝任親職，青年男女應當充實與幼兒體格、人格及心智發展相關的知識。這些知識包括生理學、心理學和教育學等。

　　充實親職教育知能之後，所需學習的是參與社會和政治活動所需的公民知識。在這方面，斯賓塞特別強調歷史知識的重要性。不過他也指出，史學必須在生物學、心理學和社會學等科學的指導下，才能尋繹出解釋歷史脈動的有效法則。人類生活的最後一個部分，是與充實閒暇相關的活動和知識。在這方面，人類需要欣賞大自然、文學、美術和其他藝術的能力。更直接地說，在斯賓塞的課程理論中，美育的陶冶主要是爲了滿足人類休閒的需求。

　　斯賓塞認爲，個人和社會生命得以延續，藝術活動才有發展的沃土。整體而言，藝術可以說是文明的花朵部分，而維持個人和社會生存的活動

則是文明的根和葉。花朵再珍貴不凡，仍須有堅實根葉的支撐。所以不傳授自我保存、維持生計、爲人父母和擔負公民任務的知識，而一味教授表現優雅、炫人耳目的藝術，無異捨本逐末。斯賓塞說：

> 藝術和我們所謂文明花朵的各個組成部分，應當完全附從於充實文明根基的教學和訓練。藝術既然是生活的閒暇活動，自然只應占據教育的閒餘時光。[2]

第二節　美育的工具價值

美育在教育中應具何種地位，有以工具價值視之，但亦可從本質價值的角度觀之。前節所述有關斯賓塞的實用主義論點，即是以工具價值來論斷美育在生活中和教育上的重要性。這種觀點至今仍然是許多人信奉的圭臬，所以討論美育的地位，先說明斯賓塞的課程哲學，多少等於說明了美育在學校教育中的現況——被認爲與實用無涉，純粹是一種休閒生活的預備。接著，本節將以斯賓塞的理論爲批判主軸，逐一反省美育在斯賓塞所言的五種活動中，究竟占有何種地位。

一、休閒與美育

斯賓塞將藝術活動定位爲休閒的一部分，在他的邏輯裡，藝術只能隨著休閒生活在人類社會中扮演的角色而起伏。他預言藝術總有一天會在人類生活中占關鍵地位，因爲一旦人類征服自然，技術改良，勞力節省，「而使休閒時間大爲增加時，藝術和自然之美，自然會在全人類的心靈中，占著更重要的地位。」[3]這個推論顯然有待考驗。因爲許多人一到休

2　A. M. Kazamias (ed.), *Herbert Spencer on Education* (New York: Teachers College, Columbia University, 1966), p.149.

3　Ibid. p.148.

閒時，便追逐聲色犬馬，沉淪各式逸樂，卻從未考慮親近藝術和自然之美。單就填充休閒時間的角度來論證美育的重要性，注定使美育永遠處在一種可有可無的狀態。對許多人而言，打發時間的方式無限，不必一定從事美的欣賞或創造才值得。這點是所有關心美育的人，必須面對和解釋的問題。

二、健康與美育

事實上，即使就工具價值的角度來看美育，也可以看出斯賓塞對美育的觀念是非常狹隘的。首先，美育很可能和斯賓塞所認為最重要的自我保存活動息息相關。例如馬斯洛（A. H. Maslow, 1908-1970）便指出，

> 某些人確實有基本的美感需求，醜的事物使他們產生（特殊的）病痛，然而一到優美的環境，這些病痛就消除了；他們熱烈渴求美的事物，而且只有美的事物，才能使他們得到滿足。這種現象，幾乎可以普遍在每一個健康的孩子身上見到。而每個文化，每個年代，甚至史前的穴居人，也都可以找到一些這種美感衝動的證據。[4]

人體健康與否，不完全是生理問題，這是現代人共有的理解，但斯賓塞並未考慮這點；他沒有探討，當人體的疾病肇始於心理因素時，科學是否能夠應付裕如。希臘神話中人頭馬身的希隆（Chiron），既是音樂家，又是良醫，教人透過歌聲和音樂來治療疾病。顯見希臘人早有藝術治療的觀念。在他們的神話中，音樂不但可以排解憂傷，甚至可以起死回生、點頑石、馴野獸。「透過歌聲結合巫術以治療多種疾病在古希臘是極為常見之事。」[5]斯賓塞如果能夠以更寬廣的視野來詮釋健康的問題，正視健康

---

[4] A. H. Maslow, *Motivation and Personality* (2 ed.) (New York: Harper & Row Publishers, 1970), p.51.

[5] 楊深坑，《柏拉圖美育思想研究》（臺北：水牛出版社，民85），頁153-154。

包含身心兩面，也許會重估藝術活動的重要性。

三、職業生涯與美育

再就斯賓塞所謂與自我保存間接相關的活動，也就是職業或事業的發展而論。藝術成為一種職業或事業之重心的可能性，顯然並未得到斯賓塞的重視，這點斯賓塞多少有點受限於生長的情境。在工業革命之初，藝術與大多數的工商業活動是割離的；靠藝術創作維生的人也並不多。但在現代社會中，各式產品（包括製造及服務業）的生產、包裝和行銷，無一不需要藝術工作者的參與。藝術的參與，不單純是把產品套上一個虛有的外表推銷出去而已，藝術的參與在使產品的質感提升，呼應人對生活品質的一種追求。換句話說，美是任何產品內在價值的一個重要成分。同一物理材料，以不同的形式呈現，就是不同的產品，得到的反應自然完全不同。以建築而論，建材和結構固然是重要的考慮因素，但建築本身的造形和格局，也是要素；後者不僅決定了建築物的外觀和價值，無形中也影響生活在其間的人的健康和氣質。所以，藝術不但可使產品雅觀，也是產品合用與否的決定因素。藝術如果和器物（useful objects）或者各式人造物的生產割離關係，可能的結果是使生活世界逐漸醜化，人與環境變得格格不入。蔡元培（1867-1940）對民初的中國社會即有這樣的感慨：

> 書畫是我們的國粹，卻是模仿古人的。古人的書畫，是有錢的收藏了，作為奢侈品，不是給人人共見的。建築雕刻沒有人研究。在囂雜的劇院中，演那簡單的音樂，卑鄙的戲曲。在市場上散步，止見飛揚塵土，橫衝直撞的車馬，商鋪門上貼著無聊的春聯，地攤上出售那惡俗的花紙，在這種環境中討生活，什（怎）能引起活潑高尚的感情呢？所以我很希望致力文化運動諸君，不要忘了美育。[6]

6　孫常煒編，《蔡元培先生全集》（臺北：臺灣商務印書館，民57），頁496。

　　美育的涵養不僅有助於優質產品和環境的塑造，對製成產品和生活環境的評價能力，也有賴審美能力的涵養。菲德曼（E. B. Feldman）即認為：在今日物品大量生產的社會型態中，器物的改良，有賴廠商、設計家、教師和消費者的共同努力。對於日常器物的設計，那種精益求精的品味，應該在學校中培養起來，如此，產業界便無法任意傾銷低劣的物品。[7]總之，藝術不但能以純藝術的型式成為專業的謀生工具（例如音樂家、繪畫家、舞蹈家、作家等），也可用於協助產業發展品質精良、美觀合用的產品（例如建築師和各類設計家）。工商業發達的社會中，藝術不再像斯賓塞所言，只能卑微地附從於各種生產活動之下。相反地，藝術是物品產銷成功與否的一個主要關鍵。如此社會中的美感涵養，已是人類謀生和事業發展不可或缺的一環。

四、親職與美育

　　如果前述美育與健康及職業發展緊密相連的論證成立，則美育須在親職教育及親職的實踐中扮演重要角色，便是必然的結果。

　　美感經驗排解緊張壓力，平息破壞衝動，滌淨塵緣俗慮，使心裡恢復內在和諧。藝術不像官能的刺激與放縱那樣容易令人麻木生厭。純為跳離生活勞務而作的享樂總有叫人疲倦的一天，有時無益於朝氣補充，反而加速活力的降格，到頭來，免不了讓人困惑「活著的意義」。[8]相反地，藝術深入人的心靈，使人得到淺薄娛樂不能滿足的精神慰藉，恢復身心的平衡，達到健康的目的。

　　由於意識到美育與幼兒的人格及健康關係密切。蔡元培於民初便倡議設立公立胎教院。他說公立胎教院要為孕婦提供一個風景秀麗的地方，沒有都市的混濁、紛擾。胎教院的建築要勻稱玲瓏。兼融中西高雅氣息。四周設庭園廣場，供散步、運動、觀星賞月。庭園種植悅目亮麗的花木，池

7　E. B. Feldman, *Becoming Human through Art* (New Jersey: Poentice-Hall, Inc., 1970), p.65.

8　見H. Osberne, Review of H. B. Redfern Questions in Aesthetic Education, *Journal of Philosophical Education*, 1986, 20(2), p.299.

裡畜美觀活潑的魚。室內的壁紙地氈顏色要恬靜毓秀，器物陳設講求雅緻整齊，雕刻、圖畫取其意象優美健康的，書刊則取文字樂觀和平的，並且每日播放高尚音樂，如此以確保最高品質的胎教。[9]

　　除了對人格和健康可能產生影響，美育也是提升精神和認知視野極其重要的渠道。讓我們先來看一段徐志摩（1896-1931）的文字：

　　　自然是最偉大的一部書，……一般紫的紫藤，一般青的青草，
　　　同在大地上生長，同在和風中波動——他們應用的符號是永遠
　　　一致的，他們的意義是永遠明顯的，只要你自己性靈上不長瘡
　　　瘢，眼不盲，耳不塞，這無形跡的最高等教育便永遠是你的名
　　　分，這不取費的最珍貴的補劑便永遠供你的受用；只要你認識
　　　了這一部書，你在世界上寂寞時便不寂寞，窮困時不窮困，苦
　　　惱時有安慰，挫折時有鼓勵，軟弱時有督責，迷失時有南鍼。[10]

　　大自然的美在無言中教化了人的靈魂，提升人的心志，是美育中的重要組成。至於美育中的藝術則教導我們以一種有別於科學的眼光，來看待我們所面對的各種景象。藝術不同於科學，它不是物理現象的縮寫或摹本，而是對實在的一種「形式」（form）的知覺，一種獨特的視野。[11]我們對於很多事物所以視而不見，主要在於經常從物理的角度出發，把外物當作普通感官經驗的對象，習以為常之後，也就產生太陽底下無鮮事的心理。對藝術家而言，同一物理事物，在不同的時候，代表著不同的對象。所謂「太陽每天都是新的」。[12]依卡西勒（Ernst Cassirer, 1874-1945）的見解：

9　　同註6，頁535-536。

10　楊牧編，《徐志摩散文選》（臺北：洪範書店，1997），頁71-72。

11　見Anthony O'hear, *The Element of Fire* (London: Routledge, 1988), pp.107-111.

12　Ernst Cassirer著，甘陽譯，《人論》（臺北：桂冠書局，1990），頁211。

一種景色在曙光中，在中午，在雨天或晴天，都不是「相同的」。我們的審美知覺比起我們的普通感官知覺來更為多樣化並且屬於一個更為複雜的層次。在感官知覺中，我們總是滿足於認識我們周圍事物的一些共同不變的特徵。審美經驗則是無可比擬地豐富。它孕育著在普通感覺經驗中永遠不可能實現的無限的可能性。在藝術家的作品中，這些可能性成了現實性：它們被顯現出來並且有了明確的型態。展示事物各個方面的這種不可窮盡性，就是藝術的最大特權之一，和最強的魅力之一。[13]

如果卡西勒的說法成立，則失去美育陶冶的人，毋寧說是一種認識力的殘缺；而輕視美育的父母和教育制度，就是兒童認識力殘障的始作俑者。

五、公民知能與美育

斯賓塞想像中的公民活動，需要的知識包括他所最重視的歷史，另外是社會學、心理學和生物學等輔助的學科知識。藝術對於理想公民的塑造所占的地位，斯賓塞並未討論。

公民情操的陶冶，除了需要理性認知，更有待成員間的情感認同，而藝術對感性陶冶的貢獻是可觀的。[14]例如：一個民族在藝術上的高度成就，即是民族自尊和社會向心力的重要基礎。[15]藝術也常用於激發愛國情操和宗教熱忱，同時也是各種社團成員的精神共鳴劑。當然有些藝術對於社會是充滿批判意識的；它們意圖從一個新的視域，衝破社會的成規。[16]即便如此，藝術仍然包含著對社會的愛與關懷。藝術對社會成規在「破」

13　同前註，頁212。

14　見蔡元培的說法，同註6，頁640-641。

15　見Elliot W. Eisner, *Teaching Artistic Vision* (New York: Macmillan, 1972), p.2.

16　Herbert Marcuse, *The Aesthetic Dimension* (Boston: Bacon Press, 1978), p.72.

的過程中，蘊含著「立」新意的目的，不是盲目的攻擊衝動而已。例如魯迅（1881-1936）在〈狂人日記〉中，假一個被迫害狂之口，說道：

> 古來時常吃人，我也還記得，可是不甚清楚。我翻開歷史一查，這歷史沒有年代，歪歪斜斜的每頁上都寫著「仁義道德」幾個字。我橫豎睡不著，仔細看了半夜，才從字縫裡看出字來，滿本都寫著兩個字是「吃人」！[17]

魯迅在此批判傳統中國社會「禮教吃人」，透露著的，除了控訴的心情，更有改革的呼求。魯迅類似這種風格的作品，對民初中國社會影響深遠，而這種影響，與其說是破壞，不如說是激發了中國人民的公民情操，提振民族和社會改造的革新意識。

不過藝術之中最可貴的，在於它不單以某一特定社會為關懷的對象，它所注視和表達的，往往能超越不同時空，直接觸及不同世代、不同民族和不同國家之中的每一個人的心靈。其中原因在於藝術所探索、追問的，不外一個基本的主題：人是什麼。因此藝術可以說是解開人性之謎的一種獨特的形式。在藝術的創作和欣賞的過程中，人不但了解了自己，也打破了人我之間的藩籬，分享作為人類之一員共有的悲喜、價值和理想。這就是孔子為什麼說詩「可以群」的深刻理由。只要藝術作為人類情感和價值之表現的特質不變，自然與倫理、社群脫離不了關係；[18]因此也必然能對斯賓塞所謂公民情操的涵育，產生一定的作用。更重要的是藝術作品，藉由人性的揭示與關懷，能使人類對共有的困境和理想深入體會，進而激發民吾同胞，物我同類的世界公民情操。許多作品，所以能成為全人類共同珍惜的資產，道理即在此。試想有那一個人在欣賞貝多芬（Ludwig van Beethoven, 1770-1827）的樂曲時，會在意他不是中國的音樂家或臺灣的音

17　魯迅，《阿Q正傳》（臺北：金楓出版社，1991），頁72。
18　John White, The Arts, Well-being and Education, in Beyond Liberal Education, ed. by R. Barrow & P. White (London: Routledge, 1993), p.178.

樂家？再以《小王子》（*The Little Prince*）爲例，全書充滿對人性的銳利
觀察與深沉悲憫。書中主人翁小王子來到酒鬼星球，和酒鬼對話的那一
幕，就是諷喻人類心性的生動描寫：

> 「你在那裡幹什麼？」他對酒鬼説，見他默默坐在滿堆空瓶子
> 和裝滿酒的瓶子的前面。
> 「我在喝酒，」酒鬼神情悲傷地回答。
> 「你爲什麼要喝酒？」小王子問。
> 「爲的是我可以忘掉，」酒鬼答道。
> 「忘掉什麼？」小王子一邊問，一邊已經爲他感到難過。
> 「忘掉我的羞恥，」酒鬼一付垂頭喪氣地説。
> 「什麼羞恥？」小王子追問道，希望能幫他的忙。
> 「喝酒的羞恥！」酒鬼説完，便沉默不語了。
> 小王子不勝困惑地走開。……19

　　在歷史的長河裡，人類累積了數量可觀的，類似《小王子》之貢獻的
文藝作品，這些作品爲人類的相知相惜建立了鞏固的基礎。

　　整體而言，斯賓塞泥於休閒生活的角度來理解美育，因而低估了美育
對人生各層面的價值。事實上如前述推論，美育不僅與休閒生活的充實息
息相關，也與保健、職業、親職及公民等活動密不可分。簡單地説，美育
是表現和提升人類生活品質不可或缺的環節。美育不應被看做只是爲了娛
樂而設；如果只是爲了單純的娛樂，很多人會選擇輕鬆容易的感官嬉戲，
而不是具深度精神內涵的藝術活動。當藝術的功能停留於休閒娛樂，就逃
不了斯賓塞所謂的附庸、裝飾的定位，永遠見不到它超越、獨特的面貌。
如卡西勒所言：

19　Antoine de Saint-Exupéry, *The Little Prince*, Trans. by K. Woods（臺北：敦煌書局，1987），
　　pp.36-37.

連一些最酷愛藝術的人，也常常把藝術說成彷彿只是生活的一種單純附屬品，一種裝飾品或美化物。這就低估了藝術在人類文化中的真正意義和真實作用。……只有把藝術理解為是我們的思想、想像、情感的一種特殊傾向，一種新的態度，我們才能夠把握它的真正意義和功能。[20]

第三節　美育的本質價值

　　斯賓塞對於把美育排列在課程的最低地位，似乎有些猶豫。他說，認為他輕視藝術和自然之美的價值，是個絕大的錯誤。因為，「我們珍視美感涵養及其樂趣的程度，絕不下於其他任何事物，少了繪畫、雕刻、音樂、詩詞以及各種自然美景所激發的情感共鳴，生命情趣頓失大半。」[21] 在斯賓塞的觀念中，美育只是「較不根本」（less essential），而非「不重要」。人必須先生存下來，才能談生存品質的問題。所以與自保、種族延續及社會生存等相關的知識，自然要比關係生活品質的美育活動來得根本，也因此在課程中應得優先的考慮。這種論點，基本上有兩個問題：首先，美育與自保、種族延續及社會生存等活動均關係密切，已如前節所述；強調自保及社會生存等問題，而不重視美育，多少反映著對美育的認識不足。其次「生存」和「生存品質」孰為優先，孰為根本，其實不是個容易分辨的問題。因為生存品質的良窳，即是決定值不值得生存下去的要素。身體強健但心靈苦悶空虛，與百病纏身的情形相比，一樣是不堪忍受的生存狀態。有的人一邊上健身院，吃健康食物，造就一付好身材，卻又一邊想著鬧自殺，就是明顯的例子。

　　要了解美育在課程中的適當地位，似乎應該拋棄斯賓塞的工具價值論述，改以美對人生的本質價值，作為討論的焦點。羅斯（M. Ross）即指

20　同註12，頁247。
21　同註2，p.147。

出，要證明藝術在課程中的必要性，「重點不在藝術的現實價值，而在其超塵絕俗的特性；不在其工具價值，而在其非工具特性；不在其慰藉心靈的作用，而在其為更美好人生，所揭示的革命性視野。」[22]更進一步說，假如我們能說明美感的創造和欣賞，是人之所以為人不可或缺的，則無論它的工具價值和其他事物相較的結果如何，美育仍應在教育中占一不可取代的地位。

一、美育與視野的交融

人類文化和文明的進展，與建構經驗世界的能力息息相關；愈有能力將經驗分類，並有效尋繹各類事物之運作秩序的族群，愈有優越的認識力。

當我們遇見一個事物，想要把這事物在認知界域中歸類時，可能涉及從理論興趣的角度去考慮它的特徵和生成的因果定律；或者從實踐的立場去了解它的效用如何；也可能以它的形式（態）為觀照的對象。明白地說，理論興趣、實踐興趣和形式興趣，乃是人類區分事物的主要動機因素，這三種動機化為行動所得的成果，即是人類的科學、道德和藝術。「科學在思想中給予我們以秩序；道德在行動中給我們以秩序；藝術則在對可見、可觸、可聽的外觀之把握中給予我們以秩序。」[23]科學、道德及藝術都是人類對表象世界之認識的深化。我們觀察一事物，由其變化過程，了解其生滅法則，進一步認識它「是什麼」，這是概念的深化；我們在運用或者和一事物的互動歷程中，了解它在實踐活動中，與我們構成何種關係，這是關係理解的深化；我們面對一事物，直觀其面貌，沉吟玩索，進而掌握其形式（態）的結構及意涵，這是形式之理解的深化。人類對於實在的體悟，絕不是單憑概念、關係或形式之理解的任何一端就能獨力完成。三者所關注的向度不同，不可相互化約取替，只有結合互補，才

---

[22] M. Ross, Hard Core: The Predicament of the Arts, in M. Ross (ed.) *The Aesthetic Imperative* (Oxford: Pergamon Press, 1981), p.6.

[23] 同註12，頁246-248。

能達到視野的交融，並由此呈現實在的全貌。而人之所以為人，就在於懂得變換角度，從這三個不同的視野，逐步領略實在豐富而深奧的意涵。

再者，如果我們反省人類的認知內容，一定可以清楚的發現，「所知」和「所能言傳」的集合是不相等的。所知的內容遠遠大於語言所能表達的範圍。而所知大於所能言傳的部分，就是一般所謂「只可意會，不可言傳」的部分。根據朗格的說法：

> 無法言語表達的事物，難以形成概念認知，而且就「溝通」一詞的真正而嚴謹的意涵而言，可能是根本無法溝通的。有幸的是，人類的邏輯直覺（logical intuition）或者形式知覺（form perception）能力，遠遠超過我們的預期，因此，我們的知識——確實的知識與理解——比我們所能言傳的內容勝出許多。[24]

更清楚地說，朗格認為不能言傳，但可為人類認知的事物，是透過形式知覺獲取的。形式知覺能力的培養是美育的目的，因此，我們可以說，美育是為人類吸收不可言傳之事物所作的一種準備。

另方面，人類經由形式知覺所認識的事物，往往只有藉著藝術才能深刻而清晰地表達，這關係美育的另一個重要向度：藝術創作能力的涵育。藝術透過視覺、聽覺或者其他可知覺的符號形式，將人類所感知的事物表現出來。愈是優秀的藝術作品，愈能將人類無法用言語精確表白的事物，栩栩如生地呈現，由此拓寬、深化人類的理解力。值得注意的是，藝術家的創作並不是心緒的任意宣洩，他的意念必須透過某種結構和形式才能表達出來；而人們也是經由這個結構才能領略藝術家的思想和情感。換言之，事物的形式結構及其表達的意涵，乃是人類溝通感知的一種特有管道；藝術家必須學會如何建構這種形式結構，才能客觀表達自己的思想，並得共鳴，免於落入盲目的個人表現和自我陶醉的陷阱。[25]依朗格的

24　Susanne K. Langer, *Problems of Art* (New York: Charles Scribner's Sons, 1957), p.19.
25　同註7，p.51。

說法，

> 藝術家將實在之中公認為模糊、混亂和難以捉摸的部分，有系
> 統地表達了出來；換言之，他把主觀的客觀化了。因此，他所
> 表達的，不是一己的內在情感，而是他所認識的，全人類的
> 情感。26

朗格在這裡所說的將「主觀客觀化」的能力，沒有透過學習，是難以成熟精煉的。所以，總的看來，不論就人類視野的拓展，或者經驗的表達而言，美育都是核心要素。少了美育，人類的視野不僅可能萎縮，而且有扭曲的危險；同時，人類表達感知的慾望，也會因此而受挫。

二、美育與人性的開展

科技發達，帶動工業革命；而工業興盛之後，為了消化過剩產品，商業型態也跟著起了變革。原本以服務人類基本需求為主體的商業行為，逐漸淪為利益掛帥，不斷刺激「丟棄式消費」（throw-away buying）的欲望怪獸。27人們透過消費占有的事物，總在新產品的問世，和消費廣告的暗示下，迅時成為過時、令人生厭而且應該立即丟棄的羞恥象徵。在消費的過程中，許多人只是暫時滿足了占有的欲望，卻填不滿空洞的精神存在（being）。於是，人類的理性，因科學而得到解放；但在工商機制宰制下，科學卻也間接將人拋入物化的牢籠。誠如〈樂記〉所言：「夫物之感人無窮，而人之好惡無節，則是物至而人化物也。人化物也者，滅天理而窮人欲者也。」物化了的人性，在物化的社會中，有意無意間，被動或主動地以工具性的態度面對一切關係。相互利用和吞併宰制成為生活的基調，人與人，少了真誠的對話，多的是我執獨白。所以，科學促進了工商發展，代價卻是在工具化、科層化和表面化的架構下，瓦解了人性，將人

26　同註24，p.26。

27　參見Erick Fromm, *To Have or To Be?* (Toronto: Bantam Books, 1981), p.60.

類引向一個心靈空虛和自我疏離的苦悶高峰。

　　治療這種苦悶心靈的藥方，在於能否於物質的領域以外，去尋一片廣闊的精神伸展空間。美感不以對象為工具，無所為而為的真摯，最能代表人類的超越意志和不俗特質。在審美的活動中，人得以跳脫物化的框架，達於精神的自由。孔子所說的「三月不知肉味」，就是最好的例證。從這個角度去看，便可以體會「人需要音樂，就像肺需要空氣」的說法。[28]莫德荷（I. Murdoch, 1919-1999）也指出：「偉大的藝術教導我們如何放下宰制、利用和貪婪我執，全心去觀照和眷顧大千世界。不論我們凝思的對象是人、樹的根脈、一種顏色或者一個聲音的躍動，這種超離的心境，都無比難得而珍貴。」[29]

　　除了免於役於物而引發的自我疏離，人在審美活動中，尚可藉由感性的舒發，一方面避免有理性而無感性的單向人格發展，另方面則在情感的自由流動間，拉近人我距離，培養同情、友愛，化解人際疏離。〈樂記〉所謂樂可以「治心」的道理即在此。〈樂記〉主張：

> 致樂以治心，則易直子諒之心油然生矣。易直子諒之心生則
> 樂，樂則安，安則久，久則天，天則神。

　　在音樂的世界中，人的情感平和暢順，慈愛善良的念頭源源而來，這是人心快樂的本源；一旦體會到這種快樂，人便能長久安於善良的心性行止，終至臻於自然而不見勉強的超然化境。〈樂記〉在另一處所載：「情深而文明，氣盛而化神」的境界，闡釋的也是音樂這種點化良知，感通人性的高妙功能。希臘神話中，維納斯（Venus）既是美神也是愛神，愛與美同本於一的神話，似乎隱隱透露著，愛中有美，美中有愛的精微人性，而這種人性的完美展示，多見於美感的活動之中。

　　圓熟的靈魂，在於理性和感性的優美結合。依前文之論述，美育所

28　崔光宙，《音樂學新論》（臺北：五南，1992），頁436。

29　Iris Murdoch, *The Sovereignty of Good* (London: Routledge, 1991), p.65.

陶冶的審美能力，不但是理性認知的重要組成，更是感性靈通的關鍵要素。因此，美育是人性圓成和靈魂發展的津梁，也是一種教育的人道主義內涵；[30]扎根於美育，教育的終極關懷 —— 人性的完美，才有實現的可能。[31]

問題與討論

一、美育在我國教育政策中是否得到重視？試討論之。

二、美育有無工具價值？試舉例說明之。

三、美育對「形式知覺能力」的培養有何貢獻？試申論之。

四、美育與人性之開展有何關係？試析論之。

五、為何美育是教育的人道主義內涵？試闡述之。

---

30 見葉朗，《現代美學體系》（臺北：書林書局，1993），頁345-364。

31 本文感謝伍振鷟先生及周愚文先生的教正。

國家圖書館出版品預行編目(CIP)資料

教育哲學／伍振鷟、林逢祺、黃坤錦、蘇永明
合著.伍振鷟主編.--三版.--臺北市:五南
圖書出版股份有限公司,2024.06
面;公分.

ISBN 978-626-393-372-9(平裝)

1.CST: 教育哲學

520.11   113006933

1IAX

教育哲學

主　　　編 ― 伍振鷟

作　　　者 ― 伍振鷟　林逢祺　黃坤錦　蘇永明

編輯主編 ― 黃文瓊

責任編輯 ― 郭雲周　李敏華

封面設計 ― 封怡彤

出 版 者 ― 五南圖書出版股份有限公司

發 行 人 ― 楊榮川

總 經 理 ― 楊士清

總 編 輯 ― 楊秀麗

地　　　址:106臺北市大安區和平東路二段339號4樓

電　　　話:(02)2705-5066　　傳　　真:(02)2706-6100

網　　　址:https://www.wunan.com.tw

電子郵件:wunan@wunan.com.tw

劃撥帳號:01068953

戶　　　名:五南圖書出版股份有限公司

法律顧問　林勝安律師

出版日期　1998年9月初版一刷
　　　　　1999年4月二版一刷(共二十九刷)
　　　　　2024年6月三版一刷
　　　　　2025年3月三版二刷

定　　　價　新臺幣480元

經典永恆・名著常在

五十週年的獻禮——經典名著文庫

五南，五十年了，半個世紀，人生旅程的一大半，走過來了。

思索著，邁向百年的未來歷程，能為知識界、文化學術界作些什麼？

在速食文化的生態下，有什麼值得讓人雋永品味的？

歷代經典・當今名著，經過時間的洗禮，千錘百鍊，流傳至今，光芒耀人；

不僅使我們能領悟前人的智慧，同時也增深加廣我們思考的深度與視野。

我們決心投入巨資，有計畫的系統梳選，成立「經典名著文庫」，

希望收入古今中外思想性的、充滿睿智與獨見的經典、名著。

這是一項理想性的、永續性的巨大出版工程。

不在意讀者的眾寡，只考慮它的學術價值，力求完整展現先哲思想的軌跡；

為知識界開啟一片智慧之窗，營造一座百花綻放的世界文明公園，

任君遨遊、取菁吸蜜、嘉惠學子！